가장
하동다운
하동

하승철이
만듭니다!

하승철 지음

요즘 하동군 구석구석을 걷고 있다.
그리고 다시 한번 꾸미지 않은
하동군의 어마어마한 아름다움을 확인한다.
가장 '하동다운' 아름다움이다.
나는 이것이 하동군의
가장 큰 경쟁력이 되리라 믿는다.
나는 지금껏 누구도 이야기해주지 않아
그것이 아름답다고 느끼지 못했던
하동군만의 아름다움을
이야기해주는 사람이 되고 싶다.
지역마다 속속들이 숨은 아름다움을
발견해내고 이것을 기반으로 삼아
삶의 모습을 바꿔낼 수 있음을
증명하고 싶다.

이웃의 마음을
먼저 살피는 자세로

1996년 겨울, 고향 마을. "축! 약방집 아들 하승철 고시 합격"이라는 현수막이 펄럭였고, 마을회관에서는 작은 잔치가 벌어졌다. 소위 한턱내는 자리였다. 부모님은 애써 표정을 감추며 축하의 말에는 감사의 뜻으로 허리를 굽혀 손님을 맞았다. 모두 돌아간 후 부모님과 이런저런 이야기를 나누다가 문득 깨달은 것이 있었다. 누군가의 슬픔에 대하여는 기꺼이 동정하거나 안타까워하지만 그 사람의 기쁜 일에 진심을 다해 축하를 건네는 일은 말처럼 그리 쉬운 일이 아니라는 것이다.

서양 속담에는 "내가 실패할 때 나를 동정하는 사람이 한 사람이라면 내가 성공할 때 나를 시기하는 사람은 백 사람쯤 된다"는 말이 있다. "사촌이 논을 사면 배가 아픈 것"은 어찌 보면 인지상정이다. 잔치는 뽐내고 자랑하기 위한 자리가 아니다. 기쁜 일을 맞은 사람이 나름 정성껏 준비한 음식을 이웃과 나누며 작은 서운함이 혹여 있다면 털어내고 앞으로 좋은 이웃으로 함께 고락을 나누자라는 부탁의 의미도 있는 것이었다.

악양면의 동정호와 악양루.

하동군 부군수 시절 악양면에 동정호(洞庭湖)를 복원하고 악양루(岳陽樓)를 건립하는 일을 추진하면서 공부하고 배운 것이 있다. 많은 이들이 '악양루'라고 하면 두보(杜甫)의 〈등악양루(登岳陽樓)〉를 떠올릴지 모르겠지만 나는 혁신적인 정치가이자 학자인 범중엄(范仲淹 : 989-1052)이 지은 〈악양루기(岳陽樓記)〉가 먼저 생각난다. 1045년 범중엄은 악양루를 중수한 지방장관의 부탁을 받고 이 글을 썼다. 이 글에서 범중엄은 "천하가 걱정하는 일은 맨 먼저 걱정하고 천하가 즐거워하는 일은 맨 나중에 즐긴다(先天下之憂而憂 後天下之樂而樂)"라는 말을 한다. 선우후락(先憂後樂)이라는 사자성어가 여기에서 나왔는데 이 말이 나오는 대목을 좀더 자세히 옮겨보면 이렇다.

"옛날의 어진 사람들은 지위나 명예를 가지고 기뻐하지 않았고, 자신의 신세를 가지고 비관하지도 않았다. 조정에서 높은 관직에 있을 때는 백성의 어려움을 걱정하고 관직에서 물러나 강호(江湖)에 머물러 있을 때

> "천하가 걱정하는 일은
> 맨 먼저 걱정하고
> 천하가 즐거워하는 일은
> 맨 나중에 즐긴다."

는 임금의 실정을 걱정했다. 관직에 나아갔을 때나 물러났을 때나 항상 걱정했던 것이다. 그렇다면 이들 어진 사람들은 도대체 언제 즐긴다는 것인가? 이렇게 묻는다면 이들은 틀림없이 다음과 같이 대답할 것이다. 천하가 걱정하는 일은 맨 먼저 걱정하고 천하가 즐거워하는 일은 맨 나중에 즐긴다."

공직을 맡은 사람의 마음은 이와 같아야 한다는 것이다. 공직자는 백성의 안녕과 번영을 위해 근심할 일이 있으면 다른 사람보다 먼저 근심하여 이를 예방하고 즐길 일이 있더라도 다른 사람보다 나중에 해야 한다는 것이다. 하동군 부군수 시절 동정호를 복원하고 악양루를 건립하는 일을 추진하면서, 나는 무엇보다도 〈악양루기〉에서 말하는 선우후락의 뜻이 고스란히 담기기를 원했다. 여기에 담긴 역사적 사회문화적 맥락을 잘 활용해 뛰어난 관광자원으로 만드는 일도 중요하지만 나는 이보다 지역 주민들의 휴식과 여행객들의 즐거움에 대해 먼저 생각했다.

앞서 예를 든 서양 속담을 다시 생각해보자. 만약 공직자가 자신의 이익과 즐거움을 주민의 그것보다 앞세운다면 어떨까? 한 명의 축하를 받을 수 있을지는 모르지만 백 명의 주민을 아프게 하는 것이다. 이 경우 공직자의 역할에 대한 신뢰가 송두리째 무너진다. 공직에 대한 신뢰가 무너지면 정의의 원칙인 '공동체의 선'은 설 곳이 없게 된다. 주민의 신뢰를 얻기 위해서는 소통과 섬김이 있어야 하고 그것은 따뜻한 배려와 존중의 마음을 전하는 것부터 시작해야 하는 것이다.

작은 축하 잔치에 담긴 선우후락의 마음을 어렴풋이 느끼며, 나의 25년 공직 생활은 시작되었다.

───────────────── 2022년 2월 부산진해경제자유구역청 전 청장 하승철

금오산 정상에 아침이 밝아 오고 있다. 진교면과
금남면에 걸쳐 있는 금오산은 우리나라 남해에서
가장 아름다운 조망을 가지고 있다.

하동읍 만지마을에 노을이 지고 있다. 만지마을에서는
우리나라에서 제일 맛있는 하동배가 나온다.

화개면 십리벚꽃길에 벚꽃이
한창일 때이다. 환하고 환한 봄이다.

2019년 지리산 회남재 숲길 걷기 행사 때의 모습이다.
회남재(回南−)는 조선의 유학자 남명 조식 선생이
1560년 무렵 이곳이 명승지라는 말을 듣고 찾아왔다가
길이 너무 험해서 돌아갔다고 해서 붙여진 이름이다.

목차

3

진주시 실업대책상황실장으로 공직 생활을 시작하다

4

남해안시대를 기획하고 마산 로봇랜드를 유치하다

5

하동군 부군수로서 하나밖에 없는 하동을 생각하다

6

하동군 부군수로 일한, 특별하면서도 행복했던 시간들

첨부의 글

1

하동군 옥종면 대곡리에서 약방집 큰아들로 자라다

———

- 책 속 세계의 숨겨진 길을
  찾아 나선 소년
- 유학자 할아버지를 통해 배운
  남명 선생의 정신
- 마을 우물에 '약'을 넣던
  약종상 아버지의 가르침
- 학교 공부 빼고는
  모든 것이 좋았던 때
- 영화감독의 꿈을 꾸던,
  반항과 방황의 시절

책 속 세계의 숨겨진 길을
찾아 나선 소년

나는 약방집 큰아들이었다. 엎어지면 코 닿을 곳에 학교가 있었다. 학교가 가깝다고 좋은 것만 아니다. 너무 가까워 도시락을 싸갈 수 없다는 것은 슬픈 일이었다. 점심시간이면 삼삼오오 모여 도시락 뚜껑을 여는 아이들 틈을 빠져나와 운동장 모래를 차며 집으로 향했다. 느릿느릿 걸어도 5분이 채 걸리지 않았고 늦었다 싶어 달리면 1분이면 도착할 거리였다. 아버지가 운영하던 약방 옆에는 잡화점이, 그 옆에는 정미소와 장롱가게가 있었다. 그 외에도 몇몇 가게들이 있어 사람들의 걸음이 끊임없이 이어지고 수백 명 아이들이 하루 두 번 재잘대며 오가던 마을의 중심지에 살았다.

친구들은 내 이름을 불렀지만 어른들은 보통 '약방집 큰아들'이라고 나를 지칭했다. 나는 그렇게 불리는 게 썩 내키지는 않았지만 그렇다고 해서 그리 기분 나쁜 일도 아니었다. 아버지가 운영하던 약방은 신약방이었다. 약국과는 달리 약방은 조제를 할 수는 없었고 증상에 따라 정해진 약만 팔도록 허가된 곳이었다. 아버지는 시험을 치러 약종상(藥種商) 허가를 받은 분이었고 우리 집은 마을에서 유일한 약방이었기에 의원(醫院)에 버금가는 역할을 해내고 있었다. 게다가 나는 학교에서 공부를 곧잘 하는 소위 '범생이'였다. 또래 아이들에게는 선망의 대상, 어른들에게는 내 자식도 저랬으면 하는 영특한 아이였을지도 모른다. 지금 생각해보면 친구들이 "참 밥맛없다"며 뒷담화도 많았겠다 싶은데 그때는 "나 약방집 아들이야" 하며 은근히 으스대는 마음도 없지 않았던 것 같다.

나는 말보다는 생각이 많은 아이였다. 내 머릿속엔 늘 다양한 생각들이 똬리를 틀고 그 생각들을 잇는 길들이 복잡하게 얽힌 미로가 있었다. 생각에 생각을 거듭하는 습관은 오롯이 독서에서 비롯되었을 것이다. 어릴 때부터 나는 책을 정말 많이 읽었다. 부모님이 사주는 책으로는 성에 차지 않아 학교에 있는 책까지 모조리 읽어버리자 마음먹었다. 도서관이 따로 없는 시골 학교였지만 학급마다 교실 맨 뒤편 책꽂이에 학급문고가 있었다. 내가 속한 반 학급문고 책들은 한 달이 채 되지 않아 더 읽을 게 없었다. 나는 수업이 끝나고 난 뒤 모든 반을 찾아다니며 교실 뒤편에 꽂혀 있는 책을 몰래 가져와 읽고 다시 꽂아놓기를 반복했다. 새로운 책이 추가되지는 않았는지 확인하는 것도 잊지 않았다. 그렇게 나는 진주시로 전학을 가기 전까지 학교에 있는 책을 모두 읽어냈다.

그때나 지금이나 나의 특징 하나를 꼽으라면 '책을 좋아하는 것'이라 말할 수 있다. 때로는 애정을 넘어 집착이라고 지적하는 이들까지 있을 정도이다. 나는 어릴 때부터 그저 책을 읽는다는 행위 자체가 좋았다. 혼자서 조용히 하는 행위이지만 그 단순한 행위 속에 수백 수천의 사람이 나타나 말을 건네고, 수만 가지 흥미진진한 사건들에 휩쓸리는 것은 참으로 매혹적인 경험이었다. 책 속에서 찾아내는 새로운 지식들은 머릿속에 차곡차곡 저장되기도 했지만 지식 너머 나만의 세계를 창조하는 것으로도 이어졌다. 책속에서 나는 생각과 공상을 여러 갈래로 뻗어 미로를 만드는 창조자이기도 했고 그 속에서 길을 찾고 숨겨진 세계를 탐험하는 주인공이기도 했다.

어릴 때는 문학작품을 많이 읽었다. 당시 100권, 200권짜리 세계문학전집이 있었던 것으로 기억하는데 한 권도 빼놓지 않고 읽었다. 국내 단편 문학 작품도 청소년용으로 나온 것을 구할 수 있는 데까지 구해서 읽었다. 〈어깨동무〉니 〈소년생활〉이니 하는 어린이 잡지도 보고 만화책도 많이 봤다. 책을 늘 가까이해서 그런지 글 쓰는 것도 크게 부담스러워 하지 않고 즐겼는데, 나중에는 책의 인물들을 그려보는 취미로까지 발전했다. 어린이 잡지나 만화책을 보고 따라 그리기도 하고 내가 상상한 것을 거침없이 표현하기도 했다. 스케치북에, 공책에, 교과서에, 흙바닥에, 공간이 보이면 어디든 그림을 채워 넣었다.

그러던 어느 날 아버지의 약방에 있던 커다란 약장이 눈에 들어왔다. 작은 서랍들로 층층이 채워진 단색의 약장이 너무도 밋밋해 보였다. 마침 아버지가 계시지 않은 것을 확인한 나는 크레파스를 들고 그림을 그리기 시작했다. 약방 한쪽 벽면을 크게 차지하고 있던 약장은 나의 손오공 그림으로 뒤덮였다.

내가 그린 그림이지만 손오공의 호쾌한 모습이 너무도 그럴듯해서 칭찬을 기대하며 아버지를 기다렸다. 하지만 외출에서 돌아온 아버지는 대노하셨다. 물걸레를 던져주며 흔적 하나 남기지 말고 깨끗이 지우라는 엄명을 내리셨다. 눈물을 훔쳐가며 아무리 문지르고 닦아도 그림은 지워지지 않았다. 아버지도 더 이상 손오공 그림을 지우려고 노력하지 않았다. 이 일이 있고 나서 며칠이나 지났을까?

"약장에 이거, 딱 손오공이제? 우리 큰아들 작품 아이가. 손오공이 고마 뛰나올 거 같제, 그자?"

"우리 아들이 세상에 하나밖에 없는 약장을 만들어 놨다."

학교 수업을 마치고 약방에 들어서던 나는 아버지가 손님들에게 '우리 아들', '우리 장남' 하며 내 그림을 자랑하는 소리를 들을 수 있었다. 책에 빠져 지내며 그림 그리기를 좋아하는 나를 못마땅하게 여기는 줄만 알았는데, 아들이 좋아하는 것이라면 같이 좋아해 주고 자식이라는 이유만으로 자랑스러워 하는 부모의 마음을 어렴풋이 깨달았던 것 같다.

공부 잘하고 조용히 책읽기 좋아하는 아이라고 친구들과 개구지게 노는 걸 싫어했던 것은 아니다. 〈톰 소여의 모험〉이나 〈허클베리 핀의 모험〉 같은 마크 트웨인(Mark Twain ; 1835-1910)의 소설을 읽고 나면 현실에서의 모험도 꼭 필요하지 않았겠는가. 미국 소년들이 겪는 소설 속 모험과는 사뭇 거리가 있었지만 우리는 동네 뒷산에 모여 우리 나름의 모험, 병정

놀이를 했다.

그럴 때면 나는 몸을 사리지 않고 앞장서는 아이 중 하나였다. 책을 읽을 때는 주변에서 어떤 일이 벌어져도 미동조차 않는 나였지만 내가 속한 무리들 속에서 모험이나 결투가 필요할 때면 물불 가리지 않고 달려들었다. 소설 속에서와 마찬가지로 놀이에서도 또래 아이들끼리는 치열한 서열 싸움이 있는 법이다. 평소 덩치를 내세워 으스대는 친구라도 맞대결을 펼쳐야 하면 승부 겨루기를 두려워하지 않았다. 가위바위보라도 이겨야 했고 사리에 맞지 않는다 싶으면 어떻게 해서든 이길 방법을 찾았다. 체력적으로 내가 질 것처럼 보여도 근성으로 싸우는 악바리 기질이 있었던 셈이다.

우리 마을 앞에 있던 고성산(高城山)이 동학농민운동 때 농민군들이 일본군과 맞서서 마지막까지 싸우다가 전사한 곳이라는 이야기를 어른들에게 줄곧 들어서 그랬는지 친구들과 그 산에 올라 놀이를 할 때면 더 악착같이 이기려 들었던 기억이 있다.

유학자 할아버지를 통해 배운
남명 선생의 정신

고향집이 있는 하동군 옥종면은 진주시 수곡면, 산청군 시천면과 이웃해 덕천강을 따라 접해 있는 지역이다.

나는 진주하씨(晋州河氏)로, 고려의 무신이며 충절인(忠節人)으로 이름이 높았던 시랑공(侍郎公) 하공진(河拱辰 ; ?-1011) 할아버지의 30세손이다. 조선의 건국과 정치 제도 개편을 주도한 호정(浩亭) 하륜(河崙 ; 1347-1416) 할아버지, 한성판윤을 지낸 판윤공(判尹公) 하유(河游) 할아버지도 나의 조상이다. 그리고 이 판윤공 할아버지의 집안에서 조선 중기의 실천 유학자로 유명한 각재(覺齋) 하항(河沆 ; 1538-1590) 할아버지, 각재 할아버지에게 배웠던 송정(松亭) 하수일(河受一 ; 1553-1612) 할아버지가 나왔다.

정확히 말하면 나는 족보상으로 판윤공 할아버지의 후손이며 각재 할아버지의 각재파에 속한다. 각재파에서 분파한 송남공 하기남 할아버지는 나의 직계 조상이다. 우리 집안에서는 몇 해 전 각지에 흩어져 있던 송남공 할아버지 이후 조상들의 묘를 모두 이장해서 남명 선생의 유허(遺墟)가 있는 산청군 덕천강 가 외송마을 선산에 가족묘원을 이루었다.

우리 집안의 자랑이자 큰 어른인 각재 하항 할아버지는 유교 사회의 도덕규범 중 기본적이고 필수적인 내용을 가려 뽑은 유학 교육의 입문서라고 할 수 있는 〈소학(小學)〉과 일치한 삶을 살았던 것으로 유명하다. 닭이 울면 일어나 세수하고 의관을 갖추고 결가부좌(結跏趺坐)를 하고 똑바로 앉아 책을 읽었다고 하는데, 사람들은 이런 모습을 보고 각재 할아버지를 '진정한 소학군자(眞小學君子)'라 불렀다.

각재 하항 할아버지는 조선시대를 대표하는 유학자 남명(南冥) 조식(曺植) 선생의 제자로서 첫손가락에 꼽히는 분이다. 각재 할아버지는 1556년 남명 선생이 56세였을 때 삼가현(三嘉縣 ; 현재의 합천군 삼가면)의 뇌룡사(雷龍舍)를 찾아가 제자가 되었다. 남명 선생은 하항을 일컬어 '나의 벗'이라 하고 '내가 인재를 얻어 가르친다'며 칭찬을 아끼지 않았다고 한다. 하항 할아버지가 배움에 있어서도 '진정한 소학군자'의 성실함과 진중함을 갖췄음은 보지 않아도 알 수 있다. 남명 선생은 퇴계(退溪) 이황(李滉 ; 1501-1570) 선생에게 쓴 편지에서 "요즘 공부하는 자들을 보건대, 손으로 물 뿌리고 비질하는 절도도 모르면서 입으로는 천리(天理)를 담론하여 헛된 이름이나 훔쳐서 남들을 속이려 하고 있다"라며 공허한 이론보다는 실천하는 학문을 당부한 바 있다. 각재 할아버지도 평생 남명 선생의 이러한 가르침을 따라 행동했다고 한다.

각재 하항 할아버지의 유교 정신이 우리 집안과 마을에 면면히 이어져서 그렇겠지만, 나의 옥종면 고향 마을 사람들은 특히 배려와 존중의 마음이 크다. 그리고 배려와 존중을 추구하는 방식, 예의 또한 독특하다. 예의에 대한 잣대가 엄격해서 유교를 굉장히 고리타분하게 여기는 경우가 있는데 그 내면을 살펴보면 수긍할 점이 없지 않다.

내가 어렸을 때부터 배운 느낌을 바탕으로 정의해 보면, 유교 문화에서 배려와 존중이란 기본적으로는 자기주장을 먼저 하지 않고 상대방의 어렵고 힘든 상황부터 두루 살펴 대하는 것이라고 생각한다. 그리고 상대방도 그에 맞는 예의를 갖춰야 '먼저 숙임'의 자세가 유지된다. 만약 내가 먼저 존중과 배려를 했는데 상대가 그것을 무시하고 자기 체면을 먼저 내세운다면 더 이상 존중의 대상이 되기 어렵다. 자기의 감정과 주장을 거르지 않고 직설적으로 이야기하면 보고 배운 것 없는 사람 취급을 받는다고 할 수 있다. 어릴 때 생각으로는, 허물없이 지내는 동네 사람들에게도 어른들이 왜 고개를 숙이는 것일까, 잘 대우해 드려야 할 것 같은 분께는 왜 불같이 화를 낼까, 이해가 되지 않을 때가 있었는데 그것이 유교적 삶의 태도였음을 조금씩 알게 되었다. 먼저 존중하되 그에 상응하는 예의를 요구하는 것, 나역시 이런 태도를 중요시하는 마음이 있다.

앞에서도 언급했지만 내가 어릴 때 친구들과 놀던 마을 앞 고성산이 동학농민운동 때 일본군과 맞서 농민군들이 마지막까지 싸우던 곳이다. 그리고 덕천강 건너편 수곡장터는 1862년 진주민란의 시발점이 된 곳이다. 어릴 때 어른들을 보면서도, 또 어른이 되어 한 걸음 떨어져 고향을 바라볼 때도, 우리 마을 사람들 중에는 불의를 참지 못하고 나서서 저항하는 악바리들이 참 많다는 생각이 들었다. 나 또한 그 마을 사람들 중 하나라는 것을 부인할 수가 없는데, '의(義)로 저항한다'는 남명 조식 선생의 유학 정신이 대대로 깃들어서 생긴 성정(性情)이 아닐까 싶다.

나의 할아버지는 유학자이기도 했지만 여든일곱 살까지 장수한 명실상부 동네에서 가장 나이 많은 어르신이었다. 이 때문에 명절이면 마을의 모든 사람들이 인사를 드리기 위해 우리 집을 찾아 왔다. 설이나 추석 때가 되면 인사가 보름 동안 이어질 정도였다. 그럴 때면 할아버지는 마을 사람들과 마주앉아 술잔을 기울였다.

어릴 때는 그저 "할아버지가 술을 좋아하신다"고만 생각했는데, 지금 돌이켜 보면 할아버지는 술 그 자체보다 술자리에서 오가는 환담을 더 즐겼던 것 같다. 술기운에 힘입어 격식이 조금 느슨하게 풀어지는 것도 좋아했음이 틀림없다. 할아버지와 손자, 스승과 제자, 상사와 부하 같은 딱딱한 틀을 벗어나 서로의 세계에 대해 알아가는 시간이 할아버지의 술자리가 아니었을까? 나는 술을 잘 마시지 못하지만 술자리를 싫어하거나 피하지는 않는다. 많이 질문하고 많이 듣고, 할아버지가 술상 앞에 나를 앉혀 놓고 했던 것처럼 진솔한 대화가 술자리를 채울 수 있도록 노력한다.

할아버지는 때때로 나에게 술심부름도 시켰다. 집에서 100m 정도 떨어진 곳에 양조장이 있었는데, 주전자를 들고 달려가 막걸리를 받아오던 길은 좋았다. 주전자 주둥이에 입을 대고 몰래 한 모금 맛보는 즐거움도 있었지만 할아버지가 그런 나를 말벗 삼아 막걸리를 드실 거라는 생각에 신이 절로 났다. 내가 말이 많은 아이가 아니었음에도 할아버지는 내게 질문을 많이 했다. 뭔가를 알려주려 하기보다는, 서로가 나누는 대화에서 할아버지의 숨은 말뜻을 찾아보라고 할 때가 많았다.

할아버지 가르침은 평범했다.

"경우에 맞게 해라. 이건 경우가 아니다."

이 말이 핵심이었다. 경우라는 말이 무슨 뜻인지를 이해하는 데는 굉장히 많은 시간이 걸렸다. 나중에야 이 말이 중도(中道)이자 중용(中庸)이고 합

옥종면 일대는 경의(敬義) 사상으로 유명한 남명 조식 선생의 정신이 여전히 살아 있는 곳이다. 사진은 옥종면 안계리에 있는 모한재(慕寒齋)의 현판이다. 모한재는 조선 중기의 유학자로 우리 집안의 할아버지이기도 한 겸재 하홍도(河弘度)가 학문을 닦던 곳이다.

나는 진주하씨(晉州河氏)로 각재파(覺齋派)에 속한다. 중시조인 각재 하항 할아버지는 조선 중기의 실천유학자였다. 사진은 선산 가족묘원에서 시제를 지낼 때의 모습이다.

리적인 원칙이라는 사실을 깨달았다. 그리고 이 말은 또한, 종국에는 남명 조식 선생이 강조한 경의(敬義)의 사상과도 이어져 있음을 알 수 있었다.

'경(敬)'은 내적인 수양을 바탕으로 하는 것이고, '의(義)'는 외적인 모순에 대하여 과감하게 실천하는 것이다. 남명 선생은 경의 상징으로는 성성자(惺惺子)라는 방울을 달고 다녔고, 의의 상징으로는 칼을 차고 다녔다. 성성자는 '항상 깨어 있음'을 뜻하는 것이었고, 칼에는 "안으로 밝히는 것이 경이고 밖으로 결단하는 것이 의이다(內明者敬 外斷者義)"라는 검명이 새겨져 있었다. 남명 선생은 자아를 만들고 지키는 공부가 경(敬)이고 경을 통해 쌓은 군건한 마음과 의지를 바탕으로 세상을 향해 나아가 평화를 쟁취하는 것이 의(義)라고 설명했다. 그리고 이를 통해 더불어 사는 모든 존재와 원만한 관계를 이루는 인류의 공동 이상인 지선, 즉 평천하가 가능하다는 것을 가르쳤다. 남명선생은 끊임없는 자기수양을 통해 공정하고 떳떳한 사고와 판단을 하는 마음을 유지하는 것에 삶의 본질이 있다고 생각하신 것 같다. 그리하여 세상에 물러나 살면서도 도덕성을 바탕으로 한 정의로운 세상, 사람이 사람답게 사는 세상을 만들고자 했다.

나는 어떤 문제에 부딪칠 때마다 할아버지께서 말씀했던 '경우에 맞느냐' 하는 질문을 떠올린다. 남명 조식 선생의 가르침도 생각해 본다. 이러한 질문과 생각 속에서 혹여나 불의를 묵과하고 있지는 않은지, 합리적 비판 의식이 흐려진 것은 아닌지 점검도 해본다. 이렇게 하면 결론은 어린 시절 고향 옥종면에서 보고 배운 배려와 존중의 상호 작용 원칙으로 돌아간다. 먼저 나를 낮춰 예를 다하되 상대도 그러한가, 경우에 맞는가 하는 기준에 비추어 문제를 바라보면 판단은 한결 쉬워진다.

고향 어르신들 모습 덕분에, 또 면면히 지켜온 집안의 정신 덕분에 나는 세상을 어떻게 살아갈 것인가 하는 큰 질문에 대한 답의 씨앗을 어릴 적부터 마음에 품고 살아올 수 있었다.

마을 우물에 '약'을 넣던 약종상
아버지의 가르침

하동군 옥종면 대곡리 추동마을. 고향집 주소에는 나이 구순을 바라보는 어머니가 여전히 살고 계신다. 어머니는 자식들을 모두 객지로 보낸 다음에도, 20년 전 어느 봄날 아버지마저 하늘로 보내고서도 고향집을 떠나려 하지 않았다. 어머니에게는 당신 삶의 모든 것을 녹여낸 땅, 하동을 떠나 살 수는 없다는 완고함이 있었다.

어머니는 건강이 좋지 않아 지난해 초에는 한동안 병원 신세를 져야 했다. 몇 해 전까지만 해도 경상도 말 '애살있다'는 표현이 딱 맞는 활동을 했던 분이다. 누구에게나 사근사근하게 이야기하고 상냥하게 대했던 어머니는 어떤 상황에서든 눈치 빠르게, 현명하게 대처했다. 그리고 무슨 일이든 당차고 빈틈없이 해내는 '또순이'이기도 했다.

그런데 아버지는 이런 어머니와는 달리 무심하고 허술한 구석이 없지 않았다. 요즘 아내는 나의 엉성함과 게으름이 자연스러움의 경지에 이르렀다고 칭찬(?)하곤 하는데 다 아버지의 DNA 덕분이 아닌가 싶다. 약종상만으로는 살림이 불가능했다. 가지고 있는 논이나 밭은 겨우 가족들 먹을 양식을 내어 먹을 정도였는데도, 농사일은 뒷전이었다. 눈앞에 닥친 집안일은 많은 부분 어머니 몫이 되었다. 그렇지만 아버지는 책을 읽는 일에서만큼은 누구보다 부지런한 분이었다. 허리를 곧추 세우고 유교 경전을 읽고 연구했다. 어릴 때 잠시 서당을 다녔는데, '사서삼경(四書三經)'을 독학으로 읽었다. 집안 형편이 넉넉하지 못해서 끝까지 학교를 다닐 수는 없었지만 관심 가는 분야는 최선을 다해 공부했다. 그 중 하나가 약학이었다. 아버지는 전국에 약종상 시험 공고를 보고는 '의학 백과사전'을 통째로 외우고 시험을 치렀다 한다.

옥산(玉山) 정상에서 내려다 본
하동군 옥종면 일대의 풍경이다.

그렇게 약방을 운영할 자격을 취득했는데, 세월이 지나자 약방의 실세는 어머니가 되었다. 어머니는 아버지처럼 의학 서적을 공부하지는 않았지만 어깨너머로 익힌 지식에 기억력과 꾀를 더해 아버지를 능가하는 약방지기가 되었다. 아버지는 속이 더부룩하다는 사람에게는 소화제, 머리가 아프다는 사람에게는 두통약, 이런 식으로 증상에 따라 의학 서적에서 공부한 대로 처방한 것 같다. 그런데 어머니는 여기에 궁리를 더해서 조언을 했던 듯하다. 그 집안에 어떤 병력이 있었고 10년 전에 어떤 병을 앓았고 지난번에 어떤 약을 썼고 하는 기억을 모두 꺼내 지금의 증상을 봤다. 그래서 아버지가 그저 두통 증상만 듣고 약을 내주려고 하면 어머니가 여기에 원인 분석을 덧붙여 처방하기를 권했다.

"이 양반 목 디스크 치료받고 있다 안했는교? 의사가 그걸로도 머리가 아플 수 있다고 했다 카던데, 맞지예?"

"당신이 줄라 하는 그 약에 같이 주는 진통제 중에서도 이 양반은 〇〇이 XX보다 더 효험을 많이 봤다 아이가."

어머니는 약방을 찾는 동네 사람들의 병력과 생활 습관까지 세세하게 기억해 두었다가 아버지의 처방에 코치를 하곤 했다. 어머니 말씀을 따라 처방한 약의 효과가 더 좋으니 아버지도 별 말씀 없이 따랐던 경우가 많았고, 약을 지으러 온 동네 사람들도 약종상 아버지가 아닌 어깨너머로 배운 어머니를 먼저 찾았다. 두 분이 서로 부족한 부분을 보완하는 정도였으면 금상첨화였을 텐데, 어머니의 살가운 처방이 때로 간섭처럼 느껴져서 그랬는지 아버지는 돈도 되지 않는 약방을 그만두고 싶어 했다.

아버지는 굉장히 머리가 좋았고 미남이기도 했다. 고모님께 전해들은 말로는 총각 시절에 장에 가면 아가씨들이 신발 벗고 달려올 정도였다고 한다. 큰누나가 진주여자고등학교에 다닐 무렵 아버지는 40대 초반이었는데, 아버지가 학부모 상담을 위해 검정 양복을 차려 입고 학교에 방문을 했더니 수많은 여학생들이 아버지 얼굴을 보기 위해 창문을 열고 내다 봤다는 큰누나의 목격담도 있다. 내가 볼 때도 아버지는 굉장히 남성미가 넘치는 분이었다. 골격이 큰데다 키도 175cm 가량이라 누구도 쉽게 대할 수 없는 단단함이 느껴졌다.

내로라하는 유학자 집안의 후손으로 훤칠한 외모까지 지녔으면 누구보다 자신감으로 똘똘 뭉쳐 살았을 법한데 아버지는 배움에 대한 열망과 한으로 인생을 채웠던 듯하다. 평생 유교의 가르침을 배우고 끊임없이 글을 읽고 쓰면서 한학을 공부했지만 제도권 교육을 받지 못한 것에 대한 응어리가 컸다.

약방의 경우도 관련 학교를 나왔으면 정식 약사가 되었을 텐데, 학교를 다니지 못해 단순히 약 판매만 할 수 있는 약종상(藥種商)에 그칠 수밖에 없었다. 그런 한이 있어서 그랬는지 아버지는 정식 교육을 받은 그 어느 약사보다 많은 공부를 했던 것 같다. 약종상 허가 시험에 무난히 합격한 뒤에도 두꺼운 의학 백과사전을 끼고 살았다. 이 책에는 인간의 장기부터 근육이나 뼈의 모양 등이 세세하게 그려진 해부도가 있었는데, 습자지를 대고 그 해부도를 모사하던 아버지의 모습이 지금도 생생하다. 습자지를 수없이 버려가며 그리다가 마침내 머릿속에 스캔이라도 했는지 연필로 해부도를 완벽히 자유롭게 그려내는 데까지 이르렀다. 나중에는 각 장기나 기관의 기능에 문제가 생겼을 때 어떤 증상이 나타나고 어떤 처방을 해야 하는지에 대한 의학 상식까지 하나하나 익혀 실상에 접목시켰다.

한번은 복통이나 구토 같은 증상으로 약방을 찾는 이들이 부쩍 늘어나 원인을 찾아 봤더니 마을에서 공동으로 사용하는 우물에 있는 기생충이 문제였다. 아버지는 그때부터 수시로 살균제인지 구충제인지 모르지만 약을 구해 곱게 갈아서 우물에 넣곤 했다. 그럴 때마다 동네 사람들이 달려 나와 걱정하는 일도 있었다.

"우물에 혹시 나쁜 약 푸는 거 아이가? 아이고, 우짜노."

구충제를 독약으로 오해한 마을 사람들이 뜯어말리는 일도 있었지만 아버지는 멈추지 않았다. 차근차근 약학 지식을 설명해 마을 사람들을 설득하고 기생충이 일으키는 건강 문제와 치료 방법도 지속적으로 알렸다. 소위 공중 위생을 위해 개인적인 시간과 비용을 들여 노력하는데도 그렇게 좋은 반응을 얻지 못했다. 그러나 당신이 옳다고 생각하는 일에는 거침이 없었다.

이렇게 단호할 때는 단호한 분이 외상 거절은 왜 그렇게 못했는지 모르겠다. 지금도 기억이 나는데 우리집 약방 창문에는 늘 '외상 사절'이라고 쓰인 종이가 붙어 있었다. 그럼에도 아버지 사전에는 '외상 오케이(OK)'라는 말만 있는 듯했다. 약종상 앉은뱅이 책상 아래에는 몇 년씩 묵은 외상 장부가 가득 쌓여 있었다. 외상을 사절하기 위해서가 아니라 "부디 우리 약방집 형편도 살펴 주십시오" 하는 뜻을 담아 '외상 사절'이라고 붙여 놓았던 것이다.

"아프다고 왔는데 돈이 없다고 우찌 약을 안주겠노?"

줄을 긋지 못한 외상 장부가 수십 권이 되었지만 이렇게 말하곤 했다. 아파서 온 사람에게 약을 안줄 수는 없고 없다는 돈을 받아낼 수도 없는 약사의 마음이 어땠을까? 오남매 먹이고 교육을 시키려면 돈도 벌어야 하기에 못받을 것이 뻔한 외상 장부라도 몇 년째 버리지 못하고 쌓아 두던 가장의 심정은 또 어떤 것이었을까? 가끔씩 약방집 풍경을 떠올릴 때면 받을 돈을 빼곡하게 기록한 장부를 차마 버리지는 못하고 쌓아 두던 아버지 심정을 헤아려보게 된다.

남명 선생의 정신을 잇는 집안 분위기에다 사회적 약자를 배려하고 공평함을 추구하는 아버지 역시 유학자였지만, 거기서 한 걸음 더 나아가길 원했다. 새로운 지식에 대한 열망이 있었고 새로운 삶의 방식에 도전하는 것

어머니는 무슨 일이든 당차고 빈틈없이 해내는 '또순이'였다. 그렇지만 최근 들어서는 건강이 좋지 않다. 사진은 옥종면 대곡리의 집에서, 얼마 전 어머니에게 물메기탕을 끓여드리는 아내의 모습이다.

을 주저하지 않았다. 아버지는 특히 〈맹자(孟子)〉의 말을 많이 언급했는데, 〈맹자〉를 인용해 백성의 힘을 늘 강조했다. 왕이 백성의 뜻을 저버리고 폭정을 일삼으면 왕을 바꿀 수 있는 권한이 백성에게 있다고 주장한 사람이 맹자라는 말씀을 했다.

나는 배움에 열정적이었던 아버지와 또순이 어머니 사이 어디쯤을 계속 걷고 있다. 그동안 어느 한 쪽에 가까워졌다, 둘 다에서 멀어졌다, 어디에 서 있는지 잊기도 했다 하면서 살았다. 지금은 그 어디쯤이 되었든 두 분에게서 받은 좋은 점들만 간직하며 살고자 한다. 여기에 사회 정의와 형평을 중요시했던 할아버지의 정신까지 내 삶에서 반짝이도록 노력하면서.

학교 공부 빼고는 모든 것이 좋았던 때

하동군 옥종면 북평초등학교에서 5학년까지 마친 나는 진주시 상봉동 봉원초등학교로 전학을 가야 했다. 가족이 모두 이사를 한 것이 아니고 나만 유학을 간 것이다. 내 나이 고작 열두 살이었으니 '조기 유학'이라 해도 되겠다. 아버지는 배움에 대한 한과 열정을 오남매의 장남인 나에게 가장 많이 투영했다. 북평초등학교에 다닐 때 아들이 대충 공부하는 듯 보이는데도 곧잘 1등 상장을 받아오고 온종일 책에만 파묻혀 사니 뭔가 싹수가 있지 않나 기대했던 것 같다.

진주여자고등학교에 다니면서 자취를 하던 큰누나와 함께 생활해 그나마 다행이었다. 말도 통하지 않는 이국 땅도 아닌 가까운 진주시로의 유학이라 당혹스러움이 조금은 덜했지만 낯선 상황이 만들어낸 불편하고 불안하고 두려운 마음은 쉽게 떨쳐지지 않았다.

진주시에서의 생활은 녹록치 않았다. 나보다 머리 좋고 열심히 공부하는 친구들이 많았다. 텃세도 있었다. 나는 태생적으로 피부가 말갛고 하얀 편이라 겉보기에는 가장 '도시 놈'이었는데 아이들은 '촌놈'이라며 따돌리고 시비도 걸었다. 한두 해라도 일찍 전학을 갔더라면 적응을 하고 친구도 사귀었을 텐데 초등학교 한 학년만 진주시에서 다녔으니 그 1년은 정말 고역이었다. 봉원초등학교에서 진주남중학교를 거쳐 진주동명고등학교로 진학하면서 좌절감은 더해갔다. 시골에서와는 달리 진주시로 나온 이후로는 매년 등수가 조금씩 뒤로 밀려났다. 중학교 때는 공부보다는 좋아하는 그림에 매진을 해보자 마음먹고 미술 전공을 할 것처럼 그림을 공부하고 연습했다. 고등학교에 진학해서는 그림도 학교 공부도 뜨뜻미지근했다. 하지만 단 하나 책에 대한 열정은 여전히 그 열기가 식지 않았고 오히려 점점 더 뜨거워졌다.

교과서 빼고는 모든 책이 다 좋았다. 나는 고등학교 2학년 때까지 교과서를 제외한 웬만한 분야의 책은 한번씩 접해 보았다. 고등학교 때 정치사상사와 경제사상사를 읽고 철학 서적을 탐닉했다. 내가 공부를 일이 등 한다든지 해서 서울대학교에 갈 정도가 못 되었으니까 성적으로 주류에 서지는 못했다. 대신 나는 나와 비슷한 처지에 있는 친구들의 이목을 끄는 학생이었다. 나는 단순한 교과서적 지식이 아닌 우리가 처한 현실에 빗댄 지식 전달로 친구들 뇌리에 쏙쏙 박히도록 이야기를 했다. 때로는 과시욕이 넘쳐 나도 무슨 말인지, 정말 맞는 말인지도 모를 이야기들을 쏟아낼 때도 있었다. 예를 들면 이런 식이었다.

"이번에 선생님이 제시한 학교 규칙은 분명한 의도가 깔려 있어. 왜 정치와 경제 수업 시간에도 배웠잖아. 사회 지배 체계의 헤게모니를 장악한 사람들이 자유로운 사람들의 정신을 억제하려는 거. 헤게모니 개념의 원천은 마르크스에 있는데 음…. 어느 집단이나 국가, 문화가 다른 집단 국가

2019년 무렵 화개면에서, 어린 시절 친구들과 만나 회포를 풀었다.

문화를 지배하는 거, 들은 기억 있지? 이번 교칙에는 이런 부분이 있기 때문에 우리는 저항해야 하는 게 맞는 거야. 그냥 따라선 안돼."

친구들은 내가 미국 사회학자 '찰스 라이트 밀스(Charles Wright Mills ; 1916-1962)'나 독일 철학자 '위르겐 하버마스(Jürgen Habermas ; 1929-)'를 이야기하고 '파워엘리트'니 '의사소통의 합리성'이니 하는 단어들을 내뱉으면 감탄하는 표정을 지으며 모여들었다. 그러면 나는 변혁을 도모하는 사상가라도 된 것인양 선생님의 지시나 학교 지침에 반항하는 투의 말들을 쏟아냈던 것이다. 지금 생각해도 낯이 뜨거울 정도로 치기 어린 행동들이 많았다.

영화감독의 꿈을 꾸던,
반항과 방황의 시절

한때 내 꿈은 영화감독이 되는 것이었다. 학창 시절에는 프란시스 코폴라(Francis Ford Coppola) 감독의 〈대부(The Godfather)〉에 빠져 지내기도 했다. 시대의 변화를 고스란히 담으면서 인간의 내면, 특히 권력에 대한 욕망의 본질을 잘 꿰뚫은 작품이라고 생각했다. "누가 누구를 단죄하겠는가"라는 물음을 던지는 치밀하고 아름다운 영상 문법이 좋다고 생각했다. 데이비드 린치(David Lynch) 감독의 컬트영화도 좋아했는데, 상상력이 만들어낸 세계의 이상한 부조리가 삶의 길을 명확히 정하지 못한 사춘기 시절 나에게 카타르시스를 안겨 주었다.

하지만 영화감독이 되겠다는 꿈은 막연한 것이었을 뿐, 영화에 아주 천착을 해서 영화감독이 되기 위한 노력을 기울이지는 않았다. 그저 책을 읽고 상상하던 것들을 현실에 펼쳐볼 만한 직업이 영화감독 같았다고나 할까? 사회적 아픔이든, 인간관계에서의 오해든, 소중하게 다뤄야 할 정이든, 겉으로 드러나지 않는 삶의 속살을 나만의 관점으로 세상에 제시하는 방식이 영화가 아닌가 생각한 것이다. 그렇게 내가 영화로 그린 세상이, 아니면 내가 지어낸 대사 하나가, 어떤 상징으로 표현된 한 장면이 개개인의 마음에 닿아 감동을 주고 그들의 삶에 어떤 변화를 줄 수 있다면 얼마나 멋질까? 나는 그런 상상으로 학창 시절을 보냈다.

아버지는 당연히 영화에 대한 내 관심을 좋아하지 않았다. 제도권 교육에 대한 결핍을 큰아들이 대신 풀어주길 바랐는데, 영화감독이나 미술 작가가 꿈이라니 실망이 적지 않았을 것이다. 어릴 때는 책에 빠진 아들을 자랑스럽게만 생각했지만 교과서는 뒷전이고 사회 과학 서적이나 철학 책 같은 엉뚱한 책만 읽는 것 같으니 조금씩 걱정을 했다. 내가 책에서 읽은 그럴듯한 말로 친구들을 이끌어 학교 지침에 반항한다는 얘기까지 전해 들은 후, 아버지는 걱정을 넘어 적지 않게 실망했던 듯하다. "하라는 공부는 안 하고 헛짓거리에 몰두한다"는 지청구를 많이 들었다. 이렇게 고등학교 2학년이 끝나갈 무렵, 나는 아버지에게 마음먹고 대들었다.

"세상 사는 데 학교 공부가 중요한 게 아니에요."

"제가 지금 책 읽고 하는 게 진짜 공부예요. 내 인생 내가 알아서 할 겁니다."

"옳고 그름만을 따지는 아버지의 유교적 삶의 방식은 틀렸습니다."

"한마디로 아버지처럼 살면 안됩니다."

감정을 추스르지 못한 말이 막 쏟아졌다. 아버지의 말씀에 세상 이치 따져가며 대든 것도 모자라 삶의 방식까지 운운하며 나도 모르는 사이에 아버지의 가치관마저 부정해버렸다. 친구들을 모아 놓고 철학 사상을 읊으며 허언을 뿌려대던 것과 똑 같은 행동이었음에 틀림없다. 그날 나는 아버지가 그렇게 화를 내는 모습을 처음이자 마지막으로 봤다. 격렬한 논쟁이 오가던 와중에 끝내 화를 참지 못한 아버지는 내 몸을 붙잡고 욕실에 집어 던져 버렸다. 요즘 이야기하는 '등짝 스매싱'은 말할 것도 없고 이곳저곳 정말 많이 맞았다. 아버지는 고등학생 아들을 제압할 만큼 체격도 좋았지만 정신력 또한 강한 분이었다. 말만 앞선 아들을 체격과 엄한 눈빛으로 제압한 아버지는 이렇게 말했다.

"니 말대로 니 인생 니가 사는 건데, 니 인생 어떻게 살 것인지 책임감 있게 한번 돌아봤나?"

"준비할 때 준비하지 않고 시기를 놓쳐 버리면 나중에는 하고 싶어도 못한다. 정신 차려라."

아버지가 늘 하던 말, 그저 잔소리였던 말들이 순간 마음을 두드리며 달려들었다. 인간의 삶에 주어진 날들이 어느 한 순간도 가볍게 여길 수는 없는 것이라는 걸 수많은 책으로 익혔으면서도 나는 "연둣빛 내 10대의 삶도, 시푸른 40대 아버지의 삶도 가볍게 치부했구나", 가슴을 쳤다. 당장 아버지와의 실랑이로 온몸이 욱신거리는데 머리가 시원해지는 느낌이었다.

내가 다닌 고등학교는 진주동명고등학교로 우리는 소위 뺑뺑이라 불리는 연합고사를 치르고 입학한 첫 기수였다. 우수한 학생 자원들과 열정적인 학교측의 지원이 만나 나의 동기들은 서울대학교에 마흔아홉 명이나 입학했다. 소위 '명문고등학교'였다. 영화나 그림, 그리고 쓸데없는 책읽기에 2년을 낭비하고 남은 고등학교 1년 동안 정말 모두가 놀랄 정도로 열심히 공부했다. 나는 학력고사를 치르고 부산대학교 행정학과에 83학번으로 무난히 합격했다. 서울로 가고 싶은 마음도 없진 않았지만, 서울대학교에 갈 성적에는 크게 미치지 못했고, 서울 사립대와 지방 국립대의 등록금의 차이, 그리고 장학금 혜택을 고려하지 않을 수 없었다. 당시 아버지가 약방을 정리하고 진주에서 인쇄업을 하고 계셨는데 형편이 좋지 않았다. 아버지가 행정고시에 한번 도전해 보면 좋지 않겠느냐고 해서 그 뜻을 받아들인 것도 있었다. 공부를 하고 싶어도 못했던 아버지의 소망이 있다는 걸 알았기에 순순히 따른 것이다.

10대의 청소년기 내내 빠닥빠닥 저항을 하면서도 끝내는 아버지의 뜻을 따랐다. 반은 착하고 반은 못된 삶을 살았다고 요즘도 말하지만, 반항하고 방황하던 시절을 겪으면서도 내 삶의 궤적은 가족의 기대와 행복을 무너뜨리지 않는 내에서 자유롭게, 때로는 어지럽게 뒤얽혀 있었다.

2

부산대학교를
졸업한 후
고시(高試)에 합격하다

- 불의에 대한 반대와 항의는
  피할 수 없는 선택
- 삶의 본질을 찾아 헤맨
  대학 생활 4년
- 돈보다는 의미 있는
  일을 하라는 아버지 말씀
- 지리산 자락의 고시원에서
  고시에 도전하다
- 불합격 소식에 함께 울어준
  '사람, 사람들'
- 빠른 시간에 고시에
  합격한 비결

불의에 대한 반대와 항의는
피할 수 없는 선택

나는 부산대학교 행정학과 83학번이 되었다. 대학교 일이 학년 때는 공부만 했다. 학과 공부가 아닌 사회 과학 공부, 이른바 '데모 공부'였다. 아버지가 알았더라면 기절초풍할 일이었다. 하지만 그 시절 대학을 다닌 이들이 대부분 그랬겠지만 나는 아버지의 마음을 헤아릴 겨를이 없었다.

데모는 곧 '데몬스트레이션(Demonstration)'이었고, 반대하고 항의하기 위한 의사를 가두 행진 등의 집단 행동을 통해 드러내는 일이었다. 당시 피 끓는 청춘들에게는 군사 독재 시절의 억압이 너무도 부당하게 여겨져 독재에 저항하고 현실을 바꿔내는 일이라면 위험을 감수하고서라도 달려들 수밖에 없었다. 반대하고 항의하는 일은 피할 수 없는 선택이었다.

불교학생회 동아리에 발을 들여 놓은 것이 학생 운동의 시작이었다. 불교 동아리에 처음 가입할 때는 이와 같은 전개를 상상도 하지 못했다. 불교학생회는 고등학교 때부터 관심이 있었던 철학적 고민을 좀더 심도 있게 공부해 보고자 선택한 동아리였다. 사람이 왜 사는지, 죽음의 끝은 어딘지, 어디서 와서 어디로 가는지, 어릴 때부터 가졌던 이런 의문들과 불교의 철학이 이어져 있을 것이라 생각했다. 여기에 정말 솔직한 이유를 하나만 덧붙이자면 입학 날부터 내 눈에 들었던 몇몇 동기 여학생들이 이곳에 가입하는 것을 봤다는 것이다.

처음 몇 번은 평범한 동아리 모임이었다. 차분히 참선하고 불경을 외우는 분위기가 아니라 왁자지껄 어울림의 시간이 대부분이라 더 좋았다. 모임을 몇 번이나 했을까.

"너희들 불교 공부 하면서 이것도 한번 해보자."

선배들이 달력 같은 것으로 꺼풀을 입힌 책 몇 권과 원본을 복사한 종이

뭉치를 꺼내 놓았다. 처음 꺼내 놓은 책들은 지금은 필독서지만 당시에는 불온서적이었던 역사와 철학 분야 책들이었다. 책을 좋아하기도 했고 더구나 내가 관심 있는 분야의 책들이라 흥미로웠다. 고등학교 때까지는 혼자 책을 읽고 혼자 생각하는 것이 다였는데, 이때는 동기 선배들과 열띤 토론을 거쳐 책에서 읽은 내용을 행동으로 구체화하는 과정까지 연결시키고자 했다. 그렇게 '데모 공부', '학습'이 시작된 것이다.

불교학생회는 부산대학교의 3대 동아리 중 하나였다. 학생 수가 많은 동아리로 손꼽히다 보니 운동권 선배들이 이곳을 거점삼아 군부독재에 반대하는 의식화 활동을 했던 것이다. 1학년 때는 선배들로부터 학습을 받는 입장이었는데, 당시 '민족과 지성', 우리끼리는 '민지'라고 불렀던 운동권 동아리에까지 잠시 나갔다.

당시는 치열하게 반독재 운동을 벌이며 저항이 극에 달한 시기였지만, 실제 대학생들이 거리로 나가 데모를 하는 것은 힘들었다. 학교는 수시로 휴업했고, 학생들이 '짭새'라고 부르던 사복 경찰이 교내 곳곳에 숨어있었다. 동아리에서 미리 준비한 유인물을 가지고 건물 옥상이나 나무 위에 올라가 군사 독재 타도를 외치며 학생들의 관심을 모으려 하면 어디서 나타났는지 여남은 명의 사복 경찰이 달려들어 무섭게 끌어내렸다. 그야말로 데모는 원천봉쇄였다. 시민들은 통제 당했고 국가 권력의 폭력이 난무했던 시기였다.

우리 사회의 지배 체제를 어떻게 바라볼 것인가. 어떻게 바꿔나갈 것인가. 불공정함에 대한 근본적인 해결책은 무엇인가. 나는 맹렬하게 달려들어 공부했다. 운동권 동아리의 학습은 마르크스 레닌주의에서 시작해 마오쩌둥을 거쳐 주체 사상으로까지 이어졌는데, 나는 마오쩌둥을 공부하다 더 앞으로 나아가지 않고 멈춰 섰고 방향을 바꿨다. "이건 아닌데…," 하는 생각이 들었던 것이다.

학생운동이 추구하는 사회 변혁의 방향이 편향되어 간다는 느낌이 들었다. 고등학교 때부터 읽은 서양 정치 사상사에서 얻은 지식이 있었기에 동아리에서의 '학습'은 그 학문적 위치와 정치적 의미가 어디쯤에 있다는 것을 대략 알고 있는 나였다. 사회주의를 거쳐 파시즘까지 겪은 뒤 이성적 판단으로 인류 역사와 정치사를 돌아본 유럽 이론가들의 사상이 나에게는 더 설득력 있게 다가왔다. 나는 밤낮으로 책을 찾아 읽고 고민한 끝에 당시 우리나라 운동권 내에서 주장하는 사상이 당장의 현실에는 결부될 수 있을지 몰라도 대안으로서는 옳은 것이 아니라는 결론에 이르렀다. 대학교 2학년 말쯤 나는 함께 공부하고 운동하던 이들을 뒤로 하고 조용히 군에 입대했다.

삶의 본질을 찾아 헤맨 대학 생활 4년

군대를 마치고 복학한 후에는 일이 학년 때 제대로 관리하지 못했던 학점을 만회하는 것이 우선이었다. 내가 대학을 다닐 때는 졸업정원제가 시행되고 있었다. 졸업정원제는 입학할 때 정원의 10%를 초과로 모집한 후 졸업할 때 10%를 떨어뜨리는 제도였다. 우선 졸업은 해야 되겠다 싶어 겨우 F학점을 면한 수업들을 '땜빵'하며 정신없는 3학년을 보냈다. 그렇다고 학과 성적을 바짝 올려서 고시(高試)를 준비하겠다는 마음은 아니었다. 내가 관심 있는 분야를 즐기려고 해도 졸업할 정도의 학점은 받아놓고 해야겠다는 아주 약한 수준의 '정신 차림'이었다.

그리고 입대 전에 불교학생회에 같이 있던 선배들이 주도했던 공부 모임에도 다녔다. 내가 직접 후배들 교육을 위한 간단한 지침서도 만들고 깊이를 더한 〈반야심경(般若心經)〉 해설서도 썼다. 〈금강경(金剛經)〉, 〈원각경(圓覺經)〉, 〈법화경(法華經)〉 등 한문으로 된 불교 경전을 공부했던 기억도 있다. 나는 기독교 교리에 크게 공감하는 사람이기도 하다. 이를테면 나는 무신론자도 아니고 범신론자도 아니다.

불교 경전을 공부할 때에도 기독교에 대한 호기심이 있어 〈성경(the Bible)〉도 나름 꽤 열심히 읽었다. 초등학교 시절 당시 '고전 읽기'라는 방과 후 프로그램이 있었는데, 그때 교재 중 하나였던 하늘색 표지의 〈구약 이야기〉와 〈신약 이야기〉를 매우 흥미있게 읽은 기억이 난다. 그래서 원본을 제대로 읽고 싶은 마음이 있었던 것 같다. 〈구약성서(the Old Testament)〉를 보면 개념과 논리가 정연한 엄숙한 종교 경전이라기보다는 이스라엘 민족이 고난 속에서 스스로 영적으로 성숙해지는 역사라는 느낌이 들었다. 〈성경〉을 통해 하느님의 말씀에 따르는 유대인의 삶과 역사를 읽고 그 성숙되어 감을 공감했던 순간들은 내 젊은 영혼이 균형감 있게 살찌워지는 고마운 시간들이었다. 〈신약성서(the New Testament)〉는 이스라엘 민족만을 위한 종교인 유대교에서 인류 전체를 위한 종교인 기독교로 나아가는 약속을 담은 것이다.

특히 나는 〈마태복음〉에 "인자가 온 것은 섬김을 받으려 함이 아니라 도리어 섬기려 하고 자기 목숨을 많은 사람의 대속물로 주려 함이니라(20장 28절)"는 구절에서 깊은 인상을 받았다. 이 구절은 예수님의 사랑과 구원의 의미, 기독교의 본질적 가치를 잘 드러낸 것이다. 즉 메시아인 예수님께서 하느님의 아들이라는 지위를 누리고 섬김을 받으려 이 세상에 온 것이 아니라, 오히려 섬기길 원하고 자신의 생명을 희생해서라도 모두를 구원하려고 이 세상에 온 것이라고 선언하는 것이다. 이는 곧 숭고한 희생과 사랑의 선언이다. 얼마나 멋진가?

신심이 깊은 종교인들이 나를 보면 살짝 피곤하다 할 만한 인물이겠지만, 학창 시절 내게 있어 종교는 믿음의 영역이라기보다는 지적 호기심을 채우기 위한 탐구 활동에 가까웠다. 그러나 나 역시 어려운 상황에 직면하거나 깜짝 놀랄 일이 생겼을 때, "어이쿠 하나님! 나무관세음보살!"을 외는 마음이 절로 나온다. 나이가 들고 세상살이 경험이 쌓일수록 일반적인 알음알이나 상식, 그리고 과학적 지식만으로는 인간이 행복해지기 어렵다는 것을 절감한다. 그리고 내가 사는 이 신비로운 세상에, 모순덩어리인 나와 인간의 행태를 근본적으로 넘어서는 그 어떤 초월적 존재가 있을 것이라고 굳게 믿고 있다. 그 초월적 존재가 종교인에 따라 하나님일 수도 있고, 불성(佛性)일 수도 있을 것이다. 초월적인 존재를 믿고 기도하며 마음의 평온을 찾는 것은 무엇이 나쁜가? 나이가 들수록 내 마음을 얹을 대상, 지친 영혼을 기대어 쉴 믿음을 가지는 것은 현명한 일이다.

대학 시절에는 음악도 참 많이 들었다. 그때나 지금이나 음악이라면 동서양을 막론하고 대중가요에서부터 가곡, 판소리, 라틴, 샹송 등을 가리지 않고 다 좋아한다. 끈적한 느낌이나 방정맞은 트로트 멜로디, 즉 소위 '뽕필'이 들어가는 블루스 락 계열이나 라틴 음악에 매혹되기도 하지만, 어렵고 힘들 때 마음의 중심을 잡아주는 것은 아무래도 클래식 음악이다.

독서실 총무도 하고 신문 배달도 하면서 용돈을 벌어서 절반은 후배들 밥 사준다고 뺏기고 남은 것을 아끼고 모아서 롯데파이오니아 전축을 샀다. 그 당시 돈으로 거의 50만원 정도였던 걸로 기억하는데, 자취방에 검정색의 빛나는 근육을 자랑하는 그럴싸한 전축이 있는 학생이 몇 명이나 됐을까? '돼지 목에 진주 목걸이'라 놀리는 친구들이 있어도, 밥을 라면으로 바꾸는 일도 마다 않고 음반을 하나씩 사곤 했다. 명곡 대백과 사전을 뒤적이며 마음에 드는 곡을 선택하고 용돈을 모아 그 음반을 사서 듣는 일은 그 어떤 것과도 바꿀 수 없는, 요즘말로 하자면 '소확행(작지만 확실한 행복)' 같은 것이었을 터이다.

1988년 무렵, 부산대학교 동아리 동기들과 함께 한 모습이다.

내가 맨 처음 샀던 클래식 음반은 비발디(Vivaldi)의 〈사계(the Four Seasons)〉였다. 단순한 호기심으로 시작했지만 관련 책을 읽으며 클래식에 점점 빠져들었다. 모차르트(Mozart)도 많이 들었고 바흐(Bach)의 오르간 곡도 좋아했다. 가장 기억에 남는 곡은 베토벤(Beethoven)의 〈합창(교향곡 제9번 d단조)〉이다. 처음 들었을 때 악기가 낼 수 있는 온갖 소리를 이끌어내고 조화시키면서 마지막 순간에는 사람의 목소리로 마무리가 되는데, 눈물이 흐를 정도로 감동적이었다.

하지만 대학 시절에 LP판이 닳도록 많이 들었던 음악은 멘델스존(Mendelssohn)의 〈바이올린 협주곡 E단조〉였다. 같은 동아리에 소속돼 있던 후배 여학생이 그 음악을 굉장히 좋아해 LP판 두 개를 사서 하나는 선물을 하고 하나는 내가 들었다. 단조라 우아하고 애잔한 느낌이 그 여학생의 이미지와 많이 닮아 있었다. 얼마간 좋아하는 마음이 있어 선물을 한 것이다. 하루는 그 여학생을 초대해 음악을 같이 들을 기회를 만들었다. 음식을 대접하고 좋아하는 음악을 틀어주는 마음과 뜻을 그녀가 이해했는지 지금도 알 수는 없다. 대학을 졸업할 때까지 그저 좋은 선배와 후배 사이였고, 멘델스존 〈바이올린 협주곡 E단조〉는 조금은 애잔한 음악으로 여전히 내 마음에 남아있다.

대학 생활 4년이 다 가도록 나는 당장 하고 싶은 일만을 하며 살았다. 자유롭게 살고 싶다는 마음 하나만 가지고 있었다. 미래에 대한 계획도 없이 내 삶을 걸고 하고 싶은 것이 뭔지도 모른 채 졸업을 맞았다. 다행히 군대 가기 전에 망친 학점은 모두 만회를 했기에 교수님 추천서만 있으면 취업도 무난히 잘 되던 시절이었다. 하지만 나는 대기업 취직보다는 속박과 구속을 벗어나 자유롭게 돈을 벌 수 있는 길이 뭘까를 고민했다.

봄, 여름, 가을, 겨울과 어울리는 곡들

〈봄〉

모차르트 '피아노협주곡 21번 2악장'
(Mozart : Piano Concerto No. 21 in C major 2nd mov)

영화 〈엘비라 마디간(Elvira Madigan)〉에 삽입된 아름다운 피아노협주곡이다. 나비가 나풀거리며 날아다니는 장면이 절로 연상된다. 봄날, 푸른 전원에서 비극적 사랑을 나누던 영화 속의 소녀와 장교. 동화적이고 환상적인 영상이 이 곡을 만난 것은 차라리 운명일 것이다. 영상과 음악은 시간이 지날수록 견고히 결박되어 찬란하고 슬픈 청춘의 봄을 나의 영혼 속에 새긴다.

임긍수 '강 건너 봄이 오듯'

"앞강에 살얼음은 언제나 풀릴 거나 짐 실은 배가 저만큼 새벽 안개 헤쳐왔네 연분홍 꽃다발 한아름 안고서 물 건너 우런한 빛을 우런한 빛을 강 마을에 내리누나" 봄이 시작되는 2-3월이면 꼭 찾아드는 봄 노래. 아름다운 가사 속의 '살얼음 덮인 앞강과 새벽 안개'가 내 고향 하동군 옥종면 덕천강에서의 어린 시절을 추억하게 한다. 소프라노 김순영의 목소리가 좋다.

슈만 '아름다운 5월에' (Schumann : Im wunderschonen Monat Mai)

슈만 가곡집 시인의 사랑 16곡 중 1번이다. 개인적으로는 이안 보스트리지의 목소리를 좋아한다. 피아노 리드 선율이 참 달콤한데 가사도 그렇다. 번역을 소개한다. "아름다운 5월에 모든 꽃 봉오리들이 피어날 때 나의 마음속에도 사랑의 꽃이 피었네. 아름다운 5월에 모든 새들이 노래할 때 나는 그녀에게 고백했네. 나의 그리움과 소망을."

〈여름〉

피아졸라 '리베르탱고' (Piazzolla : Libertango)

여름이라고 하면 뜨거운 열기나 열정 같은 것이 연상된다. 그렇다면 이 음악은 여름 그 자체이다. 관객의 박수로 시작해서 피아노로 박자를 "짝 짝 짝" 맞춘 다음 "딩가딩 딩가 딩가" 탱고 리듬이 이어진다. 그리고 아름답고 끈끈한 바이올린 독주에 이어 관악기가 입혀지고 악기는 계속 보태어진다. 결국에는 오케스트라의 합주가 웅장하고 또 웅장하다. 조회 수 4천744만 회를 기록한 유튜브 영상을 찾아보시라. 빨간 옷을 입은 여성 댄서의 매력에서 헤어나지 못할 것이다.

비발디 '사계 중 여름 1악장'
(Vivaldi : The Four Seasons Con No.2 in G minor, RV 315 "L'Estate" I. Allegro Non Molto)

시작할 때 단절적인 바이올린 연주가 여름 폭풍을 앞둔 불안함을 표현했다고 본다면 곧 이어지는 빠르고 폭풍 같은 연주기교는 여름의 한가운데로 우리를 데려가는 듯하다. 이무지치의 연주가 가장 정평이 나있는 것 같다.

헨델 '수상곡 중 알라 혼파이프'
(Händel : Water Music Suite, HWV 348, Alla hornpipe)

수상곡이니 배를 타고 물놀이를 할 때 사용한 음악이다. 우리나라도 여름에 양반들이 뱃놀이를 하지 않았던가. 바순과 호른 트럼펫의 웅장한 연주가 여름 물놀이의 시원함을 연상하게 해준다. 음악의 아버지로 유명한 헨델의 목숨을 구한 곡이라는 에피소드도 있다. 1710년 헨델은 독일 하노버 왕국의 왕 게오르규 루트비히를 배신하고 영국으로 귀화했다. 그런데 1714년 루트비히가 왕위상속법에 따라 영국의 새 왕 조지1세로 즉위했다. 이에 헨델은 그의 비위를 맞추기 위해 이 수상곡을 작곡했고 조지1세가 물놀이를 할 때 연주자 50명을 동원해 배를 타고 따라다니면서 연주했다고 한다. 헨델은 처벌을 면하고 다시 총애를 얻을 수 있었다. 역사에 남는 최고의 아부라 할 만하다.

〈가을〉

쇼팽 '녹턴' (Chopin : Nocturne)
밤에 듣는 야상곡이라지만 나는 가을비 소리와 더욱 어울리는 곡이라 생각한다. 루빈스타인의 연주가 가장 평판이 있다.

'고엽' (Autumn leaves)

사실 이곡은 미국의 재즈 스탠다드로 통한다. 팝송 고전 명곡인 셈인데, 냇 킹 콜(Nat King Cole) 등 전설적인 재즈 가수에서부터 에릭 클랩튼(Eric Clapto)과 같은 거장의 연주를 비롯해 셀 수 없이 많은 음악가들이 즐겨 도전했다. 나는 콘트라베이스 최준혁이 이탈리아 여행 중 바이올린과 기타 등 거리 연주가들과 즉흥적으로 연주한 클래식 연주곡을 꼭 들어보라고 권하고 싶다. 유튜브를 검색하면 조회 수 2천186만 회를 기록하고 있다. 명곡은 클래식으로 연주해도 명곡이다.

프랑크 '생명의 양식' (Franck : Panis Angelicus)

가톨릭 성악곡으로 천사의 빵이라는 뜻이다. 대중에게 많이 알려진 곡으로 성악가들을 비롯해 합창곡, 관현악으로 많이 연주된다. 특히 세계적인 거장 테너 루치아노 파바로티(Luciano Pavarotti)와 영국의 팝가수 스팅(Sting)이 기타반주에 맞춰 부른 듀엣곡을 강력 추천한다. 유튜브를 보시라. 스팅은 매력 그 자체이고 파바로티는 지리산처럼 높고 깊으며 풍요롭다.

〈겨울〉

드뷔시 '달빛' (Debussy : Claire de lune)

겨울밤 차갑게 빛나는 달빛이 연상되는 음악. 특히 세계적인 피아니스트 조성진이 연주한 달빛을 추천드리고 싶다

알비노니 '아다지오' (Albinoni : Adagio)

바로크 음악 특유의 비장함, 죽음의 고독, 인간의 고뇌 등의 감정을 느끼게 하는 곡. 특히 심연의 울림을 담은 악기 첼로로 연주하는 곡이 제격인데 크로아티아가 낳은 세계적인 첼리스트 스테판 하우저(Stjepan Hauser) 연주가 가장 좋다.

텔레만 '바순 소나타' (Telemann : Bassoon Sonata)

바순의 낮으면서 따뜻한 음색이 겨울과 잘 어울린다. 타닥타닥 타오르는 벽난로 앞에서 의자 깊숙이 몸을 기대고 앉아있는 느낌이다.

돈보다는 의미 있는 일을 하라는
아버지 말씀

대학 3학년을 마친 후 휴학을 하고 아르바이트 삼아 학원 강사를 했던 경험이 있었다. 복학하고 졸업한 후 기업에 취직해 일하기보다는 사업을 해야겠다는 마음을 먹고 친한 선배와 부산대학교 근처에 입시학원을 차렸다.

나는 학원 운영에 관여하는 것 외에 영어 과목도 담당했는데, 아이들을 가르치는 것은 힘들면서도 신나는 일이었다. 학교에서는 평범하게 가르치는 지식들을 동서고금을 넘나드는 신화나 문학 속 인물과 사건에 버무려서 설명했다. 아이들이 질색하는 영문법도 영화 속의 한 장면을 소환해 이해를 돕고 아이들이 좋아하는 만화의 대사를 연결하여 가르쳤는데, 반응이 폭발적이었다. 고등학교 때 친구들 앞에서 '개똥철학'을 읊고 정치 사회를 비판하던 것과는 분명 다른 쾌감이 있었다. 내가 공부하고 경험했던 것들을 아이들 나름의 방식대로 흡수해가는 모습을 보는 것도 즐거움이었다.

의욕이 넘쳤던 나는 〈하승철 신영문법〉이라는 책도 만들었다. 출판사에서 정식으로 출간한 책이 아니고 학원에서 교재로 사용하기 위해 제본해서 만든 책이었다. 당시 부산과 서울에서도 내로라하는 영어 강사들의 강의노트 30여 권을 구해서 아이들이 가장 이해하기 쉽도록 재구성했다. 책은 학원 교재로만 썼기 때문에 내 강의를 들었던 학생들 숫자만큼만 나간 후 절판되고 말았지만, 나중에 고시 공부할 때 따로 영어 공부를 하지 않아도 될 만큼 나에게도 큰 도움이 됐다. 비록 모두를 위한 베스트셀러는 아니었지만 지금의 나를 만든 최고의 문법서였다. 이미 세상에 존재하지 않는 책이라 검증할 방법이 없으니 나 홀로 그렇게 자부하고 있다.

학원은 금세 자리를 잡았다. 얼마 되지 않아 나는 인근 중고등학생들한테는 꽤 인기 있는 강사, 요즘 말로 '일타 강사'를 넘보는 수준으로 이름을 알렸다. 내가 받았던 월급이 사오백만원 족히 되었다. 그때가 1990년대 초니까 사회 초년생 월급으로는 상당히 많은 돈이었고, 돈벌이로만 성공의 기준을 잡는다면 대성공이었다.

하지만 아버지는 싫어했다. 한번은 아버지가 돈을 싸들고 찾아온 적이 있다. 아버지가 입을 열었다.

"니 돈 때문에 그러나?"

"아니 돈 있으면 좋잖아요. 지금 돈 잘 버는데 열심히 모아서 빨리 이 가난으로부터 벗어나고 싶어요. 내 하고 싶은 대로 하고…."

아버지 의중이 어떤 것인지 뻔히 알면서도 나는 그럴듯하게 잘 살지 못하는 우리집 현실 탓을 해버렸다. 그리고는 어렵게 만들어 왔을 돈뭉치를 아버지 손에 쥐어드리고는 집으로 돌아가라며 냉정하게 등을 떠밀었다.

"결국 그게 남는 게 아니다. 의미 있는 일을 해라. 그건 돈 빼고 나면 뭐가 있나? 보람이 있나, 뿌듯함이 있나."

아버지는 돈 대신 이 말을 남겼다. 맞다. 맞는 말이었다. 하지만 학원가에서 인기가 높고 돈을 잘 벌 때는 그 말이 귀에 들어오지 않았다.

승승장구하며 학원을 한 3년 정도 운영했을까? 수많은 주변 학원들이 온갖 비열한 방법을 동원해 덤벼들었다. 아이들을 몰래 빼가고 학부모들을 포섭하기 위해 없는 말을 만들어 생채기를 남겼다. 낮밤을 바꿔가며 일한 결과가 정당하지 못한 경쟁에 의해 손상되는 느낌이었다. 허탈했다. 나의 강의 실력을 좋게 본 학원가 인사들이 유명강사로 성장을 도모하자는 비전을 제안해 준 경우도 있었지만 이 길에는 더 이상 나의 성장은 없겠다 싶었다. 내 미래는 뭔가 더 드라마틱하고 풍성한 스토리 속에서 개인의 행복과 사회적 성취가 어우러져야 하는 것이어야 했다. 20대 때의 부족한 경험과 판단으로 내 삶을 끝까지 다 결정해서는 안된다는 생각이 들었다.

"지금이라도 공부해라."

돈을 싸들고 찾아 왔던 아버지의 말씀이 다시 떠올랐다. 돈 버는 일이 아닌 의미 있는 일을 하라는 말씀도 함께 생각났다. 생각은 꼬리를 물고 이어졌다. 생리적 욕구에서 시작하는 사람의 욕구는 안전 욕구, 사회적 욕구, 존경 욕구를 거쳐 자아실현의 욕구가 충족되어야 가장 행복하다고 배웠다. 그런데 "자아실현은 사회적으로 의미 있는 일, 봉사를 할 때 생기는 것이 아닌가?" 그리고 "공무원은 급여를 받으면서 봉사하는 일이 아닌가?" 생각이 여기에 이르자 그 일이 하고 싶어졌다.

나는 용달차가 있는 친구를 불러 부산에서의 생활을 정리했다. 애지중지 아꼈던 음반을 쓰다듬으며 이런저런 생각을 했다. 위로받기 위해 조용한 클래식 음악만을 찾아들었던 나의 피폐한 20대를, 나는 그렇게 떠나보냈다. 1992년 11월, 스물아홉 살의 겨울이었다.

지리산 자락의 고시원에서
고시(高試)에 도전하다

부산에서 가져온 짐을 옥종면 대곡리 고향집으로 옮겨 놓은 후, 하동군 청암면에 위치한 한 고시원으로 들어갔다. 고시원의 이름은 주산(主山)이었는데, 주산은 고시원에서 멀지 않은 곳에 위치한 지리산의 아들 산 이름이었다. 이 일대는 좋은 경치로 소문난 곳은 아니었지만 지리산 자락이었던 만큼 산세는 어디 내놓아도 빠지지 않을 정도는 되었다. 그리고 고시원 바로 앞에는 힘든 마음을 다독여 주기라도 하는 것처럼, 사계절 맑은 물이 졸졸 소리를 내며 흐르는 개천이 있었다. 좋았다.

처음 고시원을 알아보러 갔을 때 땀을 뻘뻘 흘리며 손수레로 흙을 옮기던 일꾼이 있었는데, 그분이 고시원 원장님이었다. 이름은 황부호. 이름만큼이나 후덕한 모습과 소탈한 웃음이 좋아 "여기서 공부하자" 하고 단번에 결정을 내렸다. 고시원에 들어가 보니 원장님 역시 고시생이었다. 원장님은 1차에 합격한 후 2차 시험에는 낙방해 계속 도전 중이었다. 원장님이 고시 공부를 같이 하며 동고동락하는 입장이라 그 어느 고시원보다 마음 편한 곳이었다.

고시원 방은 두 평도 채 안되는 공간이었다. 똑같이 생긴 좁은 방 여남은 개 정도가 다닥다닥 붙어 있었는데, 다행히 남향이라 해가 잘 들었다. 창문을 열면 누에봉이라는 작은 산봉우리가 보였다. 누에가 실을 뽑듯이 진득한 노력으로 누에봉의 기를 얻으면 합격한다는 이야기가 있었다. 고시준비생들은 아침마다 그 봉우리를 바라보면서 기도하는 것으로 하루를 시작했다. 점심을 먹고 나면 고시원 사람들 모두가 햇볕 따사로운 담벼락에 기대 앉아 이야기도 나눴다. 4수생, 5수생이 태반이었고 시험만 치르다 나이 마흔을 훌쩍 넘긴 형님도 있었다. 매일 같은 듯 다른 시험 이야기, 합격에 대한 이야기들이 반복되며 오갔다.

"시험 합격만 시켜준다면 부산까지 기어서라도 가겠다."

"부산? 나는 서울까지도 기어서 간다."

누가 먼저랄 것 없이 앞다투어 합격에 대한 간절함을 말했다. 그러나 그 누구도 합격 이후 자신만을 위한 삶을 살겠다고 말하는 이는 없었다. 농담처럼 가볍게 주고받긴 했지만 돈 없는 사람들, 힘없고 약한 사람들을 위해서 자신이 할 수 있는 일을 해보고 싶다는 이야기를 많이 했다. 나랏일을 하겠다고 마음먹고 공부하는 고시생들의 자세는 그랬다. 나 또한 그래야만 한다고 생각했다. 순수함이 있던 시절이다.

당시 나를 비롯해 고시원에 같이 있던 고시생들 중에 이른바 '잘 나가는 집안' 사람은 없었다. "가난한 집안에서 머리 좋은 인물 하나 나왔다"며 "어떻게든 공부로 성공해 집안을 일으켜 달라"는 가족의 바람을 등에 업

부산대학교를 졸업하고 한동안은 입시학원 강사로 일하면서 당시로서는 적지 않은 돈을 벌기도 했다. 하지만 의미 있는 일을 하고 싶은 마음으로 고시(高試)에 도전하기로 했고, 청암면의 지리산 자락에 있었던 주산고시원에 들어갔다. 고시원이 있던 자리는 청암호가 생기면서 물에 잠겼다. 사진은 청암호 일대의 풍경이다. 내가 고시 공부를 할 때 바라보았던 산의 풍경이 옛날 그대로이다.

은 이들이 거의 전부였다. 그래도 그때는 "개천에서 용이 난다"고 믿었다. 막상 시험에 합격하고 현실을 겪어보면서 이미 개천에서 용이 나기는 힘든 때라는 걸 알게 됐지만, 그래도 그때는 아주 작은 개천에서 조금 숨쉴 만한 개천으로 옮기는 정도까지는 가능한 시절이었다. 가장 공정하다 여겨지던 시험, 고시를 통해서 말이다. 가난한 집안 고시생들은 '고시'라는 사다리를 통해 '계층 이동'은 언감생심, '개천 이동'이나마 꿈꾸며 그렇게 지리산 자락에 엉덩이를 붙이고 밤낮을 책과 씨름했다.

불합격 소식에 함께 울어준 '사람, 사람들'

아버지는 내가 고시원에 들어갔을 때 걱정보다는 기쁜 마음이 더 컸던 것 같다. 고시원이 고향집 인근이다 보니 아버지는 때때로 자전거에 보약을 싣고 고시원 쪽으로 올라왔다. 자전거로 산길을 오르느라 온몸이 땀에 흠뻑 젖었는데 늘 웃음을 머금은 얼굴이었다. 지금도 고시원 동료들을 만나면 그때는 보약보다는 잔잔한 웃음이 나에게 더 힘이 됐을 거라고, 지켜보는 자신들에게도 아버지의 여유로운 표정이 힘이 됐다고 이야기한다.

우리는 도랑 치고 가재 잡고 자연 속에서 잘 놀기도 했다. 종종 더덕을 캐러 다녔는데, 꼭 먹기 위해서라기보다는 공부가 너무 하기 싫으니 공부 안할 일을 찾아 산을 헤맸다고 할 수 있다. 단골 주막집도 한 곳 있었다. 산속에 주막집이 있을 리 만무하니 고시원에서 가까운 동네 가정집을 하나 정했다. 산에서 캔 더덕이며 개천에서 잡은 가재며, 공부를 땡땡이 치고 얻은 수확물을 그 집 아주머니께 가져다주고는 부탁을 했다.

"읍내 나갈 때 술을 좀 사다 놔 주시면 주막집에서 파는 가격으로 우리가 사먹을께예."

"안주도 쫌 부탁드리고예."

처음에는 손사래를 치던 아주머니도 책에 파묻혀 사느라 얼굴이 멀겋게 부풀어 오른 청년들이 안돼 보였는지 그러마고 약속을 했다. 우리는 금요일이면 주막이 된 집을 찾아 밤새 술을 마셨다. 마당이 있는 가정집을 주막으로 만들고서는 뜰이 있는 주막이라 하여 '뜰 주막'이라는 이름까지 붙여 놓고 드나들었다. 그때 술을 마시며 나눈 고민들과 후회, 어려운 가정사 등의 이야기들로 고시생들끼리의 친근함은 더 두터워졌다.

동료들과 속내를 터놓고 밤을 새며 잔을 부딪치게 됐을 무렵 주산고시원을 떠났다. 누가 합격 비결을 물으면 "익숙해질 때 떠나라"고 말해줬다. 친해지면 놀게 되고 놀게 되면 흔들리고 그럴 때마다 주변에 자꾸 의지하게 되고, 그게 인지상정이다. 그래서 익숙해질 무렵 머물던 곳을 떠나야 한다. 그렇다고 나와 잘 맞는 고시원을 완전히 떠날 필요는 없다. 그곳을 베이스캠프 삼아서 이곳저곳 새로운 기분으로 공부할 곳들을 다녀보면 좋다. 나는 서울시 신림동에서 수많은 고시생들과 학원 수강도 해보고 강원도 정선군의 폐광 광부숙소를 개조해 만든 고시원에 틀어박혀 공부하기도 했다.

부산 생활을 정리하고 고시 공부를 시작한 것이 1993년 초였다. 처음에는 같은해 7월에 있을 7급 공무원 시험을 준비했다. 그런데 행정고시 1차 시험이 5월이었다. 시험 과목이 똑같았기 때문에 나는 목표를 수정해서 행정고시 준비를 했다. 합격에 대한 기대로 시작했다기보다는 5급을 준비하면 더 깊게 더 많이 공부해서 7급 시험에 더 빨리 합격할 수 있지 않을까 싶어서였다. 부산에서 영어강사를 하며 영문법 정리를 완벽히 해둔 것이 큰 도움이 되었다. 고시 공부는 1차 시험 같은 경우 합격선에 오르려면 영어에만 쏟는 시간이 몇 년은 걸린다고 했는데, 나는 그 몇 년의 시간을 번 셈이었다.

5급 행정고시 1차 시험을 한번에 덜컥 합격해 버렸다. 1차를 합격하면 그해와 다음해에 2차 시험을 치를 기회를 준다. 1년 후 1994년 여름은 전국 최고 기온 38.4도의 살인적인 더위를 기록했을 때였다. 이때는 서울 신림동에서 공부했는데 냉방도 제대로 되지 않고 창문도 없는 고시원의 '멍텅구리 방'은 악몽 그 자체였다. 땀을 너무 많이 흘려 탈진 상태로 쓰러져 누워 공부를 했다. 이러다 죽겠다 싶을 정도의 상황을 버티고 이기며 공부를 했는데, 2차 시험은 떨어지고 말았다.

5급 행정고시 2차 시험은 일주일에 걸쳐 치러진다. 옛날 과거 시험 때처럼 두루마리로 문제를 펼쳐 보이면 서술하는 형식이다. 과목마다 기본이 되는 책들은 완벽히 이해하고 주요 개념과 이론을 외우다시피한 다음 자신만의 시각과 논점을 전개해야 한다. 단순한 암기만으로도, 개인의 경험과 지식만을 활용한 자기주장만으로도 통과할 수 있는 시험은 아니다. 당시 나의 낙방 이유는 공부의 부족, 즉 준비 시간이 짧았다는 것이다. 보통은 1차를 치르기 전에 2차 과목에 대해 상당한 수준의 이해가 되어 있어야 1차 합격 후 1년 동안 전력을 기울여 준비할 수 있는 것이다. 분투했지만 경제학과 행정법에 지나친 시간을 소모하는 바람에 전공인 행정학을 제대로 준비를 못했다.

긴 호흡으로 공부를 해야겠구나, 하는 마음을 먹고 청암면의 주산고시원으로 돌아갔다. 겨울이었다. 무거운 책 보따리를 고시원 방에 넣어놓고 동료들과 옥종면까지 나와 술을 마셨다. 원장님을 비롯한 고시원 사람들 얼굴을 보는데, 나도 모르게 눈물이 쏟아졌다. 고시원 사람들도 하나 둘 내 어깨를 끌어안아 주었다. 하늘이 적막한 지리산 자락에 눈을 펑펑 뿌려대는 날이었다.

그때 서로 어깨를 부여잡고 같이 울어준 따뜻한 사람들이 많다. 어려운 시절을 같이한 분들 모두 소중하지만 두 분만 이야기 해보자면 황부호 원장님과 친구 조규철이다. 황원장님은 고시원생들을 끝없이 따뜻하게 감싸준 분이다. 공부하는 사람에 대한 배려와 이해가 깊었다. 마음의 넓이만큼이나 주량도 대단해 고시원장이면서도 원생들이 공부하기 싫어 뜰 주막에 갈 때면 빠지지 않는 멤버였다. 공부에 대한 열정을 보이는 가난한 원생에게 고시원비를 받지 않은 경우도 많았다. 공부하면서 겪는 애로 사항은 뭐든 다 들어주고 풀어주는 해결사 역할도 했다. 나의 상담자이고 후견인이면서 고시원 동기이고 형님이고 인생과 세상에 대한 토론 대상자였다. 물론 지금도 그렇다.

조규철은 대학교는 한 해 후배였지만 나와는 나이가 같아 친구로 지냈다. 대학교에 다닐 때부터 친하게 지내던 사이여서 내가 주산고시원으로 불렀다. 티격태격하면서도 시험에서 떨어지면 같이 울고, 공부할 때는 치열하게 경쟁했다. 생긴 건 산적인데 언어 구사 능력이 탁월했다. 집안 사정이 어려운 그는 원장님의 배려와 도움을 가장 많이 받은 것으로 안다. 뜰 주막의 술값도 그가 내는 것을 별로 본 적이 없다. 그래도 모두들 그와 같이 있는 일을 좋아했고 함께 술 마시기를 원했다. 술자리든 밥자리든, 그 친구의 웃음으로 시작해서 모두의 웃음으로 마무리하는 능력이 그에게는 있었다. 고난의 세월을 웃으며 넘기게 해주는 유쾌함이 그가 낸 고시원비였고 술값이었다.

청암면에 하동호가 만들어지면서 고시원이 있던 곳은 수몰되어 없어졌다. 그래도 그 시절의 따뜻했던 추억과 인연은 고스란히 남았다. 5급 행정고시를 준비하다 관세청 공무원이 된 친구 조규철과 고시를 포기하고 부동산 경매 잡지를 만들며 사업을 하는 황원장님은 요즘도 자주 어울려 하동군 일원에서 지리산 트래킹을 한다. 이외에도 그때 인연이 된 많은 분들이 무조건 나를 지지해주고 험한 일도 마다 않고 도와준다. 이들이 없다면 지금의 내 삶도 웃으며 살아낼 수 있을까 싶다.

"나도 그들에게 똑같은 존재일 수 있기를!"

고시원 시절부터 지금까지 이들이 내게 베풀어 준 따스함에 보답할 수 있기를 바랐다. 나를 응원하는 사람들의 진심을 느끼기에 내 삶을 게을리 살 수가 없었다. 직장을 얻은 후에도 더 열심히 일하고 성공을 위해 노력한 중요한 동기는 바로 이분들의 응원에 보답해야겠다는 생각이었다.

빠른 시간에 고시에 합격한 비결

공부를 다시 시작한 1995년에 '지방고등고시'가 생겼다. 지방고시는 당시 내무부가 지방자치단체의 인적 역량 강화와 지역 균형 발전을 위해 시행한 시험이었다. 채용 공고가 떴을 때 망설임 없이 응시를 했고, 다음해 최종합격했다.

시험에 관한 정보가 부족한 지방대 출신 치고는 비교적 빨리 합격할 수 있었던 것은 어릴 때부터 엉뚱한 노력을 많이 한 덕분이었다. 다양한 책을 보며 상상하고 분석하던 습관, 학교 공부가 아닌 여러 엉뚱한 분야를 탐닉했던 경험들이 2차 시험의 서술형 답안을 쓰는 데 도움이 됐다. 예를 들어 같은 사회학 답안을 쓸 경우 교과서나 참고서에 없는 논제가 나오더라도, 나는 당황하지 않고 비교적 손쉽게 쓸 수가 있었다. 출제 의도를 시대 상황에 비추어 파악한다던가, 구체적이고 명료한 서술, 나만의 주장이 담긴 답안 작성 방법은 '엉뚱한 공부'가 쌓인 덕분이 없다고 할 수 없다.

공부 비법을 하나 더 말하자면 시험 직전에 책을 빨리 볼 수 있는 준비

화개면, 악양면, 하동읍을 잇는 버스에서

어제는 하동 장날. 아침 6시 30분, 화개면 의신마을에서 악양면을 거쳐 하동읍으로 오는 버스를 탔다. 털보시인의 점방에서 차와 군고구마를 얻어먹은 후 1,250원을 내고 버스의 첫손님이 되었다.

기사 선생님이 반가이 맞아주셔서 안심이다. 버스는 의신마을에서 출발하여 신흥마을 앞에서 다시 범왕마을까지 올라갔다 내려온다. 젊은 사람들은 거의 없다. 타시는 분마다 인사를 하고 걸음이 어려우신 분은 손을 잡아드린다. 범왕마을에서 타신 어머니 한 분이 저에게 말을 걸어주셨다. 언제나 소통은 여성분들이 잘한다.

"얼굴을 보니 요 밑에 펜션하는 사람하고 많이 닮았네."

"아 예. 범왕에도 잘 생긴 사람이 있나 봅니더."

다른 승객 분들도 큭큭 웃으셨다.

"신흥마을과 의신마을에 오는 버스가 올라와 주면 좋을 텐데 하루에 몇 대 없어서 좀 불편해."

"예. 이왕 왔으면 범왕까지 가는 게 좋겠네예. 근데 대중교통이라 회사에서도 모든 분들을 다 맞추기가 어려븐가 봅니다."

모암마을에서 타신 할머니의 토란 포대를 실어드리고 화개에 내려드렸다. 아마 누군가에게 부치기 위해 맡기는 것 같다. 승객은 대부분은 하동 장에 가시는 분들이다. 이런저런 이야기를 듣고 살피면 짐작하게 된다. 좀 부피가 있는 짐을 가지고 가는 분은 기름 짜러 시장가는 분이 많다. 물어보나 마나 자식들한테 진짜 기름을 보내주기 위해서다. 무릎이 안 좋아 읍내 병원 다니러 가시는 분들도 꽤 많다.

버스는 마을이라고 생긴 데는 쉼 없이 드나들며 승객을 태운다. 학생들도 탄다. 그렇게 장날 첫 버스는 자리를 채워가다가 악양면을 나오며 만차가 되었다. 버스 운행과 주정차 여건 등에 관해 많은 것을 느꼈고, 보다 나은 하동형 대중교통에 관한 시사점도 배웠지만 여기서 언급하고 싶지는 않다. 관계자에게 괜한 부담을 드릴 수는 없기 때문이다.

홍룡마을에서 할머니가 바퀴달린 장바구니의 낡은 포대에 무언가를 가득 싣고 타셨다. 버스 승객들이 나를 부르더니 들어드리라고 손짓을 한다. 차장이 된 기분이다. 운전하시고 짐 들어드리고, 평소에는 기사 분들이 하셨던 역할일 게다. 드디어 하동읍 시장 앞에 버스가 섰다. 거의 모든 분들이 내렸고 나는 잠시 친해진 분들과 작별 인사도 제대로 못나누고 홍룡마을 할머니의 짐을 내려 드렸다. 동행을 요청하셨다.

"어디까지 가십니꺼?"

"조-짜까지."

"아 예 시장 가시네예. 가방 안에는 뭐가 들었습니꺼?"

"아. 호박 한 덩어리 장에다 팔라고 넣어놨지."

횡단보도를 손을 꼭 잡고 건넜다. 미안하셨는지 지팡이를 안가지고 왔다고 자책하셨지만, 손을 끝까지 꼬옥 쥐고 계셨다. 거친 손이었고, 따뜻했다.

"어무이는 올해 연세가 우찌 되십니까?"

"아흔 두 살."

"아이고 우리 어무이보다 훨씬 건강하시네예."

원하시는 데까지 모셔드리고 걸어오는 시장 길. 평소 내게 많은 걱정을 주는 하동시장이지만, 이 순간만큼은 푸른 하늘과 환한 햇빛이 가득하였고 거리는 한결 활기차 보였다.

청암면, 횡천면, 하동읍을 잇는 버스에서

지리산을 덮었던 어둠이 꼬리를 살짝 남긴 청학동. 수미찻집에서 따뜻한 차 한 잔으로 몸을 녹인 후 7시 5분 버스를 탔다.

예감이 좋다. 3주 전 '화개 투어'에서 뵈었던 기사님이다. 새벽 산중에서 아는 얼굴 보는 것이 보통 인연인가. 반가워하셨고 곧장 임무를 맡기신다. 하얀 새 장갑을 꺼내 주시는 것은 "나는 지난번에 네가 한 일을 알고 있다"는 뜻으로, 승객 분들의 무거운 짐을 버스에 올리는 일을 하라는 거다. 그랬다. '청암 투어'는 여러모로 3주 전과 비슷하다. 깊은 산중에서 출발해서 굽은 길을 돌아 여러 마을을 다니며 평지를 향해 내려와서 읍으로 향하는 여정이다.

타는 분들도 비슷하다. 연세 드신 어머니들이 다수인데 가끔 남자 어르신들도 타고 통학생들도 좀 있다. 어머니들은 비교적 분명한 목적이 있다. 포대자루를 지니거나 배낭을 묵직하게 지신 분들은 거의 대부분 장날에 농산물을 내다 파는 분들이다. 어르신들은 짐 가진 분이 거의 없는데 대개 가을걷이를 끝내고 장보기 핑계 삼아 읍내 구경 가시는 것이다. 홀가분하게 손가방 하나 들고 타시는 어머니들은 십중팔구 무릎이나 허리가 안좋아서 읍내 병원에 가시는 분들이고. 첫손님은 통학생 둘이었고, 가장 먼저 타신 어머니는 플라스틱 바구니를 들고 배낭을 지고 계셨다. 손을 잡아드리고 가장 좋은 자리로 안내를 해드렸다. (가장 좋은 자리는 가장 먼저 타신 분 차지다. 버스비는 1,250원으로 똑 같다. 이득을 보려면 깊은 산중에 살아야 한다.)

어머니 몇 분이 더 타시니 말벗되기 좋다.

"누고?"

"일일 버스도우미 하땡땡이입니더. 어무이는 장에 가시지예?"

"하모!"

"뭐 사실라꼬예?"

"김장."

"김장 배추를 담을 데는 없어 보이는데예?"

옆에 어머니들이 걱정도 팔자라는 표정을 지으며 횡천농협에서 절임배추도 배달해준다고 거들자 그때까지 한 단어씩만 던지시던 어무이가 드디어 길게 한 말씀 하셨다.

"아. 나는 김장할 배추 밭에 많다. 양념 쪼매마 있으믄 된다."

다시 몇 분이 더 타니 버스 안이 제법 왁자해졌다. 하땡땡이가 목소리를 좀 높였다.

"제가 3주 전에 화개에서 장날 첫 버스를 타봤거든예. 다 비슷한데 청암은 쫌 다른 게 있네예."

"머꼬?"

"화개 어무이들은 거의 포대자루나 배낭 짐을 지셨는데, 청암 어무이들은 쫌 할랑한 거 같습니다."

이 말이 어머니들 사이에 격론을 낳았다.

"맞다. 화개는 내다 팔게 많은데 우리 청암은 별로 없다."

"무신 소리. 3주 전에는 가실(가을걷이)했을 때라 화개나 청암이나 팔 게 있었고. 지금은 그나 여나 팔 거 별로 없어서 그런 기지."

머쓱해진 분위기 전환을 위해 다시 내가 나섰다.

"그나저나 오늘 도우미는 어무이들이 짐을 안갖고 오시는 바람에 할일이 없어서 큰 일 났네예."

다들 웃으면서 나의 할일 없음에 대한 걱정을 나누신다. 잠시 한눈을 파는데 다음 정거장에서 갑자기 난리가 났다.

"보소. 도우미 양반. 저 아지매 하얀 포대자루 보이제? 빨리 받아 오소."

모두 박수를 치며 백수가 일거리 얻은 것을 축하해 주셨다.

횡천면에 닿을 무렵 거의 만차가 되었는데 한분이 빤히 나를 보시더니 묻는다.

"우리 선생님은 뭐하는 분이고?"

"명함을 보여드릴까예?"

찬찬히 읽어 보시더니 하신 한 마디 말씀이 내 마음으로 걸어 들어와 물방울처럼 송글송글 맺혔다.

"우쨌든 간에 많이 다녀야 한다. 마음 굳게 먹고."

이다. 나는 단기 기억력이 뛰어난 편이지만 외워서 오래 저장해 두는 장기 기억 능력은 거의 바닥 수준이다. 부족한 기억력을 보완하기 위해서는 철저한 이해 위주로 책을 읽었다. 기본서를 잘 이해한 다음에는 참신한 논점을 담은 책들을 합쳐 단권화하여 반복적으로 읽는다. 읽는 횟수와 완독에 걸리는 시간은 정확하게 반비례한다. 시험 전날 2시간 정도만 투자하면 수천 페이지가 넘는 책들의 내용을 기억력이 현저히 부족한 나라도 시험장에서 기억할 수 있다. 여기에 평소 독서로 쌓은 지식들과 결합해 나만의 답을 펼쳐 냈던 것이다.

1996년 지방고시 합격, 1997년 4월 발령. 내 나이 서른셋에 공무원에 합격해서 서른넷에 임용됐다. 10대 시절 엉뚱한 노력의 종착지 같았던 영화감독의 꿈은 이루지 못하고 공직자가 되었지만 나는 두 길이 한 방향으로 뻗어 있다고 생각한다. 상상하고 이상(理想)하는 것들을 눈앞에, 또 현실의 삶에 구현해내고 사람의 마음을 움직여 사회를 바꿔나가는 일. 전혀 다를 것 같은 두 일은 그런 한 방향의 길로 뻗어있다고 확신했기에 공무원 합격 발표가 났을 때 나는 비로소 꿈을 이뤘구나, 감격스러웠다.

3

진주시
실업대책상황실장으로
공직 생활을 시작하다

- 모두가 미쳤다고 말한,
  전국 최초의 실업자 조사
- '일 벌이는 동장'이라는 유명세
- 좋은 정책이 주민의 삶을
  바꾼다는 믿음
- 바이오 산업 담당자로서 구상했던
  하동군의 녹차 산업

모두가 미쳤다고 말한,
전국 최초의 실업자 조사

내가 처음으로 해외에 간 것은 지방고시 합격 직후 3개월 간 미국으로 어학 연수를 갔을 때였다. 공직을 수행함에 있어서도 글로벌한 감각을 익혀야 한다고 정부에서 마련해준 프로그램이었다. 미국 텍사스 주 덴턴의 노스텍사스대학(University of North Texas)에서 보낸 3개월은 놀라운 경험이었고 풍요로움과 자유로움을 만끽할 수 있는 시간이었다. 하지만 우리 기수를 마지막으로 그런 기회는 사라져버렸다. 1997년 불어 닥친 혹독한 외환위기(IMF 사태) 때문이었다.

나는 진주시로 첫 발령을 받았고 처음 맡은 직책은 '실업대책상황실장'이었다. 정식 보직은 아니었지만, 처음 생긴 부서에 대한민국 공직역사상 최초로 이름 붙은 직책이었다. IMF 사태 속에서 국민의 가장 절박한 문제였던 실업 대책을 마련하는 일이었으니 그야말로 중차대한 일인데 갓 공무원이 된 신참이 맡게 된 것이다. 고도 성장 시기엔 실업 대책이란 게 있을 수가 없고 누구도 해본 적이 없는데, 갑작스러운 실업 대란의 시대에 그 직을 자원해서 맡을 이가 없었을 것이다. 그러니 선택권이 없었던 신참에게 자연스레 그 막막하기만 한 업무가 돌아왔을 터였다.

IMF 사태가 터지기 전까지의 소위 '개발 연대'의 고도 성장 시기에는 건물은 지어 놓기만 하면 팔렸고 장사는 벌여 놓기만 하면 잘 되었다. 대학 졸업자들은 교수 추천장을 받으면 취직도 어렵지 않던 시절이었다. 추천서 몇 장을 받고 골라서 대기업에 취직할 기회가 있었다. 그런데 갑자기 그 모든 것이 무너져버린 것이다. 은행과 기업은 차례로 도산을 했고 건설업자와 자영업자들도 부도를 맞았다. 거리에는 실업자가 폭증했다. 나라가 망했구나 싶었다.

상황이 그렇게 되었으니 각 지방자치단체마다 부서를 만들어 실업 대책을 세우라고는 하는데, 대책은 없고 혼란만 일었다. 중앙정부에서도 어떤 것부터 해야 할지 몰라 우왕좌왕이었다. 중앙정부에서 떨어지는 지시가 매일 달라졌고 부처별로 모순된 정책 지시도 남발되었다. 그야말로 뒤죽박죽 엉망진창이던 때였는데, 대한민국이 생긴 이래로 실업 대책이라는 것을 세워본 적이 없었으니 어쩌면 당연한 일이었는지도 모른다.

업무는 정말 '맨땅에 헤딩'이라는 말이 딱 맞았다. 그래도 놀라울 만큼 성공적으로 일을 해낼 수 있었던 것은 '실업대책상황실'에 들어온 두 명의 실무자 덕분이었다. 7급 공채 출신의 정종섭 씨는 늘 담배를 꼬나물고 업무에 찌든 표정으로 다녔는데 업무를 기획하고 필요한 공문서를 만드는 데 대가였다. 나보다 형님이었던 조준규 씨는 가벼운 걸음으로 다니면서 두서 없이 펼쳐진 일을 말끔히 정리하는 데 있어 능력자였다. 이 두 사람은 정말 뛰어난 나의 협력자가 되어주었고 나는 앞에서 업무를 이끌었다. 셋이 성격도 잘 맞고 업무 분담도 잘 되어 혼란스러운 상황을 굉장히 재미있게 헤쳐 나가며 일을 했다.

"중앙 부처도 매일 말이 바뀌고 부처마다 하는 말이 다른데 우리는 우리 상황에 맞게 해야 안되겠습니까?"

"그러면 일단 우리 지역에서 누가 실업자가 됐고 그 숫자가 얼마나 되는지부터 알아보는 게 어떻겠습니까?"

나는 두 사람의 팀원에게 실업 대책을 제대로 세우려면 실상을 먼저 알아야 한다고 강조했다. 그러면서 제안한 것이 '실업자 전수 조사'였다. 정부에서는 예산을 내려 보내면서 실업 대책을 세우라고 하는데 도대체 누가 실업자인지, 실업률이 어느 정도 심각한지를 몰라서 지원을 못하는 것이 당시 상황이었다. 그래서 우리는 읍면동 조직을 활용해서 실태 조사부터 하기로 했다. 그 마을의 사정을 누구보다 잘 아는 이장, 통장, 반장들로부터 IMF로 실직한 사람들을 한 사람도 빠짐없이 보고받게 했다. 기존에 잘 짜여 있던 조직을 그렇게 이용하면서 일부 전문 조사관도 투입시켜 부족한 부분을 보충했다.

타 부서는 물론 직속상관들도 미친 짓이라며 만류했던 일이었다. 불가능한 일이라며 고개부터 흔들던 기획이었다. 그럼에도 나는 두 명의 팀원과 함께 강행했다. 내가 큰 틀에서 기획하고 방향을 제시하면 구체적인 실행 전략들을 정종섭 씨가 만들었다. 작은 부분까지 체크를 해서 실현할 방법을 찾아냈다. 그 과정에서 읍면동에서나 시민들이 거칠게 항의할 때도 많았는데, 그럴 때면 조준규 씨가 나서서 소란을 잠재웠다. 우리 세 사람은 특별한 대책 회의 없이 눈빛 교환만으로도 자기 할 일을 찾아서 했다.

그렇게 우리는 진주시 각 읍면동 별로 IMF 사태 이후 실업자가 된 사람이 얼마나 되는지, 어떤 직업에 종사하다가 직업을 잃었는지를 파악하고 보고서를 만들었다. 당시 관계 부처가 여럿이다 보니 부처마다 요구하는 서식도 모두 달랐다. 우리는 그걸 모두 통합해서 우리만의 방식으로 만들었다. 취합한 모든 정보가 하나의 파일에 들어갈 수 있도록 만들어서 어디서 달라고 해도 줄 수 있도록 했다. 그 보고서가 획기적이었던 건 그 모든 내용을 엑셀 프로그램을 이용해 정리했다는 것이다.

1997년 IMF 사태 때만 해도 공무원 사회의 컴퓨터 활용도는 미미했다. 공무원들 중에 타이핑을 못하는 사람들이 대부분이었다. 내가 학교 공부 이외에 엉뚱한 곳에 더 관심을 많이 가졌다고 했는데, 그 중 하나가 컴퓨터였다. 실업자 조사를 해서 통계를 낸다고 하면 읍면동 사무소에서 전화를 받아서 숫자를 손으로 옮겨 적을 생각부터 하던 때에 나는 엑셀 프로그램으로 실업 통계 문서를 만들었다. 접수되는 실업자 수가 달라질 때마다 칸에 맞춰 입력만 하면 되는 시스템을 만들어 놓으니 업무가 말할 수 없이 수월해졌다. 실업자와 정부에서 마련한 공공 일자리를 연결하는 일로도 자연스레 이어질 수 있었다.

그 뒤 우리 팀은 상황에 맞는 정책들을 찾고 고민해 제안서도 만들었다. 실업 대책의 주요 수단이었던 공공 근로 사업을 보다 생산적으로 수행하는 방법과 내용을 정부에 건의했고 그러한 내용들은 정부의 차기 사업에 피드백되어 가는 것을 볼 수 있었다. 물론 실업자 전수 조사도 다른 지자체에 확산되었던 걸로 기억한다. 중앙 부처에서도 하지 못한 실업자 전수 조사에, 엑셀로 실업 통계 시스템까지 갖추고 나니 일이 한결 수월해졌다. 뿐만 아니라 "내가 공무원으로 임용된 후 받은 첫 업무를 성공적으로 수행하고 있구나" 하는 안도감이 들었다. '위기 대응 능력 시험'에도 합격점을 받았다 싶어 기쁨의 크기가 더 컸다.

내게 온 '첫 사람들' 덕분에 가능한 기쁨이고 안도였다. 잠을 아껴가며 열정적으로 덤벼들었고 뱃속이 비는 줄도 모르고 바쁘게 일했다. 15년 후 내가 진주시 부시장으로 다시 발령받아 왔을 때 이분들과 다시 만나 많은 이야기를 나누었다. 다시 하라면 못하겠다 싶은 일이지만 우리가 아니면 그 일을 해낼 수 없었을 것이라는 자부심만큼은 여전했다. 처음으로 같이 일하게 되는 동료들은 누구나 나의 첫 사람들이고, 그들 첫 사람들이 '오랜 사람들'이 되어서도 함께하는 것이 공직의 보람이라고 생각한다.

'일 벌이는 동장'이라는 유명세

나는 6개월 간 진주시 실업대책상황실에 근무하면서 지속적이고 장기적인 지역 경제 활성화 방안에 대한 고민을 많이 했다. 빠르게 적용 가능한 정책을 발굴하고 지역의 중소기업을 살릴 대책들을 현실화시키는 일을 내 손으로 직접 해보고 싶었다. 나는 틈틈이 지역 특화 산업인 실크 산업을 발전시킬 전략을 작성해 시장님께 전달하면서 적극적으로 뜻을 밝혔다.

"시장님, 저 중소기업과장 시켜주십시오. 어려운 시기에 있는 지역 기업을 체계적으로 지원하는 일을 해보고 싶습니다. 특히 진주의 특화 산업인 실크 산업의 경쟁력을 강화하고 브랜드를 강화할 아이디어가 있습니다."

중고참들이 가는 자리에 이제 갓 6개월 차인 사무관이 지원을 한다니 시장님께는 당돌하게 들렸을 게 뻔했다. 시장님은 멋쩍은 웃음으로 불가능한 일임을 알렸다. 공직자로서 경력은 부족하지만 경제에 대한 이해와 참신한 아이디어는 많았다고 자부했지만 당시 진주시의 인사는 성과보다는 연공서열 중심이었다. 나는 강남동장으로 발령받았다.

1998년부터 2002년 여름까지, 나는 '일 벌이는 동장'으로 경상남도에 소문이 자자했다. 강남동사무소에 발령을 받고 가서 보니 동사무소 2층 공간이 거의 놀고 있었다. 한 달에 한 번 통장들과 함께 회의를 할 때 쓰는 것 말고는 내내 비어 있는 공간이 나는 아까웠다.

"2층 공간 놀려 두면 뭐합니까? '청소년을 위한 영화 교실'을 한번 만들어 보입시더."

IMF 사태로 사회 전반이 침체된 분위기에서 나는 뭔가 활력을 주고 싶었다. 특히 활발하게 활동하고 다양한 경험을 해야 할 청소년들을 위한 일을 하고 싶었는데, 그게 바로 영화 교실이었다. 나는 먼저 지역 문화 공동체인 '큰들' 대표를 만났다. 당시 큰들이 영화 상영이 가능한 영사기와 빔 프로젝트를 가지고 있다는 정보가 있었다. 큰들 대표와는 개인적인 인연도 있고 후원을 하고 있었기에 취지를 설명했다. 실비만 드리기로 합의를 봤다. 동사무소는 정책의 최일선 집행 기관으로 스스로 재량으로 사업을 추진할 수 있는 예산이 거의 없다. 문화 관광 부서에 예산을 요청했다.

"겨울방학 동안 우리 강남동사무소 2층에 청소년 영화관을 운영해보고 싶습니다. 200만원 정도만 지원해주십시오."

담당자는 부정적이었다. 10대 아이들을 위한 프로그램이라는 것을 앞세워 받아낸 지원금은 지금 생각해도 웃음이 날 정도로 적었다. 수십만 원 정도였던 것으로 기억한다. 몸으로 때우는 일만 남았다. 직원들이 아이디어를 냈다. 하얀 스티로폼을 여러 장 구해 이어 붙이고 흰색 페인트칠을 해 스크린을 만들었다. 합판과 각목을 이용해 관람석도 만들었다. 이 일을 책임지고 해주셨던 분이 김현철 씨였는데 성실성과 책임감, 그리고 문제 해결 능력과 인품 등 모든 면에서 존경할 만한 분이었던 것으로 기억한다. 우리 마을 아이든 이웃 마을 아이든 누구나 입장 가능한 극장이었지만, 파워포인트를 이용해 그럴듯한 입장권도 제작했다. 입장권은 문구점을 통해 아이들 손에 쉽게 들어가도록 했다.

드디어 겨울방학. 매주 수요일이면 동사무소 2층은 극장으로 탈바꿈했고 빔 프로젝트를 통해 〈아름다운 비행〉 같은, 청소년들의 감성을 일깨울 영화들이 상영됐다. 처음에는 동사무소 인근에 사는 아이들 몇십 명이 오밀조밀 모여서 영화를 봤는데, 금세 입소문을 타고 매주 200명이 넘는 아이들이 동사무소로 모여들었다.

'동사무소 영화관'은 그야말로 대히트였다. IMF 사태 상황에서 아이들의 걸음이 이어지고 아이들의 웃음소리가 넘쳐나는 동사무소라니. 동민들은 물론이고 진주시, 경상남도 전체에서 놀랍다는 시선으로 바라보았다. 지역 언론에 관련 기사도 크게 났다. '일 벌이는 동장' 이미지도 이때 생겼다. 30대 젊은 동장이 동사무소에서 재미있는 일들을 만들어 주민들과 살 부비며 일한다는 친근하고 좋은 이미지가 심어졌다.

당시는 정보화 바람이 막 불기 시작하던 때였다. 나는 동사무소 홈페이지를 만들어야겠다고 생각하고 통신 프로토콜 프로그램과 홈페이지 제작 프로그램을 직접 배웠다. 갓 출시된 '나모 웹에디터'라는 제작 프로그램을 사용했는데, 시청에 프로그램 구입 비용을 요청했더니 윗분들이 '또 일을 벌인다'며 뒷목을 잡았다. 사실 인터넷 홈페이지가 뭔지, 웹에디터가 어떤 것인지 일반 공무원들은 감조차 잡지 못하던 때였으니 당연한 반응이었다. 그래도 나는 기어이 지원금을 받아내 웹사이트 제작 프로그램을 샀다. 내 손으로 하나 둘 프로그램을 익혀 홈페이지를 만들고, 서버에 띄우는 건 전산정보직 공무원의 도움을 받아 '강남동사무소 홈페이지'를 열었다. 경상남도에서 처음 있는 일이었다.

동사무소 인터넷 홈페이지를 만들어 여기에 정책도 올리고 주민들이 자유롭게 글을 작성할 수 있는 게시판도 만들었다. 처음 게시판을 만들자마자 각종 민원성 글이 주르룩 올라왔다.

"와! 동장님, 굉장한데요?"

"우리 강남동에 인터넷 이용하는 주민이 이렇게나 많았나?"

"그동안 주민들 수준을 공무원들이 못따라가고 있었네요."

나를 비롯해 동사무소 직원들은 놀라움에 들떴다. 그런데 올라온 민원을 하나 둘 확인하다 보니 뭔가 이상했다. 자세히 읽어 보니 순식간에 쏟아진 민원은 주로 서울 강남구의 주민들이 올린 것이었다. 새로 만들어진 진주시 강남동사무소 홈페이지를 서울시 강남구 홈페이지로 착각하고 올린 글들이었다. 그러니까 당시에는 서울 강남구에도 홈페이지가 없었다는 뜻이다.

방송국과 신문사에서 러브콜이 쏟아졌다. 서울시 강남구에도 없는 인터넷 홈페이지를 경상남도에서 최초로 진주시 강남동장이 만들었다고 하니, 이슈가 될 만했다. 그런데 정작 주민들과 동사무소 직원들은 인터넷은 물론 컴퓨터와도 거리가 멀었다. 마을 주민들에게 인터넷 홈페이지를 만들었다고 많이 이용해 달라고 홍보를 하면 "동장님, 인터넷이 뭔데요?", "홈페이지라는 게 뭐하는 겁니까?" 하고 되물었다. 직원들은 컴퓨터 자판을 제대로 익히지 못해 글 한 줄 쓰는 것도 힘들어 했다.

나는 당시 워드프로세서를 익혀 둔 상태였고 엑셀이나 파워포인트 프로그램도 비교적 잘 다룰 줄 알았다. 동사무소 홈페이지를 만들면서 웹사이트 제작에까지 눈을 뜨게 됐다. 워드프로세서 같은 경우는 1990년대 중반 천리안 채팅이 시작될 때 호기심으로 인터넷 동호회에 가입해 채팅을 하면서 타이핑 실력을 쌓아둔 터였다. 당시만 해도 인터넷 예절과 윤리가 갖춰지지 않은 때라 채팅 창에서 의견이 충돌할 때면 속사포로 글을 쏟아 놓는 사람이 무조건 이겼다. 채팅에서 지지 않으려고 열심히 하다 보니 실력이 꽤 늘었다.

나는 동사무소 직원도 모두 컴퓨터 사용에 있어 기본이라고 할 수 있는 워드프로세서 자격증을 땄으면 했다. 필기시험으로 '전산학 개론'이 있었다. 점심시간마다 밥을 먹고 동사무소 2층에 직원들을 모아 직접 전산 교육을 했다. 고시 공부를 하면서 '정보 체계론'과 '전산학 개론'을 공부해 두었기에 강의도 내가 했다. 간단한 이론 강의가 끝나고 타자 연습을 마칠 때가 되면 오늘 하루 최고 몇 타를 달성했는지 각자 이름 옆에 기록을 남기도록 했다. 젊은 사람들은 그나마 나았는데 나보다 훨씬 형님이었던 당시 김을석 총무과장님은 조금 고통스러워 했다. 그래도 포기하지 않고 "힘들지만 재미있다"고 하며 끝까지 따라왔다. 결국 동사무소 직원 모두가 워드프로세서 자격증을 땄다. 이후에 공무원 사회에도 정보화 바람이 본격적으로 불어서 정보화 능력평가를 하는데 경상남도에서 우리 동사무소 직원들은 전원 합격, 종합 평가로서는 단연 1등을 차지했다.

'미쳤다' 소리 들어가며 작은 동사무소에서 신나게 일했다. 나는 동장이기도 하면서 전산학 강사이기도 했고 수요일 밤이면 청소년들을 위한 영화를 트는 극장 아저씨였다. 직접 만든 동사무소 홈페이지도 시간이 지나면서 안정되게 굴러가 주민들과의 소통도 더 활발해졌다. 나는 거기에서 멈추지 않고 진주시 시정이나 경상남도 도정 전반에 관한 좋은 정책들을 발굴하고 내용을 충실히 만들어 홈페이지에 올리는 일을 계속했다. 그러다 보니 언론에 소개되는 일도 더 많아졌고 내가 제안한 정책이 채택돼 성공적으로 시행되는 경우도 많았다.

"내가 구상하고 만든 것들로 이렇게 조금씩 세상을 바꿔갈 수도 있겠구나."

희망과 자신감이 생겼다. 내가 하는 일, 내가 서 있는 자리가 내가 꿈꾸던 자리가 틀림없다는 확신이 생겼다. 그런데 나만 그런 생각을 한 것이 아니었다. 내가 강남동을 떠난 이후에도 함께 일했던 직원들과 종종 모임을 갖곤 했는데, 당시에 나와 똑같은 생각을 했었노라고 때때로 고백해오는 이들이 있다.

좋은 정책이 주민의 삶을 바꾼다는 믿음

조그만 동사무소에서 청소년 영화교실을 열고 서울시 강남구청보다 빨리 홈페이지를 만들고 인터넷을 통해 다양한 정책 제안도 하다 보니 경상남도에서는 내 이름이 꽤나 회자되었다 보다.

그때가 김혁규 경상남도 도지사가 있던 때였는데 인터넷이 '정보의 바다'라는 이야기가 한창 나오던 무렵이었다. 김혁규 도지사는 인터넷을 통해 일본이든 유럽이든 미국이든 세계 각국의 좋은 정책을 많이 발굴할 수 있다는 보고를 새겨듣고는 지시를 했다고 한다.

"인터넷 잘하고 정책 정보 잘 다루는 사무관 한번 찾아봐."

도지사 지시에 나 말고는 추천할 사람이 없었다는 선배들의 전언이 있은 뒤 나는 곧바로 경상남도 정보계발분석팀장으로 발령받았다. 첫 발령지였던 실업대책상황실처럼 이곳 역시 처음 생겨난 부서였다. 그때까지 전산부서가 있었고 뛰어난 능력을 가진 직원들로 채워져 있었는데, 정보화 시대에 맞는 정책 개발과 업무 추진을 위해 새로 이름붙인 것이었다. 당시 나는 들떠 있었다. 처음이라는 것, 개척의 선두에 섰다는 것에 가슴 설레었다. 컴퓨터를 독학으로만 접한 완전한 아마추어인 내가 전산 전문가들로 이루어진 팀을 이끈다는 것이 말도 안되는 일 같았지만, 나는 컴퓨터의 하드웨어를 잘 알고 프로그램 운영 능력을 갖춘 전문직 공무원과는 다른 시각으로 아이디어를 내고 정보를 분석했다.

　당시 '유저넷'이라는 사람 중심의 정보 데이터베이스가 있었다. 나는 그런 인터넷 사이트를 탐험하듯 찾아다니면서 좋은 정책들을 추려내었다. 당시 내가 발굴한 정책들이 수십 건은 족히 되었다.

　나는 일본 인터넷 사이트들도 자주 들여다 봤는데, 어느 지방자치단체 홈페이지에서 지역의 자전거 축제 홍보가 한창이었다. 에너지 절약과 환경 보호를 앞세워 자전거를 적극 홍보하는 취지의 축제였다. 당시는 경상남도에서도 "창원이 자전거 도시가 한번 돼보자", "진주를 자전거 도시로 만들어보자" 하면서 자전거에 대한 관심이 높을 때였다. 도대체 자전거 축제를 어떻게 진행할 계획인가 싶어 내용을 쭉 살펴보는데 눈에 확 들어오는 프로그램이 있었다. 바로 세계 자전거 축구 대회였다. 자전거로 공을 쳐서 골대에 넣는 자전거 축구 세계 대회를 일본의 작은 지자체에서 유치한 것이었다. 지역 자전거 축제에 주민들의 관심은 물론 세계의 이목을 집중시키는 정책을 펼친 부분이 놀라웠다. 인터넷을 통해 가속화된 탈 지역화, 더 나아가 세계화가 지방자치단체의 정책이나 축제에서도 고스란히 발휘되어야 한다고 생각했다. 나는 세계 자전거 축구 대회나 주민들이 직접 조립해 만든 자전거로 경연 대회를 하는 등 일본 지자체가 추진하는 축제를 벤치마킹(benchmarking)해 창원시를 자전거 도시로 만들 때 다양한 제안을 했다.

일본에서 벤치마킹해서 제안한 중요한 정책이 또 하나 있다. 지금 우리 어머니도 혜택을 받고 있는 노인 요양 보험이다. 일본에서는 그걸 간호 보험이라고 불렀다. 간호 보험은 일본 후생성에서 2000년 초에 이미 시행하고 있던 정책인데, 내가 일본의 담당 정부 기관 홈페이지에서 관련 내용을 보고 경상남도에서 선제적으로 시행해보자고 제안을 했다. 물론 우리나라에서는 그런 개념조차 없을 때였다.

당시 나를 비롯해 젊은 사람들은 전부 도시에 나가 있고 농촌에는 노인들만 남게 되었는데 이분들을 보살피고 관리할 수 있는 복지 제도가 시급한 문제임에도 불구하고 우리나라에는 전무한 실정이었다. 복지 정책은 중앙정부가 맡아 추진해야 할 부분이지만 그럴 상황이 안된다면 지역에서부터라도 불을 지피자 싶었다. 나는 기존 개개인이 가입한 보험에 간호 의료 보험료를 조금 얹은 '경남형 간호 복지 제도'를 제안했다. 보살핌이 필요한 부모가 있는 자녀도 기본적인 보험료를 부담하지만 경상남도에서도 기금을 내고 보험 회사도 수익률의 일부를 공공 정책으로 돌려 도의 재정 부담을 나누자는 제안이었다. 각 가정의 자기부담금, 경상남도 지원금, 보험 회사의 보험료를 적립을 했다가 더 이상 움직일 수 없는 나이가 되었을 때 그 기금을 사용해서 간호사가 각 가정으로 가서 케어를 할 수 있도록 설계했다. 가능하다면 전국에서 동시에 해야 되는 것이었지만 경상남도에서 본보기로 실행하면 국가에서 큰 제도로 수렴할 수 있다고 봤다.

결국 당시에는 실현되지 않았지만 정책으로 인정을 받으니까 승진할 수 있는 중요한 자리로 선배 국장이 먼저 손을 끌어주었다. 김혁규 도지사가 가장 관심 있어 하는 분야가 미래 산업 중에서도 바이오 산업이었는데, 그

분야를 이끌 팀장으로 자리를 옮기게 되었다.

　바이오산업은 DNA, 단백질, 세포 등의 생명체 관련 기술을 직접 활용하여 제품, 서비스 등 다양한 부가가치를 생산하는 산업을 말한다. 지금이야 의약, 화학, 전자, 에너지, 농업, 식품 등 다양한 산업에서 이미 바이오 기술을 접목하고 있어 익숙한 분야이지만 당시에는 '황금알을 낳는 거위'로 여겨질 만큼 개발 가능성이 무궁무진한 산업이었다.

　경상남도 지역은 기계 산업 위주였다. 기계나 조선 산업의 경기가 좋지 않으면 따라 침체되고 지속적인 미래 성장을 기대할 수가 없었다. 나는 경상남도가 더 늦기 전에 부가가치를 내세워 젊은 사람들이 가고 싶어 하는 수준 높은 일자리를 많이 만들어둬야 한다고 생각했다. 먼저 진주시, 통영시, 김해시를 잇는 바이오 트라이앵글을 만들자고 제안했다. 진주시의 농업 생명, 김해시의 의학 생명, 통영시의 해양 생명을 연결하는 바이오 트라이앵글을 구축해 연구 결과를 산업화로 직접 연결시킨다는 전략이었다. 당시는 바이오 산업의 초창기이니 투자 회임 기간이 긴 미래 산업이 어느 정도 자생력을 갖추기 위해서는 공공기관, 특히 지자체의 주도적인 투자와 지원이 필요하다고 생각했다. 이렇게 하려면 우선 관련 벤처기업들을 양성해야 되는데, 벤처기업이 자리할 공간과 바이오 산업을 연구할 연구자금이 필요했다. 또 연구하고 실험한 결과물을 시범생산할 수 있어야 하고 궁극에는 양산화가 가능한 시스템까지 갖출 수 있어야 했다.

　경상남도는 진주시, 김해시, 통영시(고성군)를 바이오 산업의 메카로 육성하는 등 종합적인 바이오 산업 육성 계획을 만들었다. 물론 전문가의 도움을 받아 내가 직접 작성한 계획이었다. 당시 경상남도가 바이오 산업에 투자하려는 재원 계획은 1천857억원으로 확인된다. 그리고 우수 바이오 기업 지원을 위한 전용펀드 100억 원을 조성하고 '생물 산업 지원 조례'까지 만들었다. 뿐만 아니라 진주시에 바이오 전용 공단, 독성 실험 연구소, 성장 벤처 지원 시설 등 바이오 클러스터 조성을 위한 종합 계획을 수립 시행하고 '바이오21센터'를 그 중심 수행 기관으로 육성하기 위해 심혈을 기울였다. 처음 제안하는 일이라 정부 부처와의 논쟁도 많았다. 청와대까지 올라가서 토론을 하고 예산을 따온 일도 있었다. 지금 수출입은 행장으로 일하고 있는 방문규 기획예산처(현재의 기획재정부) 담당정책관이 나의 열변을 듣고 많이 도와주었던 것으로 기억한다. 이런 과정을 거치면서 경상남도의 바이오 산업 기반을 체계적으로 다질 수 있었다.

바이오 산업 담당자로서 구상했던 하동군의 녹차 산업

나는 바이오 산업 육성에 열중하면서 하동군의 녹차 산업에 생명공학 테크놀로지를 접목하는 구상을 했다. 나는 하동군의 녹차가 생명공학을 이용한 연구를 통해 단순히 식품으로 가공되고 판매되는 것이 아닌 식품과 의약품으로 발전할 수 있는 여러 애플리케이션(application), 응용 제품이 가능하다고 보았다. 화장품을 비롯해 녹차의 항산화, 항노화 효능을 충분히 연구해서 다양한 식품과 의약품의 중간소재로 활용할 수 있는 것이다.

녹차를 바이오 트라이앵글 정책에 바로 반영하지는 못했지만 2005년 하동군에 녹차연구소가 만들어지는 과정에 다양한 제안을 했다. 세월이 흘러 2013년 경상남도 경제통상본부장이 되어 다시 바이오 산업을 총괄하는 때가 되었다. 당시에 나는 진주바이오21센터를 '도립생명공학원'으로 만들고 하동군 녹차연구소, 남해군 마늘연구소, 산청군 한방약초연구소 등 지자체 연구소를 통합적으로 운영하면 효율성이 높다고 생각하고 추진 계획을 만들었다. 지자체 간 이해를 조율하기에는 나의 재임 기간이 너무 짧아 끝을 보지는 못했지만 하동군의 녹차연구소가 보다 더 차원 높게 발전하기 위해서는 외부의 관련 역량을 적극적으로 받아들이려는 당시의 시도가 지금도 필요하다고 생각하고 있다.

미래 산업을 준비하고 성과를 내기 위해 노력하는 것은 힘들었지만 재미있었다. 내가 만든 정책들이 실현되고 내가 하고 싶은 사업을 과장, 국장, 도지사 등 윗분들에게 인정받는 것은 공직자에게는 최고의 기쁨이다. 물론 정책 실현에는 고통이 따르기 마련이다. 열정과 의지가 있어야 하고 때로는 갈등과 대립도 마다하지 않아야 한다. 지자체 단체장의 관심이 어디 있는지 꿰뚫고 그에 맞는 좋은 정책을 발굴해서 당당히 설득해야 한다. 사람들의 삶을 바꿀 정책을 고안해내고 현실화시키는 것, 공무원으로서 내가 하고 싶은 일이 이런 것들이었고 가능함을 보았다. 부와 명예를 얻는 성공이라기보다 정책 실현 자체가 가져다주는 기쁨이 오히려 내가 성공했음을 느끼게 했다.

하동화력발전소를 관할하는
한국남부발전 사장님과의 인연

며칠 전 뜻밖의 전화를 받았습니다. 자기소개를 들으며 머릿속으로 한참 시간을 되돌려 보니 20년 전 젊은 청춘의 뜨거웠던 가슴으로 만났던 사람이었습니다. 당시 저는 경상남도에서 바이오산업팀장이었고 그는 산업자원부에서 지역 전략 산업을 지원하던 사무관이었습니다. 같은 햇병아리 사무관끼리 만나다 보면, 제 딴에는 나라 걱정, 지역 걱정, 미래 한국 걱정이 가득했습니다. 우리 경상남도와 전국 각 지역의 특화된 전략 산업을 어떻게 육성하고 지원할까를 같이 고민했던 사람이었습니다. 이승우. 지난 4월 1급으로 퇴직하고 한국남부발전 사장님으로 왔다고 했습니다. (참고로 한국남부발전은 발전 용량이 1만1천477메가와트로 우리나라 전력의 8.6%를 생산합니다. 특히 그 중 가장 큰 기저발전소는 하동빛드림본부로 한국남부발전 전력의 3분의1 이상인 4천 메가와트를 생산합니다.)

오늘 오후, 부산시 문현동의 국제금융센터를 찾았습니다. 35층 집무실에서 뵌 이승우 사장님은 옛날 열정 가득한 청년의 얼굴은 그대로인 채, 배가 살짝 나오고 머리가 희끗한 장년 신사가 되어 있었습니다. 여전한 나라 걱정과 함께 동남권의 미래를 위해 기관 협력이 필요하다는 공감을 나누었습니다. 친환경 에너지에 대한 비전도 공유했고요. 경제자유구역에 수소발전소를 유치한 사례도 의논했습니다. 20년 전 꿈 가득한 사무관으로 만나 그동안 각자 최선을 다해 공직의 길을 걷다가, 같은 해 1급으로 공직을 마무리했네요. 세월의 무상함과 인연의 묘함을 같이 느끼게 됩니다. 저로서는 25년 공직의 마지막 출장이라는 의미가 하나 더 있었습니다. 이승우 사장님과 한국남부발전의 발전을 기원합니다.

* 지난 여름, 반가운 만남을 가졌다. 내가 바이오산업팀장으로 있으며 경상남도의 바이오 트라이앵글을 추진할 때 산업자원부(현재의 산업통상자원부)에서 지역 전략 산업을 지원하던 이승우 사무관을 만난 것이다. 무려 20년 만이다. 나는 부산진해경제자유구역청장으로, 그는 한국남부발전 사장으로 다시 보게 되었는데 그 만남이 감격스러워 페이스북에 글을 남겼다.

4

남해안시대를
기획하고
마산 로봇랜드를
유치하다

- '일로 승부 보는 사람'이라는
  수식어
- 최악의 상황에 놓여 있던
  로봇랜드 유치 시도
- 로봇랜드 유치를 생각하면
  아직도 가슴이 뜨거워
- 반걸음의 변화, 공보관 레터

'일로 승부 보는 사람'이라는 수식어

동료나 선배들은 가끔 "어떻게 매번 앞서 나가냐?"고 묻는 때가 있다. 그 때마다 나는, 한 발도 필요 없고 반 발 만 앞서 생각하고 움직이면 된다고 답한다. 나는 리더를 꿈꾸었다기보다는 이왕 하는 일, 남들보다 잘한다는 소리를 듣고 싶었던 것 같다.

"잘한다!"

이 말이 공직 생활 내내 나의 트레이드마크였다. 나는 늘 '일로 승부 보는 사람'이라는 수식어를 달고 살았다.

경상남도 바이오산업팀장에서 정책분석팀장 자리를 거쳐 '도정의 꽃'이라 할 수 있는 기획계장을 맡았을 때다. 김태호 도지사가 시작했던 '남해안 시대' 프로젝트는 기획 단계부터 기획계장인 나의 손을 거쳤다. 청사진을 그리는 일이 나에게 주어지면서 김태호 도지사의 주요 정책에 깊이 관여했고, 중요한 연설문 또한 도맡아 썼다. 내가 제안한 정책이 내가 쓴 연설문을 통해 김태호 도지사의 입으로 공표가 되는 일도 있었다. 김태호 도지사는 나의 동료 중 가장 먼저 나를 승진시켜서 쉴 틈도 주지 않고 '남해안시대추진본부 남해안기획팀장'을 맡겼다. 내가 일을 맡은 후 남해안시대 추진을 위한 입법화의 노력이 '동 · 서 · 남해안권 발전 특별법'이라는 이름으로 국회에 통과되었다.

한편 '남해안 시대'의 개념은 바다에 대한 기존 시각의 수정을 낳았다. 고기를 잡고 기르는 바다에서 즐기는 바다로 패러다임이 전환된 계기였다. 이를 위해 해양 레저 산업을 육성하기 위한 비전이 제시되었다. 나는 동료들과 함께 해양 레저 산업 육성 종합 계획을 세우고 '대한민국 국제요트대전(Yacht Korea 2007)'과 '이순신장군배 국제요트대회'를 준비했다.

이 무렵 내가 '김태호 맨'이라는 이야기가 나돌았다. 그러나 김태호 도지사와 정치적 행보를 함께한 것은 아니었다. 나의 꿈은 어디까지나 따뜻하고 당당한 정책 관료였다. 나는 25년 공무원의 기본인 정치적 중립 의무를 단 한번도 어겨본 일은 없다. 오로지 정책의 필요성을 인식하여 좋은 대안을 제안했고 그 실천을 위해 노력했을 따름이었다. 결정권자의 신임을 받았지만 단 한번도 직분에서 벗어나거나 이 직분을 남용한 적이 없다. 인사에 개입하거나 특혜를 중재하거나 권력적, 정치적 문제에 관여한 적이 전혀 없다. 뒷날 새로운 도지사가 왔을 때도 주위의 음해를 받았을 때 나를 지켜준 것은 바로 이러한 일하는 사람으로서의 합리성을 갖춘 관료의 자세였다.

남해안시대 프로젝트는 경상남도 지역의 경제 발전을 위해서는 시대의 요구가 절실한 부분이었다. 경상남도는 1960년대 이후 정부가 주도한 서울-부산 축을 중심으로 하는 산업화 정책의 혜택을 2000년대 초반만 해도 여전히 누리고 있었다. 그러나 경상남도 지역 역시 세계화 흐름 속에서 '성장 장벽'에 부딪히고 있었다. 2002년 이후 잠재성장률은 5% 이하로 떨어지고 도시와 농촌 간의 발전 격차, 가속화되는 제조업의 공동화, 그리고 노동 인력의 고령화로 성장 잠재력이 점점 잠식되고 있는 상황이었다. 수도권으로 경제력이 집중되고 지방은 성장 잠재력마저 고갈돼 가는 시점에서 경상남도는 새로운 돌파구가 필요했다. 그런 성장 잠재력 위축과 지역 생산력의 약화, 그리고 수도권 집중의 타파는 경상남도의 현안으로 '남해안시대 프로젝트'가 생겨난 배경이었다.

남해안시대 프로젝트는 경상남도, 부산시, 전라남도의 남해안 지역 3개 시도가 지역 간 상호 협력을 통해, 지금과는 전혀 다른 산업 기반 시설을 구축하고 문화와 관광으로 고부가가치를 창출하려는 목표를 반영한 것이었다. 남해안시대의 기본 콘셉트는 산업 발전(Advanced Industry),

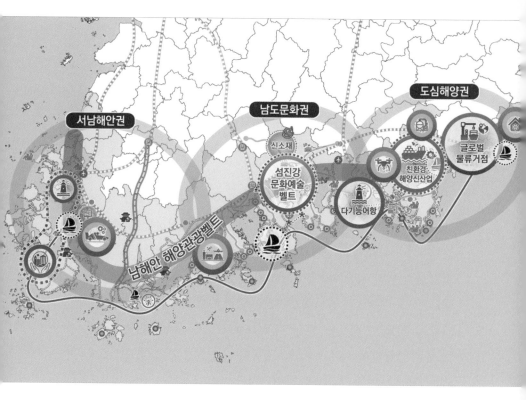

2020년 6월 국토교통부는 〈남해안권 발전종합계획(변경)〉을 고시했다. 이 계획은 2008년 경상남도 남해안시대추진본부가 기획한 '남해안시대 프로젝트'를 바탕으로 발전해온 것이다. 위의 그림은 이 계획에 나오는 '남해안권 공간구상도'이다.

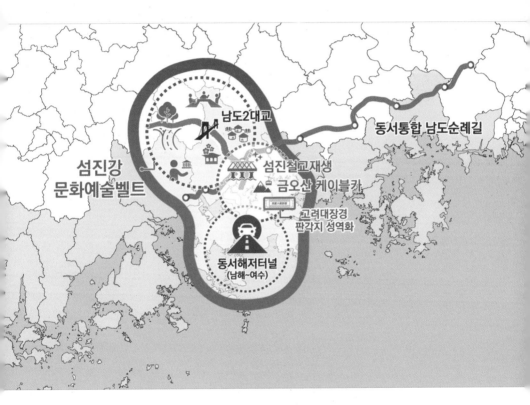

국토교통부 〈남해안권 발전종합계획(변경)〉에 나오는 '동서간 상생 · 협력 벨트 조성 구상도'이다. 하동군의 섬진강 일대가 문화 예술 벨트로 기획되고 있다.

'섬진강 문화 예술 벨트'는 국토교통부 〈남해안권
발전종합계획(변경)〉에서 핵심적인 위치를 차지한다.
그리고 하동군의 악양면과 화개면 일대는 이 섬진강
문화 예술 벨트의 구심점이라 할 만하다. 사진은
섬진강, 남도대교, 화개장터 일원의 풍경이다. 어느
곳에서도 찾아볼 수 없는 아름다움이라 할 만하다.

삶의 질(Better Life), 문화 융합(Culture Fusion)을 조화롭게 구현하는 것으로 잡았다. 이를 통해 남해안을 제2의 지중해, '아시아의 해양 낙원(Seatopia)'으로 만들겠다는 야심찬 계획이었다.

2005년 경상남도는 환경 올림픽으로 불리는 '2008년 제10차 람사르총회(Ramsar Convention)'를 유치했다. 유치에 성공한 이후의 사업 준비에 당시 기획계장이었던 내가 감당해야 할 부분이 많았다. 2008년 람사르총회를 계기로 경상남도는 창녕군 우포늪, 창원시 주남저수지, 양산시 화엄늪, 양산시 신불산 고산습지 등 크고 작은 166개 습지를 통해 그 자연환경이 지닌 우수성을 국제적으로 인정받았다. 경상남도의 '청정 브랜드'를 세계에 알리는 기회가 됐다. 생태 관광은 2000년대 들어 관광의 주류가 되었고 생태 관광의 가치는 하동군과 같이 향후 지역 소멸의 위기를 겪는 농산어촌 시군의 새로운 경쟁력 원천이 될 수 있다는 확고한 믿음을 나는 갖고 있다.

그 당시 '람사르 총회 유치 보고서'에는 포함되지 않았지만 하동군의 설산습지(雪山濕地) 또한 독특한 생태 관광지이다. 화개면 삼정마을에서 1km 정도 떨어진 곳, 지리산국립공원 내 해발 750m 지점에 위치한 설산습지는 형성 과정이 특별하다. 그 일대는 고려시대 숭불정책이 펼쳐질 때 수백 개의 암자와 절이 생겨난 곳이고 주변에는 화전민들이 땅을 일구어 농사를 지으며 살던 곳이었다. 이후 조선시대에는 숭유억불 정책으로 절이 사라지고 주민들도 하나 둘 떠나게 되었다 한다. 설산습지는 그렇게 농토가 있던 자리가 휴경 상태가 되면서 습지로 변한 것으로 추정되는데, 오랜 세월 사람의 발길이 닿지 않아 과거 식생이 고스란히 복원되었다. 현재 421종의 동물과 824종의 식물이 서식하고 있는 것으로 알려져 있다. 최근 설산습지 일대는 경상남도 람사르환경재단에 '하동 탄소 없는 마을'로 등록이 되어 경상남도의 대표적인 생태 관광지 중 하나로 주목받고 있다.

습지는 그 자체로 자연유산의 가치를 지닐 뿐 아니라 문화와 역사, 연구나 교육의 장으로 또 생태 관광의 핵심자원으로 활용될 수 있다. 다만 아쉬운 점도 있다. 설산습지는 농경지였기 때문에 아름다운 생태 환경을 자랑하는 자연 상태로 되돌리기 위해 최소한의 정리와 정비가 필요하다고 생각한다. 아울러 지나치게 많이 설치되어 있는 데크 탐방로 또한 대폭 축소할 필요가 있다. 신비로운 생태 습지의 면모를 보여주기 위해서는 전문가의 도움을 받아 최소한의 관여 수준을 정하고 최대한의 인내가 필요하다고 생각한다.

2008년이 되어서 동·서·남해안권발전특별법이 국회에서 통과됨에 따라 남해안시대 프로젝트가 탄력을 받게 되었는데, 이렇게 되기까지는 녹록치 않았다. 남해안 곳곳을 다니면서 각 지역마다 어떤 사업이 좋을지 콘텐츠를 따져 보고 사업을 발굴해서 종합계획에 담았다. 이 자료를 들고 정부에 올라가 사업 계획과 예산 지원을 반대하는 관계자들을 만나서 설명하고 설득했다.

결국 관련 특별법이 통과되고 사업 진행이 확정되었는데, 이것이 당시 정부에서 추진한 '남해안 선벨트 사업'의 모태가 되었다. 당시 정부는 사업안을 준비하는 과정에서 우리가 주도했던 남해안시대 프로젝트를 적극 참고했던 것으로 알려져 있다.

최악의 상황에 놓여 있던
로봇랜드 유치 시도

남해안시대 프로젝트 성공을 위한 특별법 통과에 온 힘을 쏟고 있을 때 경상남도에서는 마산시 로봇랜드 유치도 함께 추진되고 있었다. 내가 로봇랜드 유치 과정에 참여한 일은 25년 공직 생활에서 결코 잊지 못할 경험이 되었다.

2007년부터 정부에서 추진한 로봇랜드는 '로봇을 주제로 한 산업 연계형 테마파크'로 정부는 전국 두 곳에 사업지를 선정하겠다고 발표했다. 때마침 김태호 도지사는 마산시●를 준혁신도시로 만들겠다고 공약했다. 경상남도로 이전할 공공기관 중에서 핵심적인 세 기관을 마산시에 유치해 침체된 도시를 살려보겠다는 내용이었다. 하지만 정부는 경상남도에는 혁신 도시로 선정된 진주시 한 곳으로만 기관을 이전하겠다고 발표를 해버렸다. 김태호 도지사가 마산시민에게 했던 약속을 지킬 수 없게 된 것이다. 그래서 주변 참모들이 제안한 것이 로봇랜드를 마산시에 유치해서 마산시민의 서운한 마음을 달래주자는 것이었다.

"그런데 로봇랜드는 국가사업인데 가져오겠다고 해서 가져올 수 있는 게 아니지 않습니까?"

준비가 전혀 안된 상태에서 덜컥 유치 경쟁에 뛰어들 수는 없다는 것이 내 생각이라 항변도 해봤지만, 이미 로봇랜드는 마산시로 가져와야 하는 일이 되어 있었다. 특히 공작 기계라고 불리는 산업용 로봇은 창원시가 전국 최강이어서 도전하면 될 것이라는 희망 섞인 전망이 많이 나왔다. 이렇게 경상남도에서도 지역경제과장을 주무 과장으로 하여 '로봇랜드추진단'을 꾸렸다. 당시 나는 남해안 기획팀장을 맡아 쉴 새 없이 뛰고 있었는데 로봇랜드추진단에 자문위원으로도 참여하고 있었다.

전국에서 두 곳을 뽑는 로봇랜드 유치 경쟁에 경상남도를 비롯해 14개 시도가 덤벼든 상태였다. 정부에서는 본 심사를 앞두고 비공식 예비 평가

● 통합 전의 마산시를 말한다. 마산시는 2010년 7월 창원시, 진해시와 함께 하나의 시로 통합되었다. 로봇랜드 유치가 추진되고 있던 2008년 무렵까지는 마산시였다.

를 실시했다. 실제와 똑같이 각 분야별 평가 항목을 두고 담당자가 프리젠테이션을 해서 채점을 했는데 경상남도가 꼴찌였다는 말이 나돌았다. 추진단에서는 외부 전문 기관에 맡긴 용역 내용을 바탕으로 마산시의 유치 필요성을 논리적으로 풀어냈어야 했는데, 첫 보고서는 경상남도의 준비 부족만을 보여주고 말았던 것이다.

도청이 그야말로 발칵 뒤집혔다. "그동안 일을 어떻게 했느냐"는 질타가 쏟아짐과 동시에 문제점을 파악하고 재정비하는 것이 시급하다는 이야기가 나왔다. 담당 과장이 자문위원들 앞에서 발표를 하고 개선점을 이야기하는 시간을 가졌다. 고생을 많이 하긴 했지만 내가 보기에는 콘셉트와 전략이 분명하지 않았다. 정부의 채점 기준이 분명히 있을 텐데 그 기준과 순서에 맞춰서 발표해 효과적으로 점수를 얻도록 하는 프리젠테이션의 기본 전략부터 문제가 있었다.

"채점 순서에 맞게 발표를 해야 심사위원들이 쉽게 채점표를 찾아 점수를 줄 수 있을 것입니다. 그런데 이렇게 내용을 뒤섞어 발표하면 점수를 주고 싶어도 줄 수가 있겠습니까?"

"강조점은 크게 강조를 하고요, 중간 중간 논리가 너무 빈약해서 우리가 갖고 있는 장점들이 잘 돋보이지가 않은 것 같습니다."

발표 후 내가 코멘트할 차례가 왔을 때 나름의 경험을 토대로 몇 가지 조언을 했다. 처음에는 큰 틀의 의견을 내는 정도로만 말하려 했는데 조금 깊이 들어간 게 잘못이었다. 나는 관련 전문가와 전략가들을 찾아내 기초를 다지는 것부터 다른 지역의 정책과 연계해 내용을 풍성하게 만드는 방법, 중앙정부 부처와 연결해 도움을 받는 방법까지 의견을 냈다. 그랬더니 김태호 도지사가 나를 불러 로봇랜드 사업도 맡아서 하라는 지시를 했다. 이창희 정무부지사와 이미 의논을 끝냈다는 말까지 덧붙였다.

"저는 남해안시대 총괄 기획도 해야 하고 관련 특별법도 통과시켜야 하고 해양 레저 산업 추진도 출발시켜야 합니다. 도저히 바빠서 안됩니다."

거절 의사를 밝혔지만 로봇랜드 유치가 더 중요하다는 대답이 돌아왔다. 그날부터 나는 담당 과장이 있음에도 불구하고 로봇랜드유치단 총괄 기획을 맡게 되었다. 남해안 기획팀장을 맡아 가뜩이나 정신없이 일하던 시기였는데 로봇랜드 일까지 더해 그로부터 석 달 동안은 밤낮 없이 일만 하게 되었다.

늦은 감이 없지 않았지만 로봇랜드 유치가 절실한 상황이라 나는 인력을 보강하고 유치 계획을 새롭게 수립하고자 마음먹었다. 내가 원하는 팀을 꾸리게 해달라는 요청을 했다. 추진 과정에서 필요한 경상남도 내에서의 지원은 무조건 가능하게 만들어주어야 한다는 요청도 해서 약속을 받았다.

나는 강동문 사무관을 필두로 로봇랜드추진단 인력 구성부터 했다. 내가 '미래산업과 생물산업팀장'이었을 때 강동문 사무관은 과학기술팀장으로 같이 일했는데, 맡은 업무에 '홈을 판다'고 할 정도로 정밀하고 치밀한 분이었다. 그분이 마침 로봇 산업 관련 업무를 맡고 있어 든든했다. 열정과 역량을 갖춘 직원들을 데려 왔다. 당시 마산시에서도 대응팀을 구성했다. 무엇보다 마산시의 핵심 사업이니까 마산시 로봇 관련 기관의 전문가들과 미래산업재단(현재의 테크노파크) 안에 로봇 연구를 전문으로 하는 박사님들이 팀에 합류했다. 내 기억으로는 로봇랜드 유치와 관련해 함께 일을 한 인원이 60명 정도가 됐다.

나는 먼저 1억원의 외부 용역 비용을 투입한, 700페이지에 달하는 1차 연구 자료를 다시 들여다봤다. 그리고 여기에 직접 관련되는 마산시와 경상남도의 다른 시군을 비롯해 국가 자료까지도 전부 검토한 뒤 기존 자료에서 따올 것은 따오고 연결할 것은 연결해 새로운 기획을 시작했다. 정부의 배점 기준과 비공식 예비 평가에서 경상남도가 얻은 점수를 다시 확인하고 전 팀원에게 각자 다른 임무를 줬다.

"정부 배점 기준에서 낙제점을 받은 부분, 장소의 단점으로 꼽은 것에 대한 해결책 좀 찾아봐요."

"이 부분에서는 민간과의 MOU 협약서가 있으면 도움 되겠는데? 몇십 개 뽑아올 수 있겠지요?"

로봇랜드라는 테마파크 사업을 해야 되니까 테마파크 사업에 투자할 투자자도 모았다. 마산시 지역에 기반을 둔 기업들을 일일이 찾아다니면서 투자의향서를 받아오는 일에도 정성을 쏟았다. 애써 받은 투자의향서도 기업 규모가 작을 때는 "이걸로는 약하다, 더 큰 거 받아 와라"고 독촉하기도 했다. 마산시 시장이나 경상남도 도지사에게 직접 보고하고 도움을 받아 영향력 있는 기업의 투자 의향서를 받아오라고 밀어붙였다. 정부를 설득할 더 강력한 근거를 만들기 위해 기업의 참여가 중요했던 것이다.

이때는 안되는 일도 되게 하자는 심정으로 팀원들 모두가 밤잠을 내놓고 일을 했다. 그런데 14개 시도 평가에서 부정적인 평가를 받은 가장 큰 이유라고도 할 수 있는 유치 장소가 끝까지 큰 골칫거리였다. 여러 전문가들의 의견도 그렇고 내 생각에도 마산시 내서읍 지역에 로봇랜드가 들어서야 테마파크로서 경남의 랜드마크가 될 것이 분명해 보였다. 내서읍 지역이 교통 요충지라 관광객의 유입도 클 것이고 산업단지와도 연결이 쉽게 될 수 있어 산업 인구의 증가도 노려볼 수 있었다. 그러나 내 기억으로 당시 마산시장은 구산면 관광단지에 로봇랜드를 유치하겠다는 의견을 굽히지 않았던 것으로 안다.

솔직히 구산면 관광단지는 테마파크가 들어서기에는 접근성이 너무 떨어졌다. 그때만 해도 외딴 바닷가였고 인근 지역에서 쉽게 갈 수 있는 길도 연결돼 있지 않을 때였다. 분명히 정부 심사 때 접근성에 대한 질문이 나올 텐데, 어떤 근거로 설득을 해야 될까 고민이 깊었다. 방법은 도로 개설밖에 없었다. 나는 인접 지역에서 구산면 관광단지로 통하는 도로 개설 계획을 보고서에서 중요한 위치에 배치했다. 계획에만 그칠 수 있다는 우려에도 대비해 관련 부서들의 도움을 받아 도로 노선을 확정하고 절차를 구체화시키는 작업까지 진행했다. 여기에 인근 고성군의 공룡엑스포와 연계한 관광 산업의 비전까지도 덧붙여 자료를 준비했다. 거가대교와 마창대교까지 개통을 앞두고 있었으니 나머지 도로 계획이 완성되면 고성군의 공룡엑스포와 마산시의 로봇랜드를 쌍두마차로 경남의 해양 관광권을 순환하며 볼 수 있다는 그림이 그려졌다.

논리는 세워졌으나 이를 뒷받침하기 위한 시각적인 자료 또한 필요하겠다는 생각이 들었다. 그때는 드론도 없던 시절이라 헬리콥터를 띄워 동영상 촬영을 하도록 했다. 지역 주민들의 의지와 바람 또한 다양한 인터뷰로 담아내 영상에 재미를 더했다. 로봇랜드가 세워질 장소로 마산시 구산면이 최적지라는 것을 한눈에 볼 수 있도록 기획했다.

이외에도 정부가 정한 배점표를 기준으로 한 항목도 빠뜨리지 않고 자료를 준비했다. 설득력이 없는 부분은 논리를 만들어 붙이고 그게 가능하도록 하는 서류 작업과 사전 정비 작업을 했다. 심지어 점수 확보에 도움이 될 계획이 없을 경우 꼭 필요하다는 판단이 섰을 때는 관련 부서에서 해당 계획을 수립하도록 요청했다. 없는 계획을 억지로 만드는 것이 아니라 경상남도 기본 종합 계획에 나와 있는 것들을 근거로 삼아 보고서에 필요한 세부적인 방법과 절차를 새롭게 기획해 넣었다. 이를 더 확실하게 하기 위해서 재정위원회를 열어 사업에 대한 재정 판단까지 마치도록 했다. 필요하면 조례도 만들어가면서 보고서를 뒷받침할 자료들을 빈틈없이 준비했다.

솔직히 무리한 요구도 많이 했는데, 팀원들이나 타 부서 담당자들도 모두 나를 믿고 따라 주었고 내가 계획하고 지휘하는 대로 뒷받침해주려고 최선을 다했다.

보고서는 100페이지가 넘는 파워포인트 자료에 동영상까지 넣어 완성되었다. 평가회는 각 시도마다 20분 발표에 20분 질문으로 시간이 길지 않았지만 만든 자료를 다 넣기로 결정했다. 다만 발표를 할 때는 강조점을 두고 그것이 채점 기준에 바로 체크가 될 수 있도록 준비했다. 보고서는 초안이 만들어지고 나서 최종 발표를 할 때까지 30여 회에 걸쳐 수정하고 보완했다. 프리젠테이션 연습도 수십 번에 걸쳐 반복했다.

최종 보고서로 김태호 도지사를 비롯한 윗분들을 모셔 놓고 사전 발표를 했는데, 사람들이 얼굴에 꽃이 피는 것이 보였다. '이거 됐다!' 하는 표정이 읽혔다. 그래도 진짜 발표를 앞둔 나는 안심할 수 없었다. 60여 명의 팀원들과 몇 달을 잠도 못자며 준비한 일이 나의 발표 하나에 수포로 돌아갈 수도 있다는 불안감이 있었다.

당시 로봇랜드 예비사업자 선정 평가회에 참석하려고 도청을 나서는 나를 인터뷰한 신문기사가 있는데, 나의 힘겨움이 한 문장에 다 담겼다.

"하루하루가 3년 같았습니다."●

로봇랜드 유치 때를 생각하면 아직도 가슴이 뜨거워

나를 비롯해 팀원 10여 명이 로봇랜드 사업자 선정 평가회가 열리는 경기도 용인시로 향했다. 리조트에 방을 얻어 빔프로젝트를 띄워놓고 팀원들과 토론하며 마지막까지 세부적인 보고서 수정 작업을 거쳤다. 나는 평가

● 〈동아일보〉 2007년 11월 6일 기사, "경남도, 로봇랜드 잡아라"에서

회 전날까지 고민을 거듭하며 연습을 했다.

팀원들은 나에게 발표 연습을 하라고 독방을 내주고 나머지는 거실에서 잠을 자며 나를 배려했다. 준비 기간 내내 입맛이 없어 식사도 하는 둥 마는 둥 했던 나는 발표 당일 아침에는 아예 음식을 삼킬 수가 없을 지경이 되었다. 그런 내가 걱정이 됐던 강동문 계장이 리조트 주변 식당을 뒤져 전복죽을 사왔다. 고지가 얼마 남지 않았으니 힘내라며 직접 죽을 떠먹여 주기까지 했다. 한준석 주무관을 비롯한 다른 팀원들 역시 헌신적으로 나를 도왔다. 팀워크라는 것이 따뜻함을 품은 상호 간의 연대라는 것을 이때 비로소 느꼈다. 하나의 목표를 위해 노력하는 동료들의 협업이 눈물겹도록 아름답게 느껴졌다. 지금도 그 마음들 하나하나가 고마워 그 시절을 떠올릴 때마다 가슴이 뜨거워진다.

정부 관계자와 로봇 산업 전문가들 앞에서 나는 100페이지의 자료를 넘겨가며 연습한대로 발표를 했다. 긴장했던 마음도 발표 무대에서는 차분해졌다. 긴박하고 중요한 상황에서는 나도 모르는 초인적인 힘이 발휘되는 느낌이었다. 20분 안에 말만 빨리해서는 될 일이 아니었다. 화면으로만 보게 할 자료와 직접 강조해야 할 자료를 적절히 구별해서 빠짐없이 언급했다. 세밀한 계획들까지 준비되어 있으니 한번 꼼꼼히 살펴봐 달라는 말을 정중히 덧붙였다. 배점 기준 표에 따라 한 챕터가 끝날 때마다 핵심을 다시 요약하고 마지막 장에 다시 전체 배점에 맞게 주장과 근거를 요약했다. 아마 심사위원들은 편안하게 채점했을 것이다.

발표 뒤에는 20분 간 질문 시간이 이어졌는데, 행정적인 부분이나 기본 계획에 대한 답변은 내가 맡고 로봇 등 전문적인 내용들은 함께 간 우리 팀의 박사님들이 맡았다. 발표와 질의 응답 시간이 모두 끝나자 심사위원들의 박수가 쏟아져 나왔다. 자리로 돌아오면서 심사위원들 한 사람 한 사람과 악수를 했는데, 심사위원들이 내 손을 쥐는 힘과 느낌이 달랐다. '됐

창원시 마산합포구 구산면 일대 마산 로봇랜드 놀이시설 입구에 설치돼 있는 대형 로봇 모형의 모습이다. 마산 로봇랜드는 경상남도가 악전고투 끝에 유치에 성공한 것이다. 경상남도가 마산 로봇랜드를 유치할 때, 나는 총괄기획자로서 경쟁 논리를 개발하고 프리젠테이션을 진행했다.

구나!' 하는 생각이 그때 이미 들었다.

예비 평가에서 아주 낮은 점수를 기록한 것으로 알려졌던 경상남도는 최종 평가에서 2등을 차지했다. 로봇랜드 유치 장소로 전국에서 두 곳을 뽑는데 두 곳 중 한 곳으로 선정이 된 것이다. 이렇게 나와 우리 팀원 60여 명은 로봇랜드 유치 경쟁에서 대역전극을 펼쳐냈다.

발표를 마친 후 내게는 그 어떤 역할도 남아 있지 않았다. 이후에 로봇랜드 사업은 우여곡절을 엄청나게 겪었다고 한다. 힘들게 따온 로봇랜드 사업은 골프장 등 관광 개발 위주로 흘러갔고 자본력이 약한 업체가 함께하게 되면서 많은 계획이 축소되었다. 당시 보고서에 담았던 내용이 실현되었더라면 이때의 고생이 승리의 왕관처럼 빛났을 텐데 하는 아쉬움이 남는다. 투자자를 구하지 못한 탓이긴 하겠으나 당시 발표에서 제시한 기발한 아이디어를 담은 해양 테마파크의 개념이 빠져버린 것은 몹시 안타까운 부분이다. 바다로 떨어지는 것처럼 스릴 넘치는 자이드롭, 주변 섬들을 줄줄이 연결하는 로봇 열차와 같이 남해안의 특징을 살린 아이디어를 많이 냈는데 종이 위 계획으로만 남고 허공으로 날아가 버렸다.

공허하게 날아간 것 중에는 "내 송덕비를 세워 주겠다"던 마산시 구산면 주민들의 약속도 있다. 이것만 생각하면 지금도 웃음이 새어나온다. 나는 로봇랜드를 준비하면서 유치 대상지였던 구산면에 수시로 갔다. 많은 주민들을 만나 바람을 듣고 가능성을 설명했다. 그 진정성을 본 주민들이 나에게 몇 가지 약속을 했다. 로봇랜드를 유치하게 되면 동네 잔치를 벌이고 송덕비를 세워주겠다고 했다. 언감생심 기대는 조금도 하지 않았지만 유치 성공 이후 전화 한 통이라도 해주었다면 더 좋았을 것 같다. 당시 마산시에서는 농담삼아 로봇랜드가 완공되면 평생 무료이용권을 주겠다고도 했는데 그분들 다 어디 가셨나 모르겠다.

주민들 역시 처음 계획과 달라진 로봇랜드에 조금 실망을 하고 있을지도 모르겠다. 나와 한 약속은 까맣게 잊고 바뀐 계획에 대한 원망을 나에게 돌리고 있을지도 모를 일이다. 그래도 나는 자신 있게, 뿌듯함을 가득 담아서 말할 수 있다.

"마산 로봇랜드를 가져온 사람이 접니다."

안될 일을 되게 만드느라 밤낮으로 뛰었던 이때의 하루하루가 지금도 내 기억 속에서 아프고도 아름답게 반짝인다.

반걸음의 변화,
공보관 레터

폭풍과도 같았던 남해안시대추진단과 로봇랜드 유치 업무가 끝나고 나는 경상남도 감사관으로 발령을 받았다. 도청, 도 직속기관, 시·군, 지방공사와 출자·출연기관에 대한 감사 업무를 총괄하는 자리였다. 한 줄로 설명하자면 기관의 위법하고 부당한 사항을 찾아내 벌주는 자리였다.

나는 감사관으로서 사후 적발과 징계보다는 예방 지도에 더 힘을 기울였다. 그리고 단체장의 토착 비리와 연계되는 부분을 겁내지 않고 조사할 수 있도록 감사위원들에 대한 지원을 아끼지 않았다. 단체장의 횡포 때문에 부당한 행위를 어쩔 수 없이 따라야 했던 공무원들을 적극적으로 보호하는 일에도 힘을 쏟았다. 공직 사회의 청렴도를 높이고 행정에 대한 국민 불신을 낮추기 위해서는 감시와 적발에 앞서 일선에서의 정화 노력이 더 중요하다고 봤기 때문이었다. 어려운 자리였지만 노력한 만큼 조직의 변화를 직관적으로 느낄 수 있어 보람도 컸다. 운이 좋았는지 열심히 노력한 결과 꼴지 수준의 경상남도 청렴도를 5위권으로 끌어올리는 데 기여했다는 평가도 받았다. 공무원을 다그치고 벌을 주는 감사관실이 아닌 예방과 전문성 향상을 끌어내는 정책 감사에 대한 비전과 재미가 한참 붙고 있었다.

그런데 6개월 만에 보직을 또 바꾼다는 연락을 받았다. 이번에는 경상남도 공보관이었다. 경상남도 도정의 얼굴이면서 스피커가 되는 자리였다. 나는 대단히 망설였다. 무엇보다 다양한 성향의 언론사를 상대해야 하기에 유연하면서도 능청스러운 면모가 필요한 업무였고 이때만 해도 기자들과의 잦은 술자리가 공보관의 필수 업무에 속했다. 이러한 상황 속에서 도정에 대한 부정적인 시선은 좀 누그러뜨리고 긍정적인 면모들은 두드러지도록 기자들과 협상하는 것이 공보관의 능력으로 꼽히던 시절이었다.

나는 잠을 줄여 기획을 하고 정책을 만드는 일은 좋았지만 밤을 새워 술을 마시는 일은 업무의 일환이라고 해도 그리 좋아하지 않았다. 술을 많이 마시지 못하는 체질상의 불리함도 크게 작용했을 터였다. 공무원이 되면서 그 어떤 업무도 마다하지 않겠다고 다짐했지만, '공보관 업무 = 기자들과의 술자리'로 통했던 그 시절 나는 공보관만큼은 하고 싶지 않았다.

김태호 도지사에게는 거절 의사를 밝혔다. 감사관이라는 자리를 고집하는 것이 아니다. 전보를 시키려면 설혹 무게감과 승진 등에서는 불리한 보직이라도 내가 하고 싶은 문화, 예술, 관광 분야의 업무를 달라는 마음을 강하게 전달했다. 사실 이와 같은 분야의 업무는 나의 적성에도 맞을 뿐 아니라 오랜 기간 관심과 연구를 해오고 있었다. 그래서 꼭 담당 과장을 해보고 싶은 터였다. 하지만 두 번에 걸친 김태호 도지사의 권유와 내가 전한 두 번의 거절이 있은 후, 공보관 발령이 떨어졌다. 나는 결근계를 내고 집에 드러누워 버렸다. 나를 설득하기 위해 직원이 집까지 찾아왔다.

내가 공보관 수락을 하며 원한 것은 단 하나, '사람'이었다. 나와 함께 일할 사람, 나는 업무 능력이 뛰어난 계장 두 사람을 같은 부서로 보내달라는 뜻을 전달했다. 문제 해결 능력과 누구보다 뜨거운 열정을 갖고 있는 공무원이라는 것을 이미 같이 일하며 파악한 사람들이었다.

내가 원하는 인력을 갖춰 공보관이 됐다고 해서 없던 술 실력이 갑자기 늘어 이전 공보관들처럼 기자들과 끝없는 술자리를 가질 수 있는 것은 아니었다. 나는 공보관 본연의 역할을 찾아 그 업무에 충실하고자 했다. 공보관의 역할은 대 언론 도정 홍보에 있었고 이를 위해 언론사 및 언론 단체와 긴밀하게 연락하면서 협조 체계를 유지하는 것이었다. 기자들이 공보관과 술자리를 가지며 얻고자 하는 것도 도정에 관한 세세한 정보, 쉽게 말하며 기삿거리였다.

그렇다면 꼭 술자리를 통할 이유가 없겠다 싶었다. 나는 나만의 대 언론 홍보 채널을 만들었는데, 그것이 바로 '공보관 레터'였다. 주말마다 기자들을 대상으로 편지를 써서 이메일로 보냈다. 월요일부터 시작될 한 주의 도청 주요 일정과 도정 홍보 내용, 국내외 언론 동향 등의 자료를 넣어 공보관 레터를 썼다. 딱딱한 보도 자료 형식이 되지 않도록 유머도 쓰고 역사 이야기도 기념할 만한 날짜에 맞춰 넣어 시사 매거진 형식을 갖추도록 했다.

도정이 비판받을 만한 내용이나 보충 취재를 조금만 하면 좋은 기사가 될 수 있는 정보들을 곳곳에 숨겨 놓았다. 눈치 빠른 기자들은 그걸 금세 찾아서 개인 취재를 더해 특종을 내곤 했다. 반면에 합리적으로 시행되고 있는 도정이 일방적으로 지적당하는 일은 없도록 내용의 균형을 조절하는 기술도 적절히 발휘했다. 비판적인 내용을 표적 삼는 기자들과 도정 홍보에 초점을 맞추려는 공보관 사이에 보이지 않는 줄다리기가 공보관 레터를 사이에 두고 벌어졌다.

술자리의 이야기가 아닌 레터를 통해 기자들과 소통하면서 경상남도의 입장에서는 보다 객관적이고 정확한 도정 홍보가 가능했다. 기자들도 공보관이 보내준 레터가 기사가 될 수 있는 정보가 많고 팩트가 담보된 기사 작성에 도움이 된다며 긍정적인 반응을 보였다.

경상남도 공보관 하승철의
공보관 레터 41호

〈프롤로그〉

이제 여름이 시작됩니다. 5.24 현재 올해 332mm의 비가 내려 예년 평균과 비슷한 수준인데요, 기상청에 따르면 기온은 평년(19~26도)보다 높고 강수량은 비슷하며 집중호우가 자주 발생하고 태풍은 13개 정도 발생할 것으로 예상된답니다.

도에서는 여름철 풍수해와 휴가 시즌에 대비한 준비에 들어갔습니다. 오늘부터 재해 위험 시설과 취약 시설 27개소에 대한 안전 점검을 집중 실시할 계획이고, 소방본부에서는 민박 및 펜션 시설에 대한 소방 안전 점검을 27일부터 15일 간 실시됩니다. 보건환경연구원에서는 25일부터 6일간 남해안 해양 휴양지 해수 검사와 하절기 약수터에 대한 정밀 수질 검사를 실시하고요.

언론인 여러분께서도 여름을 위한 준비, 미리 미리 해두시는 것 어떨까요?

〈지사님 부지사님 일정〉

오후 3시에 예정되어있던 실국원장회의는 10시 30분으로 앞당겨졌습니다. 5월 25일부터 6월 2일까지 예정되었던 동유럽 방문을 취소하셨기 때문에 새로운 일정이 나오면 다시 알려드리도록 하겠습니다. 동유럽 투자 유치 활동에는 남해 안경제실장님이 대신 다녀오십니다.

행정부지사님은 25일 3시에 전국소년체전 선수단 결단식, 26일 도의회 폐회, 27일 부시장 부군수 회의와 안전한국훈련 영상보고회에 참석하십니다. 저출산 극복 국민운동본부 출범식(28일 목요일), 바다의 날 행사(29일)에 이어 토요일엔 월드콰이어 자원봉사발대식에 참석하십니다.

정무부지사님은 호주에 다녀오셔서 26일 10시에 창원 KBS 포커스 경남 녹화하시고, 오후 4시에는 첨단의료복합단지 유치 회의를 주관하십니다. 27일엔 경상대 해양생물교육연구센터 준공식과 대규모 풍수해 대비 훈련을 참석하시고 29일 금요일은 노인일자리 정보 큰마당에 참석하십니다.

〈간부회의 정책 동향〉

경제 위기 극복을 위한 재정 조기 집행 실적이 나왔습니다. 민간 집행률이 상대적으로 낮아(74.8%) 현장 점검을 강화하고 선급 기성금을 최대 집행할 것이라고 합니다.

Green에너지 산업 제조업체와 연구기관이 정원 외에 추가로 고용할 경우 1인당 80만원 정도를 지원하는 Green산업 고용 보조금 지원 사업이 순수 도비로 25일부터 신청 접수를 받습니다. 언론에서 많은 관심을 가지고 널리 알려주시면 정책 효과가 극대화되지 않을까 생각합니다.

2009년도 베스트 친절공무원 콘테스트가 28일 오후 2시 4층 대회의실에서 열립니다.

지난번 비로 도내 저수율이 10% 껑충 뛰었죠. 62.1%가 되어 본격적인 모내기에 돌입합니다. 6월 5일 도지사님과 도청 직원 100명이 농촌 일손 돕기에 나서는 등 전 실국에서 1회 이상 지원에 나설 예정입니다.

도 청사 뒤편 205본의 소나무가 심어진 것이 벌써 25년이 되었답니다. 도청 개청 기념으로 도내 각 면에서 최고의 소나무를 모아서 조성한 것인데, 장기간 생육으로 수목 간 간격이 좁고 수형이 변형되어 관리의 애로를 겪고 있습니다. 25일부터 8월 중순까지 80일간 53본을 재배치하고 경남수목원에 63본을 이전할 예정입니다.

제2회 지방산업단지 계획심의위원회가 28일 경남개발공사 회의실에서 열리는데요. 마산 수정일반산업단지 계획 등 7건에 대해 산업단지계획 타당성 등을 검토할 예정입니다.

3차 남강댐 T/F팀 회의가 28일 목요일 오후 2시에 재난종합상황실에서 열리는데, 2차 회의 때 논의된 설명에 대하여 질의응답이 있을 예정입니다.

기획재정부가 주관하는 민자사업 해외투자유치 로드쇼가 26일부터 30일까지 홍콩과 싱가포르에서 열리는데요. 우리 도에서도 건설항만방재국장이 참가해서 제2창원터널, 팔용터널, 낙동대교 등 민자사업에 대해 설명할 예정입니다.

38회 전국소년체전이 5.30일 전남 여수에서 개최되는데요. 경남 결단식이 25일 3시에 창원기계공고에서 열립니다.

우리 공보관실 인터넷 홍보계에서 의미 있는 기획을 하나 했습니다. 다문화 가정에 대한 이해를 높이고 모국의 가족들에게 한국에서 생활하는 모습을 보여주기 위해 10가구 정도를 선정해서 12월까지 영상물을 만들어 우리 도 인터넷 방송과 도내 케이블 TV로 방영할 예정입니다. 벌써부터 많은 곳에서 관심을 보내주고 있습니다.

인터넷 신문을 발행하기 위해 조달청에 계약을 의뢰해 놓고 있습니다(5.28일限). 6월 초에 계약이 체결되면 8월까지 콘텐츠를 확정하고 전문 인력을 보강해서 9월부터 신문이 발행될 예정입니다.

〈금일 예상홍보내용〉

이번 주에는 기업과 경제에 관한 보도자료가 많이 나올 것으로 생각됩니다. 월요일에는 중소기업에 수출보험료를 지원하는 것, 경남 테크노파크의 신산업기획사업 기본계획수립, 동남권 첨단의료복합단지 추진 상황 보고회(26일 양산시청 개최)에 관한 보도자료가 나올 예정입니다.

계속해서 26일엔 조선산업체 상생 협력 위한 MOU 체결(27일, 21세기 조선 ↔ 산학연 컨소시엄), 경남장애인 기능경기대회(27~29)에 관한 보도자료가 예정되어 있고, 동남권광역경제권 선도사업지원단 창립총회가 29일쯤 예정되어 있습니다.

경남 TP 기계로봇전문인력 육성 방안은 27일쯤 소개될 것 같습니다.

6월 4일부터 서울 코엑스에서 열리는 친환경유기농박람회와 6월 11일부터 열리는 수도권기업 대상 투자유치설명회(매리어트호텔) 내용, 지방자치단체 전자

태그 물품관리시스템 구축에 관한 내용 등은 29일쯤 윤곽이 나올 것으로 보입니다.

5월 31일이 바다의 날입니다만 우리 도에서는 29일 거제 지세포항에서 개최합니다. 1994년 유엔해양법협약발효를 계기로 해양 자유 이용 시대에서 해양 분할 경쟁 시대로 바뀌는데 능동 대처하기 위해 1996년 제정한 법정기념일인데, 장보고가 청해진을 설치한 날로 정한 것이랍니다.

경제 외 홍보거리로는 진주에서 경남민속예술축제(29일)와 진주탈춤한마당(29~31) 그리고 노인일자리 정보큰마당이 열리구요. 경남장애인기능경기대회(27~29), 지방분권토론회(5.28 마산 3.15아트센터), 여성리더십 및 양성평등의식 교육(28~29), 경상남도 관광기념품 공모전 등도 관심 가질 만한 행사가 되겠습니다.

〈에필로그〉
악성(樂聖) 베토벤은 1802년 32세의 나이에 '하일리겐슈타트 유서'를 씁니다. 귀가 거의 들리지 않는 것에 대한 고통을 기록한 유서인데요, 요양차 빈 교외의 하일리겐슈타트 지방에 머물면서 자살을 결심하고 두 동생에게 보내기 위해 쓴 것입니다. -(하략)-

참 희한하게도 나는 공보관 레터로 술자리를 대신하겠다는 마음이었는데 술자리는 결코 사라지지 않았다. 사람이 하는 일, 사람과의 관계에서는 얼굴을 마주 보고 술잔을 기울이며 서로 다른 견해에는 논쟁도 벌이는 '부대낌'이 반드시 필요한 것이라는 반증이었을 것이다. 그래도 공보관 레터를 써야 한다는 핑계로 일찍 술자리를 파할 수는 있었다. 술자리가 아닌 이메일을 통해 도정에 관한 정확하고 체계적인 자료와 의견을 주고받게도 되었다. 그리고 지금에 와서는 공보관과 기자들이 업무와 관련돼 술자리를 만드는 일이 불필요하다는 공감대에 이르게 된 것이다. 다른 사람들보다 반 발짝만 앞서면 1등이 되고 최초가 되듯이 변화도 늘 걸었던 길에서 반 걸음만 다르게 걸으려 노력하면 오는 것이었다.

5

하동군 부군수로서
하나밖에 없는
하동을 생각하다

—

하동, 비(非)정형
반(半)곡선의 아름다움

'하동(河東)'은 나에게 어머니 품속 같은 곳이다. 태어나 자란 고향이고 아직도 어머니가 살고 계신 곳이라 더욱 그렇다. 근본적으로는 하동군이 지닌 '비정형 반곡선'의 자연이 어머니 품속 같은 포근한 아름다움을 품고 있어 그런 것이라 생각한다. 나는 하동읍에서 화개면으로 이어지는 섬진 강변을 특히 좋아한다. 화개장터에서 쌍계사 사이의 산등성이를 바라보는 것도 즐겨 한다. 하동군이 지닌 비정형 반곡선의 아름다움을 가장 가까이 서 느낄 수 있는 곳이기 때문이다.

산청군으로 가면 산이 높고 뾰족해지며 날카로운 선들로 변하고 남해군 으로 가면 크고 작은 섬으로 인해 부드럽던 선들이 끊어져 감정의 고요함 에 파장이 인다. 이에 비해 하동군의 풍경은 매끄럽게 정형화되지 않은 다양한 '반쯤 곡선'인 모양의 자연들이 부드럽게 조화를 이룬다. 산도, 들도 바다까지 이어지는 섬진강도 동그란 곡선이 아니면서 그렇다고 직선은 더 더욱 아닌 반쯤 곡선을 이루며 펼쳐져 있다. 하나밖에 없는 독특한 풍경임 에도 결코 드러내지 않는 은근함이 더 매력적이다. 나는 하동군에 오는 사 람이면 누구나 마음이 평온해지고 좋다, 라고 느끼는 것이 바로 이 비정형 반곡선이 주는 아름다움 때문이라고 생각한다.

"아, 하동 정말 좋다!"

하동군에 와서 이런 감탄을 쏟아내는 사람이 많다. 그러나 왜 좋으냐고 물으면 '그냥', '좀 다른 느낌이야'라고만 말하며 이유를 정확히 말하지 못 하는 이들이 많다. 그럴 때마다 나는 '그거다!' 하고 마음속으로 외친다. 수많은 사람들이 하동군에서 본 아름다움, 막연히 좋다고 느끼는 이 감정 은 하동군이 그려내는 비정형 반곡선에서 비롯된 것이라 확신한다.

2009년 하동군 부군수로 발령받았을 때 나는 뛸 듯이 기뻤다. 하동군의 품속에서 일하게 된 것이 그저 좋았고, 그동안 공직에서 쌓은 능력을 드디어 고향을 위해 쓸 수 있게 됐구나, 싶어 뿌듯했다.

고향을 떠나 있어야 했던 학창 시절과 청년기에는 그냥 그리운 대상이었다. 하지만 1997년 공직에 입문하면서 하동군은 내가 뭔가 보답하고 사랑을 표현해야 하는 대상이 되었다. 정책 기획 분야와 경제, 건설, 도시개발 분야 등을 거쳐 온 공직 생활 내내 하동군은 늘 내 고민의 중심이었다. 경상남도에서도 서부 지역의 발전이 뒤쳐져 있고, 그중에서도 하동군은 주변에 대도시도 없는 농촌 지역으로서 특별한 발전 동력을 찾지 못하고 있는 현실이 안타까웠다. 낙후된 하동군이 발전해야 경상남도 전체가 잘 되는 것이라는 생각을 한 시도 잊어본 적이 없다. 산과 강과 바다가 어우러져 특별한 아름다움을 지닌 하동군 관광 산업의 차원을 높이는 일, 우수 특산물을 잘 만들고 판매하는 일, 갈사만(葛四灣) 일대를 경제자유구역으로 개발하는 일, 도로와 다리 등 접근성을 높이기 위한 사회 기반 시설을 갖추는 일에 대해서도 늘 고민했다. 기회가 될 때마다 적극적으로 정책을 제시하고 사업을 직접 추진하기도 했다.

언제 다른 곳으로 발령이 날지 모르는 부군수라는 직책이 이런 정책적 고민을 끝까지 실현해내기는 어려웠지만 당시는 그 가능성에 조금이라도 다가섰다는 사실이 좋았다.

나는 하동군이 미래 20년을 내다보는 계획을 세우고 한 걸음씩 발전해 가는 곳이 되길 원했다. 이를 위해서는 반드시 읍면 단위로 종합 계획이 서 있어야 했다. 필요할 때마다 이곳저곳을 무분별하게 뜯어서 공사하고 무조건 길부터 내고 도로를 넓히는 방식으로는 20년, 30년 후에도 사람들이 찾고 삶을 일구는 곳으로 남지 못한다는 것이 나의 생각이었다.

지난 삶의 모습을 밀어버리고 붕어빵 찍듯 천편일률적으로 펼쳐가는 사

하동군의 산과 강과 바다는 아주 날카롭지도 않고
아주 평평하지도 않다. 완만하고 느릿하게 흘러내릴 뿐이다.
나는 이것을 '비정형 반곡선'이라는 말로 표현한다.
정형화되지 않은 절반 쯤의 곡선이라는 의미이다.
그림은 조선 후기에 그려진 하동군 해동지도이다.
지도에 나오는 산과 강과 바다의 모습이 '비정형 반곡선'으로 평온하다.

그림 출처 : 서울대학교규장각한국한연구원

악양면 동정호와 악양루의 모습이다. 동정호는 자연스럽게 생성된 습지로서 생태학적으로 뛰어난 가치를 가지고 있다. 그리고 이 가운데 복원된 악양루는 숱한 인문학적 이야기를 담고 있다.

북천면 양천사에서 내려다 본 화정리 일대의 풍경이다.
푸르고 건강한 자연이 살아 있는 모습이다.

업은 사람의 마음을 끌어당기지 못한다. 각 지역마다 앞서 살았던 이들의 살아온 과정이 있고 이야기가 있고 주변 자연과의 어우러짐이 있다. 지역 개발의 바탕은 이런 맥락 속에서 단 하나의 아름다움을 발견하는 것에서 시작된다는 것이 나의 생각이다. 생활 속의 아름다움, 사람이 살아온 흔적의 아름다움, 자연이 삶 속으로 스며들어 만들어낸 아름다움. 사람들은 그렇게 인위적이지 않은 아름다움을 발견하면 비로소 치유의 감정을 느낀다.

"하동은 세상 단 하나의 하동이라야 한다."

"내 고향을 이렇게 만드는 데 온 힘을 쏟으리라."

하동군 부군수로 업무를 시작하는 내 마음속엔 이런 다짐과 기대로 꽉 차 있었다. 나는 하동군이 지닌 비정형 반곡선의 자연적 아름다움과 사회, 인문적 환경을 잘 조화시키면 '세상 단 하나의 하동'이 될 것이라 믿었다.

공직자가 책임져야 할 주민들의 생명과 안전

능력을 발휘할 기회는 대개 평화로운 시기가 아닌 위기와 함께 온다. 하동군 부군수 직함을 달고 며칠 출근했을 때였을까, 큰 비가 내렸다. 하동읍과 시장이 잠기고 화개천에 접한 점포와 주택에 물이 차올라 비상이 걸렸다. 읍면별로 침수 피해는 물론 도로가 유실되고 축대가 무너진 곳이 속출했다.

하동군에서는 서둘러 긴급 대책반을 꾸렸다. 직접적인 총괄 지휘는 부군수인 내가 맡았다. 이때까지 나는 정책 기획, 경제, 도시 개발 분야의 일을 주로 했기 때문에 안전 관리 분야에 대한 업무 경험이 부족했다. 당장 내 머릿속엔 '매뉴얼대로'라는 말이 떠올랐다. 위급한 상황일수록, 경험이 없을수록 그래야 한다는 생각이었다. 나는 관련 법령을 뒤지고 사례를 읽어 내려가며 상황에 맞는 매뉴얼대로 대응 조치를 해나갔다. 오랜 기간 관련 부서에서 일해온 직원들의 조언도 듣고 직접적인 도움을 받아가며 현장을 지휘했다. 초동 대처에 있어서는 하동군의 재난 상황에 경험이 많은 담당 부서 과장이나 직원들의 이야기를 따랐다. 당연한 일이다. 하지만 시간이 지나면서는 상황 수습을 위한 수단보다는 군민들 마음에 가 닿는 의사 결정권자의 '관심'과 '책임'이 필요하다는 사실을 깨달았다. 이것은 공직을 어떻게 받아들이느냐는 가치관의 문제이기도 하다.

정치철학적으로 볼 때 기본적으로 공직자는 국민을 안전하게 지켜주는 역할을 해야 한다. 사회계약론 이후 자유주의 계열의 정치사상가가 주로 믿는 영역인데 정치 이념과 관계없이 국민을 안전하게 지키는 국가의 역할은 공동체 성립 때부터 존재해 왔다고 할 수 있다. 사람들이 모여 살게 되면서 공동의 이익에 따라 사회 전체를 통괄하고 지휘, 통제해야 할 필요성이 대두되었고 이에 부응하는 조직이 근대에 들어 국가라는 형태로 출현하게 된 것이다. 따라서 국가란 계급 또는 사회의 공동 이익에 맞게 사람들의 활동을 통일적으로 조직하고 지휘하는 포괄적인 정치 조직이라고 할 수 있다.

원시적인 자연 상태에서는 만인 대 만인의 투쟁 속에서 완전한 자유를 누렸지만 위해를 입을 위험 또한 개인이 감내할 몫이었다. 도둑과 강도의 위협, 외세의 침략이나 재난으로부터 스스로를 지켜내기는 어렵다. 그런데 강제력을 가진 국가가 생기면서 개인의 자유는 일부 제한되지만 공공의 약속 아래 안전을 보장받게 되었다. 유교에서는 백성을 편안하게 해주는 안민(安民)이 왕도 정치의 기본이었고 서양 철학 쪽에서는 사회계약론의 관점이었다.

국가의 일을 하는 공직자는 직접적으로 생업에 뛰어 들지 않고 국민들이 낸 세금으로 먹고 산다. 공직자는 내 밥벌이의 원천이라 생각하고 국민들의 삶, 특히 국민 개개인의 안전에 관심을 가져야 마땅하다. 관심을 가진다는 것에는 합법하게 공정한 행정 행위를 하는 측면도 있겠지만 국민의 안전을 위협하는 일이 발생했을 때 근본 원인을 먼저 살펴본다는 뜻도 있다. 그리고 좋은 방법, 특히 장기적으로 지속가능한 시책들을 많이 찾아내려는 관심 또한 중요하다.

부군수로 부임한 지 사흘 만에 하동군이 큰 홍수 피해를 입었을 당시 나는 당장 급한 불을 꺼놓고 원인부터 찾아봤다. 원인은 간단하고 명확했다. 감당이 어려울 만큼 폭우가 쏟아졌고 섬진강 상류 댐의 과도한 방류로 인해 강물이 역류하면서 침수 피해를 입은 것이었다.

사실 답이 나와 있는 문제였다. 홍수 통제는 지방자치단체 소관이 아닌, 댐을 관리하는 한국수자원공사 소관이다. 한국수자원공사에서는 이미 과학적 시뮬레이션을 통한 침수 예측 자료를 가지고 있었다. 상류 댐이 수위를 어떻게 조절하느냐에 따라 하류 하천의 범람 정도와 주변 지역의 침수 예측을 할 수 있다는 이야기였다. 그렇다면 이에 관한 정보를 소관 기관에서만 가지고 있을 것이 아니라 공유를 해야 한다. 홍수가 나면 실시간으로 홍수 통제소 아래 하류 쪽에 있는 하동군 주민들에게도 상황을 알리고 위험 요인들에 관한 정보를 공개해줘야 한다.

공직자로서의 기본 자세

하동군 부군수 부임 후 곧바로 발생한 홍수 이후 10년이 넘는 세월이 흘렀지만, 원인에 맞는 근본적인 대책이 서지 않았기 때문에 지금도 같은 피해가 반복되고 있다.

하동군에 큰 비가 내리면 가장 피해가 심한 곳이 화개천 일대이다.

2020년 8월에는 섬진강 만조와 홍수가 겹쳐 32년 만에 처음으로 화개장터가 물에 잠기는 큰 피해를 입었다. 집중호우가 예상됨에도 수위 조절에 실패하고 초당 최대 2천 톤 이상의 물이 방류되어 섬진강 상류 댐의 홍수 통제 기능이 상실됐다. 하류 퇴적토로 인한 하천 수위가 상승해 상시적인 수해 우려도 있었다. 화개천 범람은 기본적으로 백워터(back-water)이다. 물싸움에서 진 것이란 뜻이다. 상류에서 큰물이 내려오니까 화개천에서 내려오는 물살이 그것을 뚫고 나가지 못하고 역류해서 하천 옆 상가 지역을 덮쳐버린 것이다.

홍수 피해를 막는 기본 방법은 이미 나와 있고 당시에도 제안이 됐었다. 우선 토지 이용을 포함한 통합적 대책 수립이 필요하다. 하수관거, 빗물펌프장, 제방 등의 유지 관리 및 시설 확장 최소화 등의 구조적 대책 뿐 아니라 상습 침수 지역의 토지 이용 계획과 범람원 관리 규제 등을 아우르는 비구조적 대책을 통합해야 한다. 역류된 물의 지하층 유입을 차단하고 지연시키기 위한 이동식 물막이 구조물 설치도 생각해 볼 수 있다. 건축물 지하, 지하철 입구, 창문, 통풍구 등에 방수판을 이용한 이동식 물막이를 설치해 집중 강우에 대비하는 것이다. 하천 범람 피해를 막기 위한 홍수 방벽, 일종의 콘크리트 벽을 세우는 방법도 있다. 그런데 주민들의 반대로 방벽은 설치되지 못했다고 한다. 그 마음도 충분히 이해가 된다. 화개천과 어우러진 멋진 경치 때문에 사람들이 모여들고 장사도 되는 것인데, 그 풍경을 가려야 한다니 받아들일 수 없었던 것 같다.

화개천 범람을 완벽하게 통제하겠다는 생각을 버린다면 방법은 또 있다. 필로티(pilotis) 건축물을 제도화하는 방안이다. 지면과 만나는 층에는 외벽과 설비를 설치하지 않고 개방함으로써 실제로 사용하는 1층 바닥을 침수 수위 이상으로 설계하는 필로티 방식을 채택하는 경우에는 용적률 등의 인센티브를 부여하는 것이다. 홍수 때마다 침수되는 건물 1층을 그냥 물에 잠겨도 문제가 없도록 설계하는 것이다. 벨기에 도시 중에 이런 방법으로 침수 피해를 줄인 사례가 있다. 요즘 주변에서 흔히 볼 수 있는 필로티 구조로 지어진 다세대 주택 주차장을 떠올리면 이해가 쉬울 텐데, 구조에 대한 불안감이 없도록 내진 설계 및 화재 대비 시설을 철저히 갖추는 것은 기본이다. 그리고 건축물 자체가 또 하나의 관광 상품이라는 인식을 갖고 화개천의 풍경과 아름답게 어우러지는 디자인으로 짓도록 해야 할 것이다. 평소에는 1층의 빈 공간을 주차장이나 문화 공간, 플리마켓(flea market)이나 다양한 수공예품 마켓 등으로 사용하다가 홍수가 예상될 때는 공간을 비우면 된다. 지금 있는 상가들을 헐고 건물을 다시 지어야 하지만 이것은 크게 어려운 문제는 아니다. 주민도 얼마간 부담하고 '하천 기본 관리 계획'에 반영하여 보상비 등 사업비를 확보하는 것도 생각해볼 수 있다.

과감하게 화개천 주변을 다 뜯어내고 지반을 다시 쌓아 홍수가 나도 피해가 없도록 지대를 높이는 방법도 있겠지만 큰 비용이 들기 때문에 차선책으로 벨기에 모델을 따라 해보는 것도 좋지 않겠나 싶다. 물론 이 방법을 시행하더라도 상류 댐의 홍수 통제 정보를 하류 지역 주민들에게 빠르게 전달하고 공유하는 것은 기본이 되어야 할 것이다. 어느 지역에서 어떤 정책을 실행하더라도 이견은 있을 수밖에 없다. 따라서 문제를 공론화하고 서로 다른 의견을 충분히 듣고 합의에 이르는 과정이 필요하다. 나는 이 과정에서 가장 중요한 것이 공직자의 책임 의식이라고 본다. 책임진다는 것은 내놓은 방법들을 실천하겠다는 강력한 의지이다.

이 과정에서 필요하다면 더 큰 안전과 더 큰 행복을 실현하기 위해 따르는 희생을 자세히 그리고 솔직하게 이야기해야 한다. 객관적 통계와 전문가들의 견해에 근거한 과학적인 예측을 통해 사회적 합의를 이끌어 내야 하겠지만 결과가 예측대로 되지 않을 수도 있다. 희생을 감내한 지역 주민들이 분노하고 사회적 혼란이 야기될 수도 있다.

이럴 때 공직자의 책임은 더 중요해진다. 진행 과정이 솔직함으로 투명했다면 책임을 전제로 예측 실패도 투명하게 소통해야 하고 결과에 대한 동의도 구해야 한다.

"시작과 과정 모두 툭 터 놓고 이야기하고 의논드렸습니다. 같이 책임집시다. 제일 큰 책임은 제가 지겠습니다."

공직자는 이런 자세를 가져야 한다. 예측을 통해 선제적인 정책을 펼칠 때는 지나칠 수도 있고 미치지 못할 수도 있는데 결과가 예측과 달라 주민들의 반발이 있을 수가 있다.

이번 코로나19 팬데믹 상황에서도 마찬가지였다. 세계가 지금껏 경험하지 못한 큰 전염병이고 기존의 시각으로는 효율적인 대응 방안이 잘 보이지 않는다고 한다면 이때는 '지나칠수록 지나치지 않는 것'이라는 것이 나의 견해다. 선제적으로 강력하게 대응하고 그 결과에 대해서는 공직자가 책임지는 자세를 가지면 된다. 파리를 잡을 때 파리채를 써야지 도끼를 쓸 수는 없는 법이다. 하지만 호랑이를 잡는 데 파리채를 쓸 수는 없다. 그 판단은 전문가의 도움을 받겠지만 결국 의사 결정권자의 몫이다. 그 결과가 예측과 다르다고 해서 타인의 탓을 할 수는 없다.

결과가 어떻든 근본적인 책임은 내가 지겠다는 마음, 이것이 국민 세금으로 녹을 받는 공직자의 기본이라고 나는 생각한다.

마당극 〈최참판댁 경사났네〉
기획 이야기

2009년과 2010년 하동군 부군수로 있을 때, 함께 일하던 공무원들은 물론 주민들의 지역 발전에 대한 열정이나 자신감이 그 어느 때보다 높았다.

"우리 것이 좋은 것이다" 하는 자신감으로 하동군만이 가지고 있는 장점과 이것으로 창출해낼 수 있는 문화 관광 자원의 가치, 하동군의 정신으로 대표되는 내적 역량까지 모두 끌어내 민관이 한 마음이 되어 하동군을 알리려 노력했다.

당시 내가 주축이 되어 추진했던 일 중에 하나가 하동군을 휘돌아 흐르는 섬진강을 따라서 어떤 문화 콘텐츠가 있는지 작은 것 하나라도 샅샅이 발굴한 것이었다. 강을 따라 어떤 전설이나 역사적 이야기가 흐르고 있는지, 이것을 뒷받침하는 유적은 얼마나 남아 있는지 조사하게 했다. 그리고 이를 잘 살려 상품화할 수 있는 기본적인 토대를 만들었다. 나는 건축과 조경에 관해 전문적인 내용까지 공부할 만큼 관심이 많고 영화와 음악, 다양한 문화 콘텐츠에 관한 지식과 호기심도 누구보다 많은 편이라고 생각한다. 공무원이 되고서는 이것을 기발하고 독특한 정책으로 풀어낼 기회를 늘 꿈꿨는데 문화 관광 관련 부서에서 능력을 펼칠 기회는 얻지 못했다. 그래도 하동군 부군수 시절, 관련 사업들을 적극적으로 추진하면서 나의 능력을 조금은 발휘할 수 있었다.

하동군에서 내가 추진한 일들은 정말 재미있었다. 신나서 벌였는데 정말 잘 됐고 보람됐던 일 중 하나가 악양면 '최참판댁'에 생명을 불어 넣은 것이었다.

최참판댁은 소설가 박경리(1926-2008) 선생의 대표작 〈토지〉의 무대로 유명하다. 〈토지〉는 200자 원고지 4만여 장에 이르는 방대한 분량의 대하소설로 '20세기 한국 문학이 이룬 성취'라고 불리는 대작이다. 박경리 선생의 집필 기간만 26년에 이르고 등장인물만 해도 700명이 넘는다고 한다. 여러 차례에 걸쳐 TV 드라마로 방영됐고 영화, 가극, 창극으로도 만들어졌다. 이 〈토지〉의 무대로 꼽히는 최참판댁은 '악양 들판'이 내려다보이는 언덕 위의 고택으로, 관광객의 발길이 끊이지 않는 곳이다. 코로나

19 사태 이전까지 최참판댁의 연간 입장객은 20만 명이 넘었다.

"평사리 논길을 따라 들어가면 들판 가운데에 소나무 두 그루가 우뚝 서서 정겹게 맞이하고 지리산 자락에는 초가들이 한 폭의 그림처럼 펼쳐진다. 그 중턱에 고래 등 같은 기와집이 소설 〈토지〉의 배경이 된 최참판댁이다."

하동군청 홈페이지에 들어가 보면 최참판댁을 이렇게 설명하고 있다. 그러나 엄밀히 이야기하면 최참판댁은 박경리 소설 〈토지〉의 배경이 아니다. TV 드라마 〈토지〉의 무대일 뿐이다. 최참판댁은 2004년부터 2005년까지 방영된 SBS 드라마 〈토지〉의 세트장으로 지어진 건축물이다. 당시 지방자치단체에서 영화나 드라마 세트장을 문화 관광 사업으로 삼는 것이 전국적으로 유행했다. 대부분 세트장이 드라마 인기에 따라 반짝 관광객을 모으다 폐허가 되기 일쑤였는데 최참판댁은 지속적으로 인기를 얻은 몇 안되는 성공 케이스였다.

솔직히 건축을 공부한 사람들이 보면 최참판댁은 썩 고증이 잘된 건축물은 아니다. 최참판댁 세트를 지을 때 본보기로 삼았던 고택이 있는데, 악양면 정서리에 있는 '화사별서(花史別墅)'이다. 화사별서는 경상남도 유형문화재 제657호로 지정된 지방문화재이다. 조선 개국공신 조준의 25대손 화사(花史) 조재희(趙載禧 : 1861-1941)가 1890년대에 지었다. 마을에서 화사별서는 '조부잣집'으로 통했다. 조부잣집은 악양면에서 알아주는 천석꾼 집안이었다. 〈토지〉의 최참판댁처럼, 조부잣집에서 내다보이는 전답은 모두 조부잣집 재산이었으니 드라마 세트의 표본으로 삼기에 이보다 훌륭한 고택은 없었을 것이다. 그렇다면 보다 철저한 고증으로 누구도 토를 달 수 없을 만큼 완벽한 최참판댁을 재현했으면 얼마나 좋았을까? 그저 세트장으로 인식되지 않도록 최참판댁에 숨결 불어 넣기 프로젝트를 진행하면서도 나는 못내 아쉬운 마음이 들었다.

박경리 선생은 악양면 평사리에 직접 와 보고 소설 〈토지〉를 집필한

악양면 정서리에 있는 옛집 화사별서(花史別墅)이다. 조선시대 말, 악양면에서는 알아주는 부자였던 화사 (花史) 조재희(趙載禧 ; 1861-1941)라는 인물이 지었다. 이 화서별서는 TV드라마 세트로 지어진 악양 면 최참판댁의 본보기이다.

것은 아니라고 한다. 외할머니가 들려준 이야기로 줄거리를 구상한 뒤 지도에서 배경에 어울리는 장소를 찾다가 지리산 남쪽의 악양면 평사리를 발견했다는 것이다. 〈토지〉 집필을 마치고 직접 평사리에 들렀던 작가가 "마을이 상상했던 모습과 흡사해 깜짝 놀랐다"는 일화가 전해온다. 소설가가 직접 와 보지도 않은 들판 위에 작가의 상상 속 마을을 재현해놓은 드라마 세트장이 최참판댁이다. 그런데 모두가 가짜인 공간에 수많은 관광객이 거장의 숨결을 느끼겠다며 찾아왔고 소설이나 드라마 속 격동의 세월과 민중의 삶을 최참판댁 안에서 목격하고 싶어 했다.

하동군이 고향인 나 또한 악양면 들판이 내려다보이는 최참판댁에 들어설 때면 굴곡진 민중들의 삶의 모습에, 질곡의 우리 근현대사에 감정이입을 하곤 했다. 나는 사람들이 진짜로 믿고 싶어하는 이 가상의 공간에 생명을 불어넣고 싶었다. 이곳에 걸음하는 이들에게 재미와 감동도 줄 수 있으면 좋겠다고 생각했다.

내가 낸 아이디어는 최참판댁 앞마당에서 〈토지〉를 각색한 마당극을 하는 것이었다. 마당놀이라는 것이 풍자와 해학이 바탕이 되는 것이라 소설 속 시대 상황을 재미있게 보여줄 수 있겠다 싶었다. 그리고 배우와 관객이 서로 소통하며 신명을 더하는 마당극 형식은 관광객들의 걸음을 이끌고 머물도록 만들기에 좋은 요소라 생각했다.

나는 지속적으로 후원을 하고 있던 극단 '큰들'의 전민규 단장을 찾아가 마당극 아이디어를 제안했다.

"최참판댁 안채에서 윤씨 부인이 문을 열고 나오면서 엄격하게 말하는 장면이 딱 떠오르지 않습니까!"

"서희가 또 어머니를 닮아가지고 카리스마로 사람들을 대하는 모습도 비록 세트이긴 하지만 최참판댁에서 직접 보면 느낌이 다르지 않겠습니까!"

박경리 선생님을 마지막으로 보내드리면서

박경리 선생님을 마지막 보내드리면서 선생님이 남긴 사랑과 은혜를 생각합니다.

선생님께는 죄송합니다만, 또래 대개의 청년들이 그랬듯이 제가 어린 서희를 만난 것은 책이 아니라 흑백 TV에서였습니다. 이후 조준구를 향해 쏘아 붙이던 그녀의 야무진 눈빛 때문에, 그리고 평사리에서 그리 멀지 않은 제 고향 또한 쇠락한 양반 문화의 흔적이 유한 곳이었기에, 밤을 새워가면서 〈토지〉를 읽었습니다. 700여 명이 쏟아내는 뜨거운 숨소리를 느끼며 제가 태어나기 전 50년의 세월이 한꺼번에 제 삶의 기반과 연결되는 경험을 하였었지요.

그러나 선생님의 고향, 통영을 배경으로 하였다기에 즐겁게 펼쳤던 〈김약국의 딸들〉은 읽기에 너무 고통스러웠습니다. 고운 심성에도 불구하고 결핵 환자였기에 악한 남편을 만나게 된 연순, 금전의 노예가 되는 용숙, 애욕에 빠져 아편 중독자와 결혼하고 결국 정신병자가 되는 용란, 시부를 피해 뱃길에서 죽은 용옥…. 이렇듯, 모진 운명 속에 불행하게 스러지는 여자들의 삶을, 그것도 오랫동안 찾지 않으신 고향을 배경으로 쓰신 이유가 무엇이었을까요? 제가 찾은 해답은 둘째딸 용빈이었습니다. 스스로도 감내하기 힘든 불행 속에서 형제의 고통을 처연히 지켜보는 것만으로 그들을 위로하는 용빈은…. 정녕 박경리 선생님 당신이 아니셨습니까? - (중략) -

선생님은 스스로를 글 감옥에 가두고서는 모순 속에서 불행을 반복하는 인간의 삶을 미화하지 않고, 가슴을 찢어내는 심정으로 오직 그것을 들여다봄으로써 빛나는 문학적 진실을 성취하셨습니다. 그러므로 우리 경남 사람들은 하동 평사리 '최참판댁'이나 김약국의 딸들이 살던 땅에 짓게 될 '문학관'을 경박스럽지 않고 내실 있게 가꾸어야 할 무거운 책무를 느낍니다.

이제, 선생님을 잠시도 쉬게 내버려두지 않았던 그 뜨거운 창작 열정과 수십 년 간 고향마저 등져야 할 정도로 멍에였던 문학의 짐일랑은 저 남해안 쪽빛 바다를 향해 홀가분히 내려 놓으시고, 편안히 쉬시기 바랍니다.

"당장 합시다. 미안하지만 내년 예산은 5천만원밖에 못씁니다."

황당한 제안이었을 텐데도 취지를 정확히 이해한 극단 큰들에서는 나의 제안을 선뜻 받아들였다. 전민규 단장이 직접 대본 초안을 썼다고 한다. 방대한 스케일의 이야기를 1시간 분량의 마당극으로 각색하는 것이 쉽지 않을 텐데도 중요한 내용을 잘 살려 극을 만들었다. 관객 호응을 유도하고 웃음이 터지도록 하는 포인트까지도 잘 살려내려 애써 주었다. 소품과 의상도 예산 안에서 직접 만들기도 하고 구입도 했다. 초기에는 준비 비용도 나오지 않았을 만큼 예산이 적었는데도 큰들 단원들은 열정적으로 마당극에 임했다.

이렇게 탄생한 것이 마당극 〈최참판댁 경사났네〉였다. 드라마 세트에 생명을 불어넣은 첫 공연은 2010년 토지문학제 10주년 기념으로 열렸다. 얼마나 호응이 좋았던지 지금까지 10년 넘게 최참판댁 앞마당에서 공연이 이어지고 있다. 소설 〈토지〉를 사랑하는 문학 동호인들은 물론 최참판댁을 찾는 일반 관광객들에게도 큰 사랑을 받으며 하동군의 대표적인 문화 프로그램으로 자리잡았다.

아쉬움이 남는 동정호와 악양루 복원 사업

큰 애정을 가지고 몰두한 일이었는데 내가 생각한 것과 전혀 다른 방향으로 진행돼 아쉬움이 크게 남는 프로젝트도 있다. 바로 악양면의 동정호 복원사업이었다.

내가 2009년 하동군 부군수로 발령받았을 때 동정호 개발은 한창 추진 중에 있었다. 2002년에 환경영향평가를 하고 2005년에는 문화재 지표 조사를 끝냈다. 그리고 그해 사업비를 들여 동정호 복원 기본 계획 및 실시 설계 용역 등을 완료한 상태였다. 내가 부임한 2009년 6월에는 동정호를 생태공원으로 조성하겠다는 계획이 발표되었고 예산까지 책정돼 있었다. 그리고 2009년 1차 사업인 동정호 복원과 기반 조성이 끝나면 2010년 2차 사업으로 사업비 20억원을 확보해 수변 데크와 수목 식재 등 조경 공사에 나선다는 계획이었다.

동정호는 옛날에 도로가 없을 때, 섬진강 물이 들었다 빠졌다 했고 평사리 앞을 흐르는 악양천이 범람하여 물이 스며들면서 습지가 된 것으로 본다. 자연적으로 발생된 늪지대에는 야생조수와 물고기, 다양한 식물이 공존하는 자연 생태계상 보존 가치가 높다. 그래서 호수를 작게 복원하고 주변을 생태 공원으로 조성한다는 계획이 나온 것이었다.

그러나 나는 1천 년의 세월을 담고 있는 동정호의 역사적 맥락을 봐야한다고 주장했다. 악양면 동정호는 660년 신라와 당(唐)나라의 연합군이 백제를 침략할 때 이곳을 와 본 당나라 장수 소정방이 붙인 이름이라고 전해진다. 이 일대가 중국 악양(岳陽)●의 동정호와 흡사하다 하여 이렇게 명명했다는 것이다. 그리고 악양면 동정호 옆 '부부 소나무'가 있는 자그맣게 솟아있는 언덕이 옛날부터 내려오는 이름으로는 군산(君山)인데, 또한 중국 동정호에 가면 군산도(君山島)라는 큰 섬이 있다. 중국 동정호와 하동군 동정호가 역사 속에서 연결되어 있는 흔적인 것이다. 또한 전설로 내려오는 이야기에서 관광 모티브를 찾고 세월 속에 천연 늪 지대가 된 땅의 특성에 맞게 동정호를 가꿔갈 수 있는 계획을 세워야 한다고 보았다. 이를테면 역사적 맥락을 감안한 지속가능한 개발인 셈이다.

● 중국 당나라 시대의 행정구역으로는 강남도(江南道) 악주(岳州)였다.

이런 의미에서 나는 동정호에 세울 악양루의 위치도 중요하게 생각했다. 소상팔경(瀟湘八景)이라고 해서 중국 동정호 주변 소수(瀟水)와 상강(湘江)이라는 두 강이 어우러지는 곳에 여덟 곳의 절경이 있다. 그중 하나가 동정추월(洞庭秋月), 곧 '동정호에 비친 가을 달'이다. 동정호에 뜬 가을 달을 볼 수 있어야 '진짜' 동정호를 보는 것이다. 하동군 동정호에도 이 아름다움이 재현되기를 바랐다. 그래서 동정호 복원에 참여하는 전문가들에게 악양루에서 가을 달을 볼 수 있도록 위치를 잡아달라는 요청을 했다. 나는 이 기획에 참여한 교수와 전문가들에게 함양군 농월정을 예로 들며 뜻을 설명했다. 달을 희롱하는 정자, 농월정은 추녀를 따라 달이 뜨고 지도록 설계한 것이다. 악양루 역시 이런 의미가 담긴 정자였으면 좋겠다는 것이 내 마음이었다.

그러나 하동군 동정호는 규모가 작아 '동정추월'이라는 뜻 그대로 호수에 비친 달을 보기는 힘들었다. 그렇다고 하더라도 나는 악양루에 섰을 때 달을 즐길 수 있는 위치여야 한다는 것, 여기에서 전설과 연결되는 여러 이야기들이 피어날 수 있도록 설계되어야 한다는 것을 강조했다. 전문가들은 여러 가지 대안을 제시했다. 결국 마지막 선택을 받은 것은 군산으로 불리던 곳에 서 있는 두 그루 부부 소나무가 겹쳐져 한 그루로 보이는 곳에 악양루를 세우는 안이었다. 부부 소나무가 있는 곳이 대략 달이 뜨는 방향과 일치했기 때문에 그곳에 악양루를 세우면 달이 뜨는 것도 보고 부부 소나무가 하나로 합쳐지는 것도 확인할 수 있어 좋겠다는 것으로 의견 일치를 보았다.

그런데 악양루의 축대를 쌓는데 있어서도 문제가 불거졌다. 내가 공부하기로는 한국 호수에 놓이는 축대는 옆으로 쌓아야 맞다. 하지만 설계도에는 일본식인 대각선으로 축대를 쌓는 방법을 제안하고 있었다. 나는 축대를 일본식이 아닌 한국의 전통 방법대로 옆으로 쌓았으면 좋겠다고 설

소상팔경은 중국 악양 동정호 주변의 절경 여덟 곳을 말한다. 그런데 우리의 조상들 또한 이 소상팔경을 마음속의 문화적인 경관으로 인식했다. 그림은 소상팔경도(瀟湘八景圖) 중 동정호의 가을 달을 그린 '동정 추월(洞庭秋月)'로, 우리나라에서 그려진 것이다. 그림 출처 : 국립민속박물관계 변경을 요구했다. 그러면서 책 머리글에도 썼듯이 나는 무엇보다 하동군 악양루에 선우후락(先憂後樂)의 정신이 고스란히 담길 것을 강조했다. 공직자는 반드시 다른 사람보다 먼저 근심하고 즐길 것은 다른 사람보다 나중에 해야 한다는 의미이다. 치적을 쌓듯 축담을 올리지 말고 쌓아올리는 돌 하나하나에 의미를 담고 과거의 이야기에 귀 기울여 그 뜻이 훼손되지 않게 하는 방법을 고민하고 또 근심하자는 것이었다.

그러나 여기까지가 내가 할 수 있는 일이었다. 나는 얼마 지나지 않아 다시 발령을 받아 하동군을 떠나야 했다. 내가 떠난 뒤 동정호 사업은 여러 차례 변화를 겪었고 '동정호 생태습지원'이 내가 생각한 것과는 조금 다른 형태로 완성되었다. 그리고 지난 2020년 동정호 생태습지원은 복합 생태 문화 공간으로 재탄생했음을 알렸다. 동정호 주변에 방치된 생태 습지에 두꺼비 등 멸종위기종 생물의 산란장을 만들고 두꺼비 생태이동통로, 생태산책로, 쉼터, 청소년 생태교육장, 두꺼비 탐방로 등을 조성했다.

2010년을 기점으로 관광 트렌드가 대중 관광에서 생태 관광으로 바뀐 것은 맞다. 따라서 동정호 주변의 늪을 생태 관광에 초점을 맞춰 개발하겠다는 방향도 옳았다. 그런데 세월이 만들어낸 천혜의 자연환경을 갖춘 이곳에 인공적인 요소를 지나치게 넣으면 안된다는 생각이다. 동정호 옆에 동산을 만들어 석물과 분재식물을 얹은 정원을 새롭게 조성한 것 같은데, 좁은 나의 안목으로는 일본 정원과 유사해 보인다. 검증이 필요하다. 한국의 정원은 자연을 크게 끌어 안아 산, 강, 호수 그 자체가 정원의 구성 요소이다. 자연의 축약경을 인공적으로 교묘하게 만드는 것은 중국이나 일본식이다. 지금은 도로에 가려 보이지 않지만 악양 들판 반 정도가 습지이다. 이 자체가 거대한 생태관광지인 것이다. 그렇다면 이곳에 건물을 짓는 등의 인공적인 요소를 최대한 배제해야 한다고 본다. 동정호가 삼국시대 때부터의 스토리를 가지고 있다는 것과 자연적 요소를 버무려 생태 습지를 그 시대의 정원처럼 복원해야 한다는 것이 나의 생각이다.

삼국시대 때는 유교적 간섭이 없어 자연스러움이 있었다. 정원의 경우도 조선시대 때의 정원은 방지원도(方池圓島)에서 보듯이 네모난 연못에 동그란 섬, 형식적인 딱딱함이 있었다. "하늘은 둥글고 땅은 네모났다"는 천원지방(天圓地方) 사상을 유교적 사고에 끼워 맞추다 보니 이렇게 된 것이다. 조형미를 제대로 갖춘 창경궁 비원처럼만 담아낼 수 있었다면 좋을 텐데, 형식만 남다 보니 아름다움보다는 융통과 변화가 없는 경직성만 남은 것 같다. 이에 비해 삼국시대 때 만들어진 안압지 같은 경우는 인공 정원임에도 자연보다 더 자연스러운 느낌을 준다. 자세히 들여다보면 인공적 장치와 다양한 꾸밈새도 있지만 그것이 자연을 거스르지 않는 모습이다.

나는 지금이라도 방향을 제대로 잡아 악양면 동정호를 세계적인 콘텐츠로 만들어내고 싶다. 동정호가 지닌 본연의 모습을 최대한 살려내면 된다. 큰 들판에 호수가 있고 크기를 알 수 없는 습지가 있고 아름다운 부부 소나무가 있고 그 속에 이야기가 가득하고…. 이런 정도의 랜드 스케일을 갖춘 곳은 세계적으로도 찾아보기 힘들다. 순천시 순천만습지의 경우 오로지 자연적인 요소로만으로도 국내 최고의 생태관광지로 자리잡았다.

하동군 동정호는 자연적 요소, 역사적 요소, 문화적 요소에 인근 농업과도 연계한 특산물까지도 갖추고 있다. 이런 요소들을 제대로 버무릴 수만 있다면 나는 하동군 동정호가 세계적인 생태관광으로 이름을 알리는 것은 문제가 되지 않는다고 본다. 이를 위해서는 그저 투자만 할 것이 아니라 제대로 된 방향과 기획을 세워야 한다.

"이 일을 할 수 있는 기회가 다시 한번 나에게 주어졌으면!"

동정호 악양루에서 부부 소나무 위로 뜨는 달을 볼 때마다 나는 이런 기원을 해본다.

6

하동군 부군수로 일한, 특별하면서도 행복했던 시간들

- 녹차만 고집할 것이 아니라
  커피 취향도 고려해야
- 문턱이 닳도록 548곳의
  자연마을을 드나들다
- 하동군 농업의 가장
  큰 문제는 인력 확보
- 매주 발송한 하동 소식,
  '부군수 편지'

녹차만 고집할 것이 아니라
커피 취향도 고려해야

내가 하동군 부군수로 있을 때는 하동야생차문화축제(녹차 축제)가 대한민국 대표 축제로 선정돼 봄이면 하동군 전체가 들썩일 정도로 열렸다.

우리나라 대표 축제가 몇 되지 않는데, 그 중 하나로 선정됐으니 문화체육관광부 지원도 많이 받았다. 하지만 최근 들어서는 녹차의 인기가 커피를 비롯한 다양한 음료로 옮아가면서 어려움이 지속되고 있다. 녹차의 맛과 효능이 사라지고 녹차가 가진 문화적인 역량이 낮아져서 생긴 결과가 아니다. 하동녹차의 명성이 줄어서 생겨난 결과도 아니다. 지속가능한 콘텐츠를 개발하지 못하고 일회성 이벤트로 축제를 채웠기 때문은 아니었는지 되돌아봐야 한다.

하동군 부군수 시절 녹차 축제를 준비하면서 수요 증진을 위해 녹차를 음식 쪽으로 한번 풀어보자고 제안했다. 이렇게 기획된 것이 '녹차음식경연대회'였다. 현대인의 식생활과 어울리는 쉽고 간단한 요리법을 다양하게 개발해 대중에 알린다면 녹차 홍보와 소비 촉진에 도움이 될 것이라 생각했다. 당시 대회 참여도도 높았고 선보인 요리에 대한 인기도 높았다. 대중화하기에 좋겠다 싶은 레시피도 있었는데, 대회는 한번으로 끝나고 말았다. 부군수로 계속 있었다면 어떻게든 추진했을 텐데, 기획자가 떠나고 나니 계속 이어가기가 힘들었던 모양이다. 대회가 거듭되면서 대중의 호응을 제대로 얻는 대박 요리가 3년이나 5년에 하나만 나와도 대성공이었을 텐데.

요즘 녹차 수요가 줄어들다 보니 하동군에서도 황차, 홍차, 블렌딩 차 등 응용 제품 생산으로 관심이 많이 이동한 것 같다. 하지만 응용 제품, 애플리케이션이 많다고 좋은 것만은 아니다. 소비에 있어 가장 중요한 요소는 마케팅이다. 제품에 대한 시장의 수요, 선호도를 잘 파악해야 한다. 안될 제품은 빨리 버리고 시장에서 원하는 것들, 시장에서 요구하는 제품들 중심으로 개선하면서 소비자의 생활 속에 정착시켜야 한다. 대중이 좋아하는 요소를 파악하고 맛, 색깔, 느낌 등도 끊임없이 제시하여 소비자가 찾는 상품을 만드는 것이다. 건강에 관심이 높은 세대에는 건강에 관한 테마로, 또 젊은이들이 좋아하는 이미지를 부각시킬 수 있는 제품도 내놓아야 한다.

하나의 예로 화장품 브랜드인 '이니스프리' 같은 경우는 제주 녹차 이미지를 강조해서 젊은이들을 위한 라인으로 내놓는다. 기능성을 강조한 비싼 라인이 아닌 저렴한 화장품인데, 20대는 피부가 좋으니까 비싼 걸쓸 필요가 없다는 점을 착안한 것이다. 대신 녹차의 깨끗한 이미지를 넣어 젊은 층의 수요를 이끌어냈다. 화장품도 구입하고 카페에서 간단한 음료나 음식도 즐길 수 있는 제주도의 이니스프리 하우스는 인기 있는 관광지이다. 평범한 카페들처럼 커피 등 다른 음료나 음식들 위주로 판매한다. 그러면서 녹차 제품들을 슬쩍 이웃하게 놓아두고 있다. 대부분은 커피를 시키면서 녹차 음료나 케이크 같은 것을 하나쯤은 포함시켜 주문한다. 이렇게 대중이 좋아하는 것을 먼저 주고 여기에 살짝 "녹차도 있어요" 하고 권하다 보니 사람들도 부담 없이 녹차를 즐기게 되는 것이다. 커피와 싸우지 말자.

이제 하동군이 심기일전해 '하동세계차(茶)엑스포'를 개최한다고 한다. 한국의 차를 세계적으로 알리고 차 산업 확장 및 고부가가치 신산업으로 육성하겠다는 의지이다. 하동녹차는 충분히 이렇게 할 만한 가치가 있다. 하지만 지금은 녹차가 시장에서 크게 선호되는 것 같지는 않다. 시장과 싸우면 안된다. 시장과 협상하고 타협해야 하며 대중이 원하는 것을 끊임없이 찾아나서야 돌파구가 보인다. 음식도, 기호 식품도, 녹차와 관련되는

하동군이 다른 녹차 재배지와 차별화되는 점은 전통적인 차 문화가 이어져오고 있다는 것이다. 사진은 아름다운 경관을 자랑하는 정금차밭의 모습이다.

화장품도, 가능성을 피드백 받아가면서 지속적으로 연구해서 열 개 중에 하나, 스무 개 중에 하나라도 대박 상품을 만들도록 해야 한다. 그리고 녹차를 음용하는 것 외에도 생명공학을 이용해 생물 중간 소재로 개발하는 등 끊임없이 수요를 찾아 나서는 것도 필요하다.

내가 하동군 부군수 시절 녹차 축제를 할 때도 그랬지만 와이너리처럼 티어리 개념을 반드시 넣어서 크고 작은 다원(茶園)을 모두 소개하면 좋겠다. 각기 다른 와이너리에서 생산된 포도주가 다른 맛을 가진 것처럼, 다원마다 만들어 낸 녹차 맛이 다르다는 것을 대중이 체험하도록 하는 것이다. 규모 있는 다원들 위주로 홍보되고 있는데 영세한 농민들도 직접 키우고 덖은 차를 대중에게 선보일 수 있도록 이끌어 주어야 한다. 부스의 규모가 클 필요는 없다. 녹차 엑스포에 참가한 사람들이 녹차를 마음껏 음미하고 본인의 입맛에 맞는 차를 구입해 갈 수 있도록 선택의 폭을 넓게 열어두는 것, 이것만으로도 '하동세계차(茶)엑스포'라는 이름은 자부심을 갖게 되지 않을까? 이런 기반을 닦아가면서 프리미엄 상품을 만드는 전략을 꾸준히 해나가는 것도 좋지 않을까?

여기서 놓치지 말아야 할 것이 문화이다. 하동군이 다른 녹차 재배지와 차별화되는 점은 전통적인 차 문화가 이어져오고 있다는 것이다. 단순한 차 생산지가 아닌 생활 속에서 차를 향유하고 대접하는 하동군만의 문화가 있다. 하동군에서 차를 즐기는 이들은 대개 자신만의 멋진 찻상을 가지고 있다. 손님이 오면 찻상을 펼쳐 놓고 다주(茶主)가 되어 차를 대접한다. 이때도 커피나 다른 음료를 내놓을 수 있다고 본다. 다른 맛있는 음식과 녹차 음식을 함께 대접할 수도 있을 것이다. 시장과 타협하면서 정말 아름답고 귀한 우리 차의 향과 문화를 내보일 수 있다면 이것으로 절반의 성공은 거둔 것이리라. 녹차뿐만 아니라 녹차를 달여 마시는 다기와 다구도 하동군에서 특화할 수 있지 않을까, 하는 생각도 해본다. 하동군은 본래 흙이 좋은 곳이다. 고령토의 세계적 산지이다. 하동군에서 키운 녹차를, 하동군의 흙으로 빚은 다기(茶器)와 하동군의 대나무로 만든 다구(茶具)와 함께 즐길 수 있도록 한다면 시너지 효과가 더 크지 않을까 싶다.

그리고 녹차 축제, 녹차 엑스포, 벚꽃 축제 같은 대표 축제도 중요하지만 마을마다 그 지역 특산품들을 앞세워 여는 작은 축제들도 사계절 곳곳에서 열릴 수 있도록 지원해야 한다. 봄이면 청암면에서는 고로쇠 축제가, 여름이면 섬진강에서 재첩 축제가 열린다. 가을 악양면의 대봉감 축제, 겨울 금남면 노량포구의 참숭어 축제도 빼놓을 수 없다. 꼭 축제라는 이름을 붙이지 않아도 그 지역의 특산물이 생산되는 계절에 사람들이 모여 들고 놀거리와 먹을거리가 펼쳐지며 흥이 살아나면 이것이 축제가 되는 것이다. 옥종면에 가면 딸기가 있고 적량면에는 취나물이 있다. 진교면에 가면 연꽃이 장관인 마을이 있다. 구석구석 특산물과 자랑거리를 찾아내 각 지역별로 마을 장터 같은 작은 축제들을 만들어 내면 좋다. 축제가 너무 많아서 통폐합한다고 하는데, 이는 탁상 행정에 불과하다. 지역 경제, 마을 산업을 위해서도 1년 내내 벌어지는 작은 축제들의 향연은 꼭 필요하다.

문턱이 닳도록, 548곳의 자연마을을 드나들다

고시 출신 공무원의 애로 사항이 있다면 이런 것이다. 업무 진행에 있어 간섭하지 않고 직원들이 하자는 대로 허허실실 따라 주면 이런 말을 듣기 십상이다.

"고시 출신이라고 별 거 없네. 아이고. 밥값 아깝고 월급 아깝다."

"뭔가 참신한 게 나올 줄 알았는데 영 아니네."

반대로 이런저런 아이디어도 내고 실무까지 꼼꼼히 챙기려고 하면 또 이런 반응이 전해진다.

"하. 저 사람은 현실도 모르고 저러네."

"공부만 해 놓으니 뭘 알겠노. 고시 출신이라 답답하다, 답답해."

고시 출신이라고 뒷짐지고 지켜만 보는 사람으로 여겨지거나 반대로 고시 출신입네 하며 나서는 것처럼 보여서 그 중간선을 찾아 직원들과 한마음으로 어울리기가 쉽지 않다. 그런데 하동군 부군수로 일하는 동안에는 그 중간선을 나름 잘 찾았던 것 같다. 그래서 지난 공무원 생활 중에 가장 행복했던 시절로 기억된다. 그 행복이 나만의 것이 아닌 듯해서 더 기뻤다. 주변에서 함께 일하던 많은 사람들 또한 "진짜 재미있다, 행복하다" 하고 생각해 주었던 듯해서였다.

최근 하동군에 방문했을 때 모르는 분이 다가와 갑자기 고마움을 표해 준 일이 있었다.

"그때 정말 감동 먹었다 아입니꺼."

"현장에서 일하는 사람들까지 일일이 챙겨주시고예."

진교면에 사는 분인데 내가 하동군 부군수로 있을 때 군청에서 공무직으로 근무했다고 한다. 운전도 하고 군에서 진행하는 여러 업무를 지원하는 일을 했다고 본인을 소개했다. 한번은 외부에 큰 행사가 있어 지원을 나갔는데, 행사가 끝나고 내가 현장을 챙기며 일한 공무직 분들에게 특별히 고마움을 전하며 남은 행사 물품을 모두 공무직 분들에게 드리고 행사를 마무리했다고 한다. 나는 정확히 그때의 일이 기억나지는 않지만, 현장에서 몸으로 뛰며 가장 크게 고생한 분들이 그분들이니 당연한 일이고 사소한 일이기도 하다. 그런데도 이분은 그때의 내 말과 행동이 너무 고마웠다며 거듭 인사를 해왔다.

"그럴 일이 있을랑가 모르겠는데 하동에서 제가 힘 보탤 일 있으면 언제든지 불러 주이소."

"그때 고마웠던 마음 갚아야지예."

그분은 이렇게 말했지만 업무 중에 쓴 작은 마음이 긴 세월이 흘러도 기억되는 것에 내가 오히려 고마움을 느꼈다. 행정에 있어 '그저 일이니까'라고 하면 그것으로 끝나고 말지만, '사람이 하는 일이니까' 하고 그 속의 사람들을 들여다보고 마음을 쓰게 되면 그들은 시간이 지나도 고스란히 내 곁에 남는다. 작은 배려가 커다란 마음이 되어 돌아온다.

나는 뭔가 새로운 일을 추진하게 되면 사람들부터 만나러 다녔다. 산림청 지원 사업인 임산물 특화 사업을 펼칠 때는 청암면의 대상 농가들을 찾아가 밤늦도록 어려움을 듣고 함께 해결책을 찾아 사업을 일구는 데 걸음을 같이 했다. 크고 작은 녹차 농가들도 문턱이 닳도록 드나들었다. 이렇게 13개 읍면, 548곳의 자연마을을 구석구석 돌아다녔다.

한번은 적량면에 있는 부추 농가에 가서 부족한 일손을 도와 직접 부추 베기에 나서기도 했다. 부군수로 있을 때 나는 하동군의 농민들이 부가가치가 높은 농산물 생산에 주력했으면 했다. 전문가 용역을 통해 10대 미래 전략 작물을 선정했는데, 부추가 그 중 하나였다. 나는 '하동의 미래 전략 작물'이라는 이름만 붙여놓는 것은 의미가 없다고 여겼다. 부추가 어느 정도 생산성이 있고 실제 전략 작물로서의 가능성이 있는지 내 눈으로 직접 봐야 했다. 적량면의 한 부추 농가를 방문했다. 당시 농가에서는 부추 수확을 모두 끝내고 밭을 정리해 다시 거름을 얹는 작업이 한창이었다. 거름을 주기 위해서는 웃자란 부추를 베어내야 했다. 바쁜 농민들을 붙들고 인사를 나눌 새도 없었다. 팔을 걷어 붙이고 낫부터 들었다. 농민들과 함께 허리를 숙여 부추를 베면서 자연스레 인사도 오갔다. 작황 이야기도 나누었다. 거름을 넣으면서 들은 농가의 힘겨움은 나의 마음에 큰 무게로 자리했다.

악양면의 대봉감 농가를 드나들면서는 한 농가로부터 감나무 두 그루를 샀다. 기본적으로 농가가 보살폈지만, 때때로 들러 과실을 얻기 위한 힘겨움을 직접 경험하고 싶었다. 그 나무에서 수확한 대봉감을 직접 따서 지인들과 나누기도 했다.

이런 곳들뿐만이 아니다. 농민들과 함께하다 보면 시찰 형식이었다면 할 수 없는 이야기들이 툭툭 튀어 나왔다. 아쉬움과 힘겨움, 보람이 뒤섞인 생각과 감정들이 투박하게 표현되었다. 매끈하게 꾸며대는 말이 아니다 보니 오해가 있을까 싶지만, 오히려 정제되지 않은 현실의 이야기들이 더 확실하고도 절실하게 전해졌다.

서로 무릎을 맞대고 앉아 진지한 표정으로 이야기를 주고받아야만 의미 있는 대화를 할 수 있는 것은 아니다. 필요한 자리에 함께 있으면서 마음을 들여다보려고 노력한다면 진솔한 대화가 가능하다. 그러다가 쌓여 있는 울분을 토해낼 때는 들어주는 것만으로도 속 시원한 대화를 나눈 것이 된다. 무언가를 해주겠다는 의지보다 무엇이든지 함께 하겠다는 마음이 중요하다는 것을, 이렇게 농가를 찾아다니면서 알게 되었다. 하동군의 농업 정책이 어떠해야 하는지, 진정 농민들이 원하는 방향이 어떤 것인지는 사무실 책상이 아닌 현장에 있음을 분명히 알 수 있었다.

하동군 농업의 가장
큰 문제는 인력 확보

농기계대여은행(현재의 농업기술센터 농기계임대사업장)에도 현장의 소리를 듣고 농가에 정말 필요한 농기계가 어떤 것인지를 꼼꼼히 체크해서 채워 넣도록 했다. 농가에 농기계를 임대해 주는 농기계대여은행은 각 시군마다 다 있다. 그 안에 어떤 농기계를 구입해 놓을지는 각 시군마다 다르게 결정한다. 그리고 농기계의 종류나 개수를 어느 정도 규모로 할지도 시군의 정책에 따라 달라진다. 종류가 다양하다고 좋은 것도 아니고 비싼 농기계를 많이 가져다 놓는다고 인기 많은 농기계대여은행이 되는 것도 아니다. 그 지역에 필요한 농기계가 필요 수량만큼 있는 것이 중요하다. 그러기 위해서는 현장에서 수요를 먼저 확인하는 것이 필수이다.

그런데 그때나 지금이나 하동군 농업에 있어서 제일 큰 문제는 농기계가 아니라 인력이다. 지금 하동군에서는 쌀을 비롯한 식량 작물을 연간 2만 1천880톤 생산해 402억원의 매출을 올리고 있다. 그리고 한우 사육을 통해 387억원, 돼지 사육을 통해 182억원에 이르는 매출을 올리고 있다. 또 딸기 생산으로 연 481억원의 매출을 올리고 있으며, 감으로 235억원, 양상추로 211억원, 녹차로 189억원, 배로 122억원 등의 연간 매출을 올리고 있다.(이상의 매출 통계는 2020년 기준, 하동군 농업기술센터 자료) 취나물, 마늘, 부추 등도 효자 품목이다.

문제는 여기에 해외 인력을 쓰고 있다는 것이다. 코로나19 팬데믹 같은 상황이 생겨 해외 인력이 들어올 수 없게 되면 농가는 속수무책이 되고 만다. 인력난으로 인건비가 높아져서 부담이 늘어나는 건 당연지사이다. 비싼 인건비를 지급하고서라도 인력 수급이 안정적으로 된다면 그나마 다행일 텐데, 예고도 없이 더 좋은 일자리를 찾아 떠나는 외국인 노동자들의 특성 때문에 골머리를 앓는 경우도 허다하다.

나는 농업 분야의 인력 은행 역할을 하는 '농촌인력공사'가 필요하다는 아이디어를 구상했다. 이를 위해서는 우선 농가의 몫으로 떠넘겨진 숙소 문제를 해결해야 되는데, 해외 인력을 위한 좋은 식사 제공이 되는 위생적인 기숙사를 권역별로 만들고 운영하면 어떨까 싶다. 그리고 인건비 파동이 생기면 차액만큼 군에서 지원을 해서 농가 부담이 갑자기 커지지 않게

2009년 11월 옥종면 동학혁명군 위령제에 참석했을 때의 모습이다.

'부산시 하동향우회 2019년 총회'에 참석했을 때의 모습이다.

2020년 8월 하동군 일대가 수해로 큰 피해를 입었다.
당시는 부산진해경제자유구역청 청장으로 있을 때인데
직원들과 함께 하동군을 찾아 수해 복구를 도왔다.
고향을 떠나 공직생활을 하는 동안 내 마음속에는 늘 하동이 있었다.

막는 방법도 필요하다. 인력 수급 문제를 각 농가에만 맡겨 놓고 우리 농업의 미래를 이야기할 수 없는 시대가 왔다. 작목별로, 지역별로, 인력 수요가 시급한 단위별로 꾸준하게 근무할 수 있도록 해외 공공 인력을 체계적으로 꾸려 나가야 할 시점에 온 것이다. 농한기에는 손길이 필요한 공공 사업에 투입하는 방법으로 고용 안정을 보장하면서 농어촌의 해외 인력을 관리해야 할 때이다. 일할 사람을 구하지 못해 사업을 포기하는 일은 생기지 않도록 하려면 해외 공공 인력 시스템을 갖추는 일은 시급하다고 본다.

지금도 이런 경향이 있지만 부군수로 있을 때는 경쟁력 강한 기업농 육성이 한창이었다. 나는 하동군의 농업 경쟁력을 키우기 위해서 대형 기업농을 육성하고 벤처 기업농을 만드는 것은 중요하지만 똑같은 아이템을 가지고 중복 지원을 받는 폐해는 없어야 한다고 강조했다. 그러면서 3년 동안 하동군에서 지원한 농업보조금을 전수 조사하도록 지시했다. 그런 일은 없었으면 했지만 중복 지원자가 몇몇 적발되었다.

중복 지원이 문제될 정도로 기업 영농에만 쏠려 있던 농업 예산을 영세농 지원에도 썼으면 하는 마음이었다. 영세농의 기준도 없는 형편이다. 예를 들어 나이가 70세 이상이면서 논 농사 1천 평 미만, 연매출 1천만원 미만 같은 하동군 나름의 영세농 기준을 만들었으면 했다. 현재 우리나라 농업 정책은 기업농 육성에만 초점이 맞춰져 있어 경쟁력이 떨어지는 이런 영세 농업인들은 지원을 제대로 받지 못하고 있다. 하동군 부군수로 있으면서 나는 이런 영세 농민들에게 농약값이나 못자리 비용이라도 지원해 드리고 필요한 농업 자재라도 하나 사드릴 수 있는 시책을 만들자고 제안했다. 구체적인 정책안을 만들고 예산 확보도 하려 했다.

그러나 이를 마무리하지 못하고 부군수 임기가 끝나 버렸다. 평생 땅을 일구며 살아온 경험을 자부심으로, 또 경쟁력으로 삼을 수 있도록 노령의 영세농민들을 지원할 수 있는 길을 내 손으로 열었으면 하는 바람이다.

하동군 부군수로 부임하고 6개월 정도가 지나고부터 나는 매주 '부군수 편지'를 썼다. 편지를 받을 첫 번째 대상은 하동군에서 함께 일하는 모든 공무원이었다. 하동군 내 단체들이나 여론 주도층에도 소식을 전했다. 외지에 있지만 하동군 소식을 알려야 되는 사람들에게도 모두 편지를 띄웠다. 각 언론사 기자들, 교수나 각 분야의 전문가들, 정치인들, 개인적으로 친분을 쌓고 있는 지인들에게까지 매주 편지를 써서 보냈다.

먼저 이번 주의 안부를 묻고 지난주에 군내에 행사가 있었다면 진행한 사람들을 향해 고생 많이 했다며 위로와 격려도 전했다. 시기에 맞는 화두를 던지고 함께 고민할 문제를 찾아 이 문제에 대한 나의 견해도 덧붙였다. 또 곱씹어야 할 역사 이야기, 하동의 문화와 생활 이야기, 하동에서 일어나고 있는 다양한 소식 등을 편지에 썼다. 편지 형식을 빌려 소식지를 만든 셈이다. 알려야 할 일이 있으면 크게 홍보하고 공감하고 힘을 보탤 사연이 있으면 글에 더 정성을 쏟았다.

편지글의 형식을 빌면 얼굴을 맞대고 말할 때는 쑥스럽고 어려운 이야기도 차분하고 세세하게 할 수가 있었다. 만나서는 잘하지 못했던, 마음이 몽글몽글해지는 이야기도 편지글에서는 쉽게 표현이 되었다. 그래서 요즘도 하동군을 방문하면 나는 몰라도 나를 아는 분들이 반갑게 인사를 건네 온다.

"아! 그때 부군수 편지 보내신 분이시죠?"

"어떤 분일지 글을 보고 상상을 하게 되더라고요."

"매주 기다렸어요. 정말 재미있게 잘 읽었습니다."

"부드럽고 따뜻한 분이겠구나, 편지 보고 느낌이 딱 왔습니다."

보통 일이 년의 임기로 왔다 떠나는 부군수를 대할 때 공무원들이나 군민들은 오면 오나 보다, 가면 가나 보다 하기 마련이다. 그런데 매주 다양한 이야기를 담은 부군수 편지를 보내다 보니 사람들의 머릿속에 나에 대한 인상이 각인된 모양이었다.

내가 부군수 편지를 썼던 가장 큰 이유 중의 하나는 하동군을 최대한 많이, 멀리 알리고자 하는 데 있었다. 하동군에서 일어나는 시시콜콜한 일들까지 편지글에 재미있게 담아내고 관광이나 특산품 홍보가 필요한 부분은 외지인들이 알 수 없는 정보까지 꼼꼼히 덧붙여 설명했다. 부군수 편지에 대한 답장도 많이 왔다. 개인적으로 한번 여행을 오겠다는 답부터 기사를 쓰기 위해 방문하겠다는 언론사의 취재 요청, 편지에서 소개한 특산물을 단체 구매하고 싶다는 의사까지 내용도 다양했다. 그럴 때면 내가 하동군의 홍보대사가 된 양 뿌듯한 마음이 들었다.

한번은 서울시 동작구의 부녀회원들이 차 강습을 받기 위해 화개면에 있는 하동차문화센터를 방문한 적이 있었다. 하동군 부군수 직함으로 이분들 앞에 서서 환영 인사를 하게 되었는데, 나는 의례적인 환영 문구는 몇 문장으로 짧게 끝내고, 하동군은 차도 좋지만 배도 유명하다며 당시 수확이 한창이던 배를 홍보하기 시작했다. 마을 이름에 착안해 우스갯소리를 좀 했다.

"하동에는 만지마을이라고 배 주산지가 있는데 신랑하고 와서 그 배 밭에서 손을 '만지'면 부부 금실이 엄청 좋아진다는 이야기가 있습니다. 그런데 오늘 신랑이 같이 못오셨죠? 걱정 안하셔도 됩니다. 만지마을에 가서 배를 사가지고 가서 신랑하고 같이 깎아 먹으면 똑같이 사랑이 샘솟는 효과가 날 겁니다. 대신 배를 깎아먹고 나서 꼭 신랑 손을 '만지'셔야 됩니다. 하하!"

이렇게 믿거나 말거나인 이야기로 분위기를 북돋운 후 나는 '하동배'에 대한 소식이 담겨 있는 부군수 편지를 부녀회 대표에게 슬쩍 건네고 돌아

공정하고 정의로운
사회와 관료의 길

"미국 경제가 더블딥으로 이어지지는 않을 것이다." 얼마 전, 美 연방준비위원회 버냉키 의장의 한 마디에 미국 증시와 한국 증시가 크게 반등했습니다. 연준위원들은 정통 관료는 아니지만, 대통령이 임명하는 사람이니 공직자인데요, 신뢰받는 공직자의 한마디 말이, 힘이 얼마나 큰 것인지 새삼 느끼게 됩니다. 루즈벨트 대통령의 이야기도 생각나네요. 대공황 직후 취임한 루즈벨트 대통령이 그 유명한 노변정담을 통해 은행을 지켜야한다고 호소하자 전날까지 돈을 찾기 위해 아수라장이 되었던 은행 앞에서 국민이 다시 예금하기 위해 줄을 섰다는 이야기.

저 또한 관료적 합리성을 생각하는 공직자로서 정책을 만드는 관료의 말을 믿어주는 미국의 행정 문화가 부럽기도 합니다. 우리나라에서는 정책 관료의 말을 반대로 해석하는 경우가 허다하지 않습니까? 결국 행정에 대한, 정부에 대한 국민의 신뢰가 낮은 것이 그 이유인데, "정부에서 시킨 대로 하면 손해 본다"는 생각인거죠. 불신이 깊습니다. 최근 특혜 시비를 낳은 외무부 장관 자녀 특별 채용 사례를 보면서 정부와 관료에 대한 국민의 실망과 불신이 더욱 커지지 않을까 걱정됩니다.

이 문제는 행정고시 폐지 또는 축소 논란과 겹쳐지면서 정부가 내세운 '공정한 사회' 정책 기조와 부합되느냐 하는 논란도 커지고 있는 것 같습니다.

지금으로부터 1400여 년 전인 서기 587년, 수나라 문제는 관리를 시험으로 뽑게 합니다. 소위 과거제의 시작이죠. 많은 이유가 있었겠지만, 귀족들에 의한 국정 농단을 막으려는 것이 가장 큰 목적이라고 평가됩니다. 공정하고 투명한 시험 제도의 확립으로 말입니다. 하늘의 명을 받아 백성을 보호하고 나라를 지키는 것이 천자의 책무인데요, 이를 위해 모든 황조의 '천자'들은 과거제를 보호하고 유지해 왔습니다. 경쟁을 통해 선발된 최고의 인재가 정책 결정과 집행을 담당하게 되어 특권 계급의 세습을 막고, 합리적 국가 운영의 기반이 된 것이죠. 학계에서는 이를 유교 관료제라고 부릅니다.

과거제가 시행된 이후에도 특별 채용은 존재했습니다만 그들은 검은 두건을 썼다고 합니다. 과거로 등용되지 않은 사람은 흰 두건을 쓸 수 없었던 것이죠. 왜 그랬을까요? 저는 '공정과 정의'의 원칙과 관련 있다고 믿습니다. 특히 공직에서의 인재 채용 과정이 공정하지 않으면, 즉 정의롭고 공정한 사회를 만들어나갈 책무가 있는 공직자가 공정하게 뽑히지 않았다면 그 어떤 정부의 의도에도 국민이 신뢰의 눈을 주지 않습니다.

공직에 전문가가 필요해서 특별 채용을 확대해야 한다는 논리가 있습니다. 공직에 전문가의 참여는 대환영입니다. 하지만 행정은 기초과학을 연구하거나 반도체를 만드는 초고도의 엔지니어링 기술이 필요한 곳은 아닙니다. 그러한 전문가의 조언과 지도는 자문이나 용역 등의 방법으로 받아들이면 됩니다. 하지만 직업 공무원으로서 평생의 직장 안정이 보장되는 직위에는 전문가가 필요하더라도, 거기에 특혜적 음성적 방법이 들어가서는 안된다고 생각합니다.

전문가를 공개적으로 선별하고 뽑을 수 있도록 평가 방법만 바꾸면 되지 않겠습니까? 공개경쟁을 통해 전문가를 뽑자고요. 안됩니까?

실력과 함께 사명감을 갖춰야 아름다운 관료이다

위대한 사회학자이면서 근대 조직행정학의 아버지라 할 수 있는 막스 베버는 〈직업으로서의 정치〉라는 책에서 이렇게 말합니다.

"진정한 관료는 분노도 편견도 없이 자기 직무를 처리해야 한다. 그러므로 그는 정치가라면 언제나 반드시 하지 않을 수 없는 것, 즉 투쟁을 해서는 안된다. 왜냐하면 당파성, 투쟁, 격정(분노와 편견)은 정치가, 정치지도자의 요소이기 때문이다."

관료적 합리성(Bureaucratic Rationality)이라는 말이 있습니다. 본래 이 말은, 할당된 책임 범위와 주어진 제약 조건 하에서 하달된 목적을 달성하기 위한 최선의 노력을 다하는 것을 의미합니다. 수단적 합리성의 하나죠. 수단적 합리성이니, 기실 뭐…. 그다지 좋은 대접을 받는 말은 아닙니다. 하지만 영혼 없는 사람, 그릇 따라 달라지는 물의 모양이라 놀림 받는 이 시대 공무원들이 자기 위치를 자각하는 데 도움이 되는 말이기도 합니다.

민주주의 원리상 "법"은 국민의 뜻입니다. 국가의 주인은 국민이고, 국민의 대표자가 국민 주권을 위임받아 국가공동체를 규율하기 위해 만든 국민의 뜻이 "법"이죠.(국민의 뜻을 제멋대로 빌려, 결국에는 자기 뜻을 만드는 사람도 있기는 합니다만.)

관료는 법의 테두리 내에서 법의 지배를 받으며, 공익을 위해 최선을 다하는 전문가죠. 모름지기 공직자는 그런 자부심을 가져야 한다고 생각합니다. 법 규정 하나하나에 매몰당하지 않고, 법속에 담긴 진정한 국민의 뜻이 뭔지 살필 줄 알아야 합니다. 또한 정치꾼의 이익에 봉사하지 않고, 이익단체 간 불붙는 싸움터에서 도망치지 않고, 때로는 삿된 자의 비난과 시비로 인고의 세월을 보내기도 하며, 때로는 편견과 껍데기와 싸워가면서 이 사회를 보다 아름답고 살맛 나는 세상으로 만들어 가는 공익의 최후 수호자로서의 자리를, 가슴 벅차하며 행복해 할 줄 알아야 합니다.

그러기 위해서는 깨어있어야 합니다. 그리고 미래를 바라보는 안목이 있어야 합니다. 공정한 경쟁을 통해 뽑힌 공무원이 어지러운 세상 속에서 공익을 지키기 위해 안목과 실력과 사명감을 갖고 노력하는 것, 이것이 제가 생각하는 공정한 사회의 아름다운 관료입니다.

왔다. 나중에 전해 듣기로는 차 문화 강습을 마친 부녀회원들 모두가 따로 시간을 내서 만지마을을 방문해 배를 사갔다고 한다. 그날 나는 판촉 요원이 되었고 부군수 편지는 훌륭한 판촉 전단지가 된 것이다. 이때의 부군수 편지에 적은 하동배에 대한 내용은 다음과 같은 것이었다.

"하동배 비싸집니다. 수량 확보하십시오. 전국 생산량 대비 1.4-2%에 불과하지만 섬진강 퇴적토의 영양분을 받은 하동배는 이미 유명합니다. 정말 맛있다는 사람들이 많아요. 그런데 올해 습한 날씨와 초기 저온으로 흑성병 피해를 많이 입어서 전년 대비 30% 이상 생산량이 감소될 전망입니다. 게다가 추석이 빨라서, 값은 매우 비싸질 전망입니다. 지난해 15kg 상품이 4만 2천원이었는데요. 올해는 5만 4천원에서 6만원까지 예상됩니다. 하지만 비싸고 귀하면 더 맛있는 거 아시죠? 하동배 마니아 여러분께서는 우선 수량 확보에 나서십시오."

부군수 편지가 외지인들에게 하동군을 홍보하는 훌륭한 역할을 하기는 했지만 내가 매주 글을 썼던 본래 목적은 다른 데 있었다. 주요 대상은 하동군에 근무하는 공무원들이었다. 직원들에게 하동군에서 우리가 할 수 있는 정책을 총괄적으로 바라보자고 제안하고 싶었다.

자기 부서 일에만 매몰되지 말고 전체를 보고 자기 일을 하자, 그래서 서로의 업무에 공감하고 어려운 일이 생기면 같이 의논하자는 뜻으로 다양한 내용을 담아 편지를 썼다. 이러한 생각을 직원들이 받아들여준 덕분에 정책연구단도 꾸릴 수 있었다. 당시 군청 공무원들 30명 정도가 정책연구단에 자원했다. 매주 만나서 토론하고 좋은 아이디어가 있으면 거침없이 꺼내 놓고 가능성을 타진했다. 채택된 정책은 바로 예산을 반영해 하루라도 빨리 시행될 수 있도록 힘을 보탰다. 나뿐만 아니라 정책연구단에 참여한 공무원들 모두가 신이 나서 정책 제안을 하고 실현 방법을 연구하고 현장에서 일을 했다. 당시 군의 최고 책임자였던 조유행 군수님이 뒷받침을 해주었기 때문에 가능한 일이었다. 부군수가 그렇게 나서는 것을 보고 건방지다 할 수도 있었을 텐데, 조유행 군수님은 "하동에 좋은 일이면 뭐든지 연구하고 해 봐라" 하고 든든히 뒤를 받쳐주었다.

얼마 전 문화체육관광부 주최 '2021년 한국 관광의 별'에 선정된 '하동 주민 관광 조합' '놀루와'의 대표 조문환 씨가 당시에 기획계장으로 있으면서 정책단의 활성화를 위해 노력했던 고마움도 잊혀지지 않는다. 참고로 놀루와 협동조합은 전문가, 지역 주민, 도시 청년과 협업으로 개별 여행자 등 관광객 5천 명 이상을 유치하고, 하동군의 숨은 매력을 재발견하여 경험하게 한다. 여행자와 주민 모두 만족하고 현지 환경을 해치지 않으면서 주민들에게 혜택이 돌아가는 '공정 여행' 방식으로 프로그램을 추진하는 것이다. 장기적으로 하동군의 미래를 열어가는 중요한 모델이 되리라 기대한다.

나는 군민들만 고객으로 볼 것이 아니라 직원들이 스스로를 내부 고객으로 생각하고 아껴주기를 바랐다. 행정에 대한 불신이 크면 군민이 손해인데 이런 손해를 막으려면 직원들이 우선 의욕이 있어야 되고 재미있고 보람되는 직장 생활을 해야 한다. 우리의 고객은 외부 고객인 군민이지만 이 군민을 즐겁게 할 수 있는 내부 고객, 공무원들에게도 최선을 다해야 한다는 것이 나의 생각이다.

우선 불필요한 일들이나 잘못된 관행은 과감하게 줄이거나 없애야 하고, 권한을 대폭 위임해서 스스로 책임 하에 창의성을 발휘하도록 해야 한다. 능력과 연공을 적절히 배분하여 예측가능하고 공정한 인사 원칙을 지켜야 하는 것도 필요하다. 무엇보다 중요한 것은 직장 생활이 즐거워야 한다는 것이다. 이를 위해 애로 사항을 듣고 해결해주며 칭찬과 격려도 아끼지 않아야 하지만 거기에는 수직적 수평적 소통과 인격적 존중이 전제되어야 한다. 이러한 생각들을 담아 공무원들이 스스로의 역할에 자부심을 갖고 활기차게 일할 수 있도록 편지글로 지지와 응원을 보냈다. 그리하여 공정과 정의를 만들어가는 아름다운 관료, 그것이 내가 되기를 바랐고 나와 함께 일하는 공무원이 그렇게 되기를 바랐다.

보조금이 중복 지원되는 곳이 없는지 3년치 자료를 파악해본 것도, 각종 농업 지원 사업에 항상 빠지지 않고 짓는 창고가 어느 정도 활용되고 있는지 조사해 보자고 했던 것도 공정함에 대한 생각 때문이었다. 국민이 낸 세금이 필요한 이들에게 돌아가고 있는지 살펴보고 현실에 맞는 지원책을 펼치는 것이 나는 공정이라고 생각했다. 이러한 바람을 매주 부군수 편지에서 언급하며 군민들에게 신뢰를 얻고 행정 불신을 막을 수 있다고 강조했다.

7

빠른 1급 승진은
결국 함께해 준
사람들 덕분이었다

—

- '인간다움'에 대한 이해는
  공직자의 필수 조건
- 매번 경상남도 핵심 사업의
  정책 담당자로 뽑힌 이유
- 내 마음속
  1등 공무원
- 어머니 얼굴에
  웃음을 담아놓고 오는,
  존경하는 남동생

'인간다움'에 대한 이해는
공직자의 필수 조건

하동군 부군수로 있다가 외교안보연구원(현재의 국립외교원)에서 1년 간 연수를 받았다. 그리고 2012년 '경상남도 인재개발원' 원장으로 발령을 받았다.

인재개발원이라는 곳은 전문성을 갖춘 유능한 공직자를 양성하는 것이 목적인 공무원 교육 기관이다. 직무 교육은 물론 현장 대응력, 글로벌 역량 강화를 강조하며 공무원 교육을 이끌었는데 나는 그 모든 능력의 바탕에는 인문적인 소양이 필요하다고 보았다. 직책에 따라 사무실 책상에만 앉아 일을 하는 업무를 맡았다 하더라도 그 일의 대상은 결국 사람이다. 인간의 삶과 생각, 인간다움에 대한 기초적인 탐구와 교양을 쌓지 않는다면 공무원으로서의 여타 능력은 무용지물이라는 것이 내 생각이다.

나는 인재개발원장으로 있으면서 현실적인 교육 커리큘럼을 갖추는 데도 많은 노력을 기울였지만 공무원들에게 가장 강조한 것은 책읽기였다. 먼저 '경상남도 인재개발원 추천 도서 100권'을 만들고 읽기를 독려했다. 선정 도서로는 철학 분야 10권, 문학 분야 21권, 과학 · 기술 분야 15권, 사회 · 경제 분야 24권, 역사 분야 12권, 문화 · 예술 분야 7권, 경상남도 역하와 문화 및 미래 산업 관련 11권 등이었다.

책 선정에 있어서는 공정성과 전문성을 갖추도록 노력했다. 2012년 5월 8일부터 18일까지 10일 동안 교수, 언론인, 시민 사회 단체 운동가 (NGO) 등 지식인 283명으로부터 권장 도서를 받았다. 그리고 경상남도와 각 시군, 교육청 등 422개 기관으로부터도 책을 추천받았다. 추천받은 책이 무려 1천200여 권이나 되었다. 여기서 100권을 추려내기 위해 경상남도 출신 문인, 국어국문학 교수, 지역 언론인, 교육 기관 인사 등 해당 분야 전문가 13명으로 '도서선정위원회'를 구성했다. 나를 비롯한 위원들이 모여 정말 여러 차례에 걸쳐 분석하고 토론해 100권을 뽑았다.

특히 경상남도의 역사 문화와 미래 산업 분야는 일반적인 추천 과정에서는 소외될 가능성이 많아 전략적으로 따로 분야를 책정했다. 우선 경상남도의 정체성과 관련된 가야사(伽倻史), 남명(南冥) 조식(曺植)의 유학사상, 지리산 등에 관한 책을 검토했다. 그리고 경상남도의 지리와 문화를 알려주는 책, 농업 산림 로봇 해양 등 경남의 미래와 관련된 책들을 일일이 찾아 보았다. 양이 많지 않고 내용과 편집의 수준이 떨어지는 책이 많아 선정 과정이 어려웠다.

중국의 급부상에 따라 〈사기열전〉과 같은 중국의 역사뿐만 아니라 중국의 근대 및 개방 이후 현대사를 포괄하여 이해할 수 있도록 책을 선정했다. 도서 선정 과정에서 위원들은 서구 중심주의에서 탈피해 이슬람과 인도를 인식하게 하고 환경 문제를 여러 관점에서 이해할 수 있는 책들을 뽑고, 철학과 경제 사회 분야 전반에서 균형 잡힌 시각을 가질 수 있는 책을 골랐다. 여기에 고령화, 여성학 등 미래 사회의 삶에 필요한 분야도 빠지지 않도록 배려했다.

우리 지역의 인재가 경상남도의 역사와 문화, 미래 산업에 대한 이해와 비전을 얻을 수 있도록 야심차게 기획한 일이었다. 분석과 토론을 거치는 동안 이렇게 힘들고 빛 안 나는 일을 왜 하느냐는 질문도 받았다. 나는 도민이나 공무원들이 단편적이고 표피적인 지식보다도 소위 문사철(文史哲)에 대한 소양을 길러서 균형 잡힌 시각으로 지역 사회, 더 나아가서는 우리나라와 세계를 바라봤으면 좋겠다고 생각했다. 이렇게 해야만 내 주변에 일어나는 여러 사회 현상을 종합하고 융합할 수 있는 힘이 길러지고 이것이 창의력으로까지 이어진다고 보았다. 이후 경상남도 인재개발원 자체 북카페도 만들었다. 이곳에 선정된 도서를 열람케 하고, 구매까지 가능

경남의 인재들이 읽어야 할 책 100권

철학(10권) ① 〈목민심서〉(정약용, 홍신문화사), ② 〈정의란 무엇인가〉(마이클 샌델, 김영사), ③ 〈맹자〉(박경환 역, 홍익출판사), ④ 〈논어〉(김원중 역, 글항아리), ⑤ 〈생각의 탄생〉(로버트 루트번스타인 · 미셸 루트번스타인, 에코의 서재), ⑥ 〈성찰〉(르네 데카르트, 문예출판사), ⑦ 〈소유냐 존재냐〉(에리히 프롬, 까치), ⑧ 〈꿈의 해석〉(지그문트 프로이트, 열린책들), ⑨ 〈아직도 가야 할 길〉(M.스캇 펙, 열음사), ⑩ 〈몰입의 즐거움〉(미하이 칙센트미하이, 해냄)

역사(12권) ① 〈조선상고사〉(신채호, 비봉출판사), ② 〈삼국유사〉(일연, 민음사), ③ 〈난중일기〉(이순신, 민음사), ④ 〈백범일지〉(김구, 돌베개), ⑤ 〈사기열전〉(사마천, 민음사), ⑥ 〈중국의 붉은 별(상 · 하)〉(에드가스노우, 두레), ⑦ 〈중국을 읽다 1980-2010(세계와 대륙을 뒤흔든 핵심 사건 170장면)〉(카롤린 퓌엘, 푸른숲), ⑧ 〈로마인 이야기(10권)〉(시오노 나나미, 한길사), ⑨ 〈르몽드 세계사〉(르몽드 디플로 마티끄, 휴머니스트), ⑩ 〈이슬람의 눈으로 본 세계사〉(타밈 안사리, 뿌리와이파리), ⑪ 〈간디 자서전〉(마하트마 간디, 한길사), ⑫ 〈처음 읽는 터키사〉(전국역사교사모임, 휴머니스트)

문학(21권) ① 〈태백산맥〉(조정래, 해냄), ② 〈토지(21권 세트)〉(박경리, 나남), ③ 〈엄마를 부탁해〉(신경숙, 창비), ④ 〈료마가 간다(8권)〉(시바 료타로, 동서문화사), ⑤ 〈그리스인 조르바〉(니코스 카잔차키스, 동서문화사), ⑥ 〈열하일기〉(박지원, 돌베개), ⑦ 〈일리아드 · 오디세이〉(호메로스, 채우리), ⑧ 〈삼국지(10권)〉(이문열, 민음사), ⑨ 〈아프니까 청춘이다〉(김난도, 쌤앤파커스), ⑩ 〈못가본 길이 더 아름답다〉(박완서, 현대문학), ⑪ 〈대망(12권)〉(야마오카 소하치, 동서문화사), ⑫ 〈노년에 인생의 길을 묻다〉(어르신사랑연구모임, 궁리), ⑬ 〈죄와 벌〉(도스토예프스키, 지경사),

⑭〈월든〉(헨리 데이빗 소로우, 이레), ⑮〈모리와 함께한 화요일〉(미치엘봄, 세종서적), ⑯〈마당을 나온 암탉〉(황선미, 사계절), ⑰〈대륙의 딸들〉(장룽, 금토), ⑱〈아큐정전〉(루쉰, 창작과비평사), ⑲〈1984〉(조지 오웰, 문학동네), ⑳〈돈키호테〉(미구엘 드 세르반테스, 시공사), ㉑〈상상력 사전〉(베르나르 베르베르, 열린책들)

사회 · 경제 (24권) ①〈국부론〉(애덤 스미스, 동서문화사), ②〈프로테스탄티즘의 윤리와 자본주의 정신〉(막스 베버, 문예출판사), ③〈죽은 경제학자의 살아있는 아이디어〉(토드 부크홀츠, 김영사), ④〈3차 산업혁명(제레미 러프킨, 민음사)〉, ⑤〈화폐전쟁 1 · 2 · 3〉(쑹훙빙, 랜덤하우스 코리아), ⑥〈왜 세계의 절반은 굶주리는가?〉(장지글러, 갈라파고스), ⑦〈나쁜 사마리아인들〉(장하준, 부키), ⑧〈오래된 미래〉(헬레나 노르베리 호지, 중앙북스), ⑨〈자본주의 새판짜기〉(대니 로드릭, 21세기북스), ⑩〈인문의 숲에서 경영을 만나다〉(정진홍, 21세기북스), ⑪〈콘텐츠의 미래〉(프랭크 로즈, 책읽는 수요일), ⑫〈손자병법〉(손무, 글항아리), ⑬〈대화〉(리영희, 한길사), ⑭〈공무원을 위한 변론〉(찰스 T. 굿셀, 올리브엠엔비), ⑮〈열린 사회와 그 적들〉(칼포퍼, 민음사), ⑯〈지도자의 조건〉(프란체스코 알베로니, 교양인), ⑰〈생각에 관한 생각〉(대니얼 커너만, 김영사), ⑱〈마더 쇼크〉(EBS마더쇼크제작팀, 중앙북스), ⑲〈생각의 지도〉(리처드 니스벳, 김영사), ⑳〈국화와 칼〉(루스 베네딕트, 을유문화사), ㉑〈행복한 페미니즘〉(벨훅스, 큰나), ㉒〈시골의사 박경철의 자기혁명〉(박경철, 리더스북), ㉓〈협상의 법칙〉(허브코렌, 청년정신), ㉔〈마을시민으로 사는 법〉(정기석, 소나무)

과학 · 기술 (15권) ①〈과학 혁명의 구조〉(토마스 새무얼 쿤, 까치글방), ②〈부분과 전체〉(베르너 하이젠베르크, 지식산업사), ③〈통섭〉(에드워드 윌슨, 사이언스북스), ④〈종의 기원〉(찰스 다윈, 동서문화사), ⑤〈최재천의 인간과 동물〉(최재천, 궁리), ⑥〈코스모스〉(칼 세이건, 사이언스북스),

⑦〈카오스〉(제임스 글릭, 누림), ⑧〈침묵의 봄〉(레이첼 카슨, 에코리브르), ⑨〈쿨 잇(회의적 환경주의자의 지구 온난화 충격 보고)〉(비외른 롬보르, 살림출판사), ⑩〈총 · 균 · 쇠〉(제레드 다이아몬드, 문학사상사), ⑪〈진실을 배반한 과학자들〉(윌리엄 브로드 · 느콜라스 웨이드, 미래M&B), ⑫〈현대 물리학과 동양 사상〉(프리초프 카프라, 범양사), ⑬〈이기적 유전자〉(리처드 도킨스, 을유문화사), ⑭〈나는 고백한다. 현대 의학을〉(아툴 가완디, 동녘사이언스), ⑮〈해변의 과학자들〉(제임스 트레필, 지호)

문화 · 예술(7권) ①〈서양미술사〉(E.H곰브리치, 예경), ②〈지상의 아름다운 도서관〉(최정태, 한길사), ③〈오주석의 한국의 미 특강〉(오주석, 솔), ④〈나의 문화 유산 답사기(1-6권)〉(유홍준, 창비), ⑤〈음식 인문학〉(주영하, 휴머니스트), ⑥〈오늘의 클래식〉(김성현, 아트북스), ⑦〈문화의 수수께끼〉(마빈 해리스, 한길사)

경남의 역사 문화와 미래 산업(11권)
①〈허황옥루트 인도에서 가야까지〉(김병모, 위즈덤하우스), ②〈절망의 시대 선비는 무엇을 하는가〉(허권수, 한길사), ③ 내 손 안의 경남 시리즈(전 7권) 〈옛시로 읽는 경남〉 · 〈시로 만나는 경남〉 · 〈경남의 전통 건축〉 · 〈경남의 현대 건축〉 · 〈가야 그리고 사람들〉 · 〈가야인의 삶 그리고 사람들〉 · 〈불상에 새겨진 경남의 얼굴〉(조재영 · 장성진 · 경남건축가협회 · 남재우 · 김주용 · 천성주 · 성진석 · 조원영, 선인), ④〈경남(답사 여행의 길잡이 14)〉(한국문화유산답사회, 돌베개), ⑤〈경남의 옛길, 옛길의 문화〉(김봉우, 집문당), ⑥〈동의보감 몸과 우주 그리고 삶의 비전을 찾아서〉(고미숙, 그린비), ⑦〈지리산〉(이병주, 한길사), ⑧〈한국 농업 희망 솔루션〉(이현목, 한국농어민신문), ⑨〈숲과 문화〉(전영우, 북스힐), ⑩〈인터넷 다음은 로봇이다〉(배일한, 동아시아), ⑪〈미래를 꿈꾸는 해양 문고 시리즈(1-10권)〉(한국해양연구원, 지성사)

하도록 했다. 공무원 교육 과정에도 추천 도서를 읽고 연구하게 하는 다양한 프로그램을 진행했다.

나는 온 마음과 힘을 쏟아 이 일을 기획하고 실행했는데, 당시 힘들어한 사람들이 많았다. 목록에 어려운 책이 많아 그렇기도 했고 독서 프로젝트 자체가 버거운 공무원들도 꽤 있었다. 조금 더 쉬운 책으로 구성하고 독서나 연구도 대상자의 수준에 따라 단계를 두었으면 어땠을까, 아쉬움이 남는 부분도 있다. 그럼에도 이런 기획을 한 나의 진심만큼은 다들 공감해 주었다. 힘든 과정을 묵묵히 따라와 줬던 모두에게 뒤늦게나마 미안하고 고마운 마음을 전하고 싶다.

하지만 지금도 공무원 후배들이 찾아와 좋은 공무원이 지녀야 할 조건에 대해 조언을 구한다면 당시 추천도서 100권을 먼저 읽어보라고 말해줄 것이다. 그런 다음에 심도 깊은 이야기를 나눌 수 있을 것 같다고 말이다.

매번 경상남도 핵심 사업의 정책 담당자로 뽑힌 이유

나는 경상남도 도시교통국장과 경제통상본부장을 거쳐 2014년에는 진주시 부시장으로 발령받았다. 2018년에 경상남도 서부권지역본부장을 지내고 2019년 부산진해경제자유구역청장으로 부임하기까지 거침없이 달렸다. 주어지는 일을 머뭇거림 없이 받아 안았고 불가능할 것 같은 일도 끝내 해내고야 말았다. 숨이 턱까지 차서 주저앉고 싶을 때도 있었지만 골인 지점을 밟을 때까지는 멈추지 않겠다는 의지가 있었다. 임용직 공무원으로서 더 이상 오를 곳이 없는 1급 공무원이 될 때까지 그야말로 상승 가도를 달렸다.

경상남도 도지사 네 분이 바뀔 때 모두 곁에 있었고 네 분 도지사의 핵심 사업을 추진하는 곳으로 부서도 여러 차례 옮겨졌다. 내 사람을 챙기고 계속해서 이끌고 갈 수 있는 부서가 아니라 늘 일을 새롭게 기획해야 하는 곳이나 성과를 꼭 내야만 하는 힘든 부서로만 발령을 받았다. 정책 기획, 특히 경제 분야 업무를 많이 맡았다.

도지사의 정책 방향을 구현하는 것이 내 일이어서 새 도지사가 부임해올 때마다 며칠 정도는 말 한마디까지 꼼꼼히 적어서 분석했다. 정책적 관심이 어디에 머물고 있는지, 도정을 새롭게 시작하는데 있어 애로 사항이 무엇이 있는지부터 살폈다. 그런 다음 관련 사항을 열심히 연구하고 사례를 찾고 실현 가능성을 아주 정밀하게 따져서 결재 받을 자료를 준비했다. 어느 직장이나 그렇겠지만 결재를 받으러 가서 설명을 오래 하면 단번에 허락을 받기 힘들다. 나의 철칙은 '설명을 5분 안에' 하는 것이었다. 매번 예상 질문까지 미리 뽑아서 도지사가 궁금한 것을 물을 때 바로 답이 나올 수 있도록 준비했다. 그렇게 두세 번 정도만 결재를 받으면 도지사 눈에 바로 들게 되어 있었다. 일부러 그렇게 한 것이 아니라 나의 일하는 스타일이 그렇게 정확하고 선명했던 것인데, 군계일학처럼 드러났다. 이후에도 도지사가 해결하기 힘들다고 여기는 정책들에 대해 대안까지 준비해서 가려운 곳을 긁듯 시원한 답을 이야기하니, 대단하게 봐주는 면도 없지 않았다.

그런데 도청 직원들에게서는 이런 말도 들렸다.

"도청에서 제일 똑똑한 사람이야. 그런데 사람이 정이 부족한 것 같아."

항변을 하자면 당시 나는 정이 있을 수가 없었다. 같은 팀원들과 정을 쌓을까 싶으면 전혀 새로운 업무가 주어졌고 또 직원들과 공감대를 형성할 즈음에는 반드시 성과를 내야 할 과제가 생겼다. 때때로 도청 내 식구들과 술이나 한 잔씩 하며 회포를 풀 수 있으면 나았을 텐데, 이것조차 힘

2014년 11월 경상남도 경제통상본부장으로 있을 때, '미래 50년을 위한 경남 경제 발전 전략' 세미나에 토론자로 참석했다.

들었다.

나는 술을 잘 마시지 못하는 편이다. 사람들 홍에 맞춰 끝까지 함께 마실 수는 있는데 뒷날이 문제였다. 술을 해독하는 효소가 부족한 체질이라 숙취가 심했다. 그러니 종일 날카롭게 정신이 깨어 있어야 처리할 수 있는 일이 매일 주어지는 상황에서 술을 마시기가 쉽지 않았다. 과연 이걸 해낼 수 있을까, 사회적으로 큰 문제없이 오늘 닥친 일을 막아낼 수 있을까, 심장을 옥죄는 일들을 하루에도 몇 건씩 처리하던 때였다.

"매 순간 밀려드는 업무를 겨우 막아내고 있는데 어떻게 내가 정을 나누고 술을 마시겠어요?"

당시에 내가 부서 사람들을 챙겼던 방법은 승진 순위가 늦어도 열심히 일하는 직원이면 인사고과를 후하게 주는 것이었다. 행정은 Z형 인사를 한다. 같은 직급이라도 중요도에 따라서 1위부터 10위까지가 있는데, 기본적으로 한 칸씩 전진한다. 앞자리가 빠져야 그 뒷사람이 한 칸 앞으로 가는 방식이다. 나는 승진 순위가 뒤에 있는 사람이라도 업무 능력이 뛰어나고 열심히 일하는 직원이면 줄 수 있는 만큼 점수를 후하게 줬다. 나는 이것을 공정이라고 보았다. 정답이 있는 건 아닌데 업무에 있어서만큼 나는 객관적으로 주변을 바라보고 대하는 사람이었다. 이런 나에 대한 평가는 호불호가 있을 수 있겠지만, 이것이 변명 없는 나의 진짜 모습이다.

나는 과장이 빨리 되었다. 승진을 빨리 한 것은 감사한 일이면서도 독방을 너무 빨리 받은 것은 아쉬운 부분이다. 그전까지는 같은 방에서 근무하는 직원들과 호흡을 나누고 공동의 목표를 향해 가기 위해 부대끼며 일한다는 느낌이 있었는데, 과장이 되고부터는 괴리가 생겼다. 독방을 받게 되면서 직원들과 물리적 거리가 멀어졌고 사이에 벽마저 생겨버렸다. 주어진 일을 해내려니 높아진 위치에서는 공감보다는 지시가 먼저였다. 자의든 타의든 해내야 되는 일이 많은 곳으로만 발령을 받으니 주변에 다그치고 싸우는 모습을 많이 보이게 되는 것도 사실이었다. 악역이 한두 개가 아닌 위치였다. 일을 향해 매일을 달리고 삶을 쏟아 부은 만큼 성과를 내니까 독방은 더 커지고 사람들에게서 더 멀리 떨어졌다.

그때는 그걸 느끼지 못했다. 글로 적히는 내 모습이 지금 보면 외로워 보이는데, 그때는 외로움조차 느낄 여유가 없었다. 매일같이 '번아웃(burnout)' 상태였다고 해도 과언이 아닐 것이다. 번아웃에서 벗어날 방법은 일에서 벗어나는 것인데 그럴 수 없으니 가끔 혼자만의 시간을 갖는 것으로 숨통을 열었다. 이럴 때도 아주 어려운 책을 읽거나 다리가 아플 때까지 걷는 것으로 나는 정신과 육체를 혹사시켰다. 이때는 그것이 최선이라 생각했다.

이때 시간을 가족과 함께 보냈다면 조금 달랐을까? 친구들에게, 아니면 만만한 형들에게 하소연이라도 했으면 어땠을까? 돌이켜 생각해본다. 내가 달리던 길 위에 함께 내달려준 동료들이 있고 힘겨운 일 끝에는 함께할 가족이 있다는 것을 매순간 느끼며 감동하지 못했던 것에 대한 아쉬움이 남는다.

내 마음속
1등 공무원

승진을 빨리 하다 보니까 같은 처지에 있었던 사람이 많지는 않다. 그렇지만 진실한 관계는 숫자가 아닌 깊이에 있는 것이 아닐까 싶다. 모든 사람과 어울려 걷진 못했지만 손에 꼽는 깊이 있는 만남들이 나를 성장하게 하고 성찰하게 했다. 25년 공직 생활 동안 함께 일했던 이들 중 기억에 남는 공무원을 꼽으라면 100명도 넘을 것이다. 그 100명 모두와 어깨를 걸고 끝까지 함께하지는 못했어도 같은 목표를 가지고 일하는 동안 나름의 방식대로 최선을 다해 온 모습들 하나하나를 소중히 기억에 저장해두고 있다.

현재 공직에 있는 분들 중에는 누구일까? 같이 근무는 안해 봤지만 부드러운 성품과 폭넓은 인문적 교양을 갖추고 합리성 있게 업무를 추진하는 분으로 도청의 노영식 국장도 훌륭한 분이다. 남부내륙철도의 성공을 위해 밤낮으로 공부하고 분석하며 사람과 기관을 설득해 내는 전략을 펼쳤던 이근식 사무관도 생각난다. 세밀함과 호쾌함을 동시에 갖추고 업무 역량도 탁월한 이삼희 경상남도의회 사무처장은 나를 상사로 보좌하면서도 사람으로서도 살갑게 대해준 사람이다. 같이 근무할 때 어렵고 힘든 일에 앞장서서 몸을 아끼지 않고 문제를 해결해준 강현출 전 함양군 부군수나 차석호 현 국장도 고마운 분들이다. 부산진해경제자유구역청에 근무할 때 나의 어려움을 자기 일처럼 안타까워하며 온갖 마음을 다해 도와준 김미옥 주무관이나 성배경 비서도 잊지 못할 분들이다. 하동군이나 진주시에서 만난 분들도 존경하는 분들이 많지만 여기서는 언급을 피하고자 한다. 다만 도청에서 일하는 한분에 대해서는 말하고 싶다.

일자리경제국장을 맡고 있는 김희용 국장이다. 7급 공채 출신인 김희용 국장은 업무 능력, 성실성, 인품을 모두 갖춘 사람이다. 내가 기획관실에 있을 때 같이 근무했고 도청 안에서 여러 차례 머리를 맞대고 함께 정책을 논의한 경험이 있다. 그는 인사계장을 맡아 스스로 좋은 보직을 챙겨서 옮겨갈 수 있는 위치에 있었음에도 그렇게 하지 않았다. 승진을 마다하고 다시 자신을 한직으로 보내버렸다. 탁월한 기획력, 꼼꼼한 일처리 역량, 일을 두려워하지 않는 용기 등도 그가 갖춘 덕목이다. 내가 작곡과 노래 실력을 뽐내며 스포트라이트를 받는 무대 위의 싱어송라이터라면 김희용 국장은 무대 바깥에서 조명을 비추는 사람이었다. 스포트라이트를 비출 곳에는 선명하게 밝은 빛을 비추고 은은하게 뒷 조명을 바꿔야 할 시점에는 조도를 낮춰 가며 무대를 아름답게 꾸며내는 사람이었다.

보통 인성과 업무 능력을 모두 균형있게 갖추기가 힘들다. 둘 중에 하나에 치우친 경우가 대부분이다. 업무를 잘하는 사람은 사회적 교감이 조금 떨어지고 따뜻함으로 주변을 품을 줄 아는 사람들은 업무 정확성이 떨어지는 경우가 많다. 미묘한 뉘앙스까지 차이를 구분해서 내용을 분류하고 조금이라도 다른 것이 섞여들지 않도록 예민하게 일처리를 해야 하는 경우 따스함은 자칫 일을 그르치게 할 수가 있다. 그런 일을 하는 사람이 허허실실 웃으며 업무를 하기 어렵다. 나 같은 사람이 그런 경우였다.

인품은 기본적으로 타고나는 것이다. 나는 유순하기보다는 날카롭고 도전적인 성향을 가지고 태어난 사람이다. 급하고 강하고 뾰족한 성품을 내부의 힘으로 연마하고 끌어당겨서 공무원이 갖춰야 할 모습에 어긋남이 없이 살려고 부단히 노력했다. 타고난 성품은 그러지 못했지만 공무원으로서의 삶을 온전히 나의 것으로 받아 안으며 공공의 삶을 위해 헌신하는 품이 넓은 사람으로 변화하려고 노력하는 것이다.

말하자면 김희용 국장은 좋은 공무원이라면 가져야 할 성정과 능력을 모두 가진 사람 중 하나이다. 인성과 실력을 갖춘 분들은 함께 일하는 동안 나의 부족한 부분을 비춰 볼 수 있는 거울이 되어 준다. 사람을 대하는 모습을 가만히 보고 있으면 나의 예민함이 보였다. 일을 처리하는 방법을 차근히 챙기다 보면 치밀하다고 평가받는 나도 놓치고 있던 부분이 발견될 때가 있었다. 하동군에서 같이 근무했던 어떤 분은 나를 보고 냉철한 경제 정책 전문가이면서 따뜻한 행정가의 모습도 함께 지녔다고 말한다. 선뜻 동의하기에 민망하지만 정말 그렇게 보였다면 수많은 훌륭한 동료 공무원들을 거울삼아 스스로를 깎고 다듬은, 부단한 노력의 결과라 할 수 있다.

어머니 얼굴에 웃음을 담아놓고 오는,
존경하는 남동생

나와 가장 가까운 곳에는 업무 능력과 훌륭한 인품을 모두 갖춘 이가 한 사람 더 있다. 바로 남동생이다. 나는 내 삶에서 가장 존경하는 인물로 남동생을 꼽는다.

물론 고등학교를 다니면서 어머니처럼 나에게 밥을 해먹이고 돌봐준 큰누님, 아들을 원하는 부모님의 뜻에 따라 이름마저 '둘남'이었던 작은누님의 희생에도 늘 미안한 마음이며, 지금 어머니를 돌봐드리는 데 정성을 다해주는 여동생에게도 고마운 마음 가득하다. 이밖에 살아오면서 내게 곁을 내어준 이들은 많고 많았다. 학창 시절부터 관계를 이어오는 친구들도 있고 공직에 와서 뜻이 맞아 사귄 사람들도 있고 고시에 떨어져 눈 내리는 밤 엉엉 울 때 눈물 닦아준 고시원 사람들도 빼놓을 수 없는 절친한 사람들이다. 이들 모두가 기쁠 때나 슬플 때나 평온할 때나 화가 날 때, 변함없이 함께해 온 고마운 벗들이지만 이들에 대한 마음이 존경이라고 할 수는 없다. 그런데 내 남동생에 대한 마음은 '존경'이다.

내가 남동생을 존경하는 첫 번째 이유는 나 같으면 절대 하지 못할 일들을 해내고야 마는 사람이기 때문이다. 예를 들자면 이런 것이다. 동생은 민간 기업에 다니는 회사원이다. 변할 것이 없는 공무원 사회와 달리 동생이 다니던 민간 기업은 동생이 입사한 이후 몇 번이나 주인이 바뀌고 이름도 바뀌었다. 그런데 동생은 그 과정에서 끝까지 살아남았다. 노력으로 갖춘 능력과 엄청난 성실성 덕분이었다. 기획부서에 있으면서 회사를 몇 번 자기 손으로 매각해야 될 때도 있었다. 그럴 때는 매일이 밤샘이었다. 보통은 그런 상황이 되면 가정은 조금 뒷전에 두고 일에만 매달리게 될 텐데, 동생은 오늘 회사에서 밤샘을 하고 뒷날 아내를 도와 집안일을 하고 가족과 주변 사람들까지 챙기고 또 일하러 갔다.

동생은 문제를 대하고 해결하는 방식이 나와는 다르다. 나는 엉킨 실타래처럼 복잡한 문제가 생기면 조금 풀어보다가 엉킨 부분을 싹둑 잘라내고 깔끔한 결론만을 취하는 성향이라면, 동생은 할 수 있는 만큼 생각하고 고민한 후에 실마리를 찾아 엉킨 부분을 솔솔 풀어내는 사람이다. 동생은 일을 할 때나 사람을 대할 때 지치거나 포기하는 법이 없었다. 출발을 손 맞잡고 함께했다면 중간에 넘어지고 주저앉는 순간이 있더라도 서로를 일으켜 골인 지점에 어깨를 걸고 같이 도착해야 하는 성격이었다. 성실하고 지혜롭고 가슴까지 따뜻한, 존경할 만한 인물임에 틀림없다.

동생은 로맨티스트이기도 하다. 남녀 사이에서 이야기하는 로맨티스트가 아니라 자기 삶을 대하는 데 있어 로맨티스트이다. 동생은 카메라에 미치고 자전거에 미치기도 하면서 끊임없이 환상적으로 빠져들 뭔가를 찾는 사람이다. 부단히 하고 싶은 일을 찾아내 즐기면서도 자기 일에서는 누구보다 열심인 회사원이다. 회사가 여러 차례 매각되며 어려운 상황을 겪을 때도 항상 다른 사람의 짐을 자기가 먼저 지는 스타일인데, 희한하게도 그걸 여유 있게 해내곤 했다.

동생은 나의 입장을 무조건 지지해주는 든든한 지지자로, 내가 져야 할 짐까지 대신 감당해 주었다. 나보다 일찍 결혼을 해 가정을 꾸리고 부모님께 안정적인 모습을 보여드렸다. 내가 고시 공부를 할 때 제사나 명절처럼 장남이 챙겨야 할 집안일들을 동생과 제수씨가 대신 맡았다. 미안한 마음으로 연락을 하면 동생이 더 형님 같았다. 불가능한 일을 다 해내면서도 늘 여유가 넘쳤다. 열정도 있고 세밀함도 있고 항상 상대방을 먼저 배려해 편하게 만들어주는 힘, 이런 건 내가 따라갈 수 없는 영역이었다.

물론 어릴 때 우리 형제는 '상대방을 먼저 배려하고 편하게 만들어주는' 것과는 전혀 다른 사이였다. 많은 형제들이 그런 것처럼 나는 나보다 세

살 아래인 동생과 참 많이도 싸웠다. 풍족하지 못한 것을 두고 다퉈야 하니까 동생이 얄밉게 보일 때도 있었다. 그런데 어느 날 동생과 다투다가 한 대 때렸는데 평소와 다르게 손이 너무 아팠다. 흠칫 놀라 뒷걸음질을 칠 정도였다. 왜 아팠을까? 아픈 것은 손이 아니라 마음이었다. 동생이라는 존재가 무엇을 뺏고 뺏기는 관계가 아닌 또 다른 나라는 감정을 어렴풋이 가졌던 것 같다.

동생을 자주 보지는 못하지만 마음으로는 늘 연결되어 있는 느낌이다. 이제 서로 이야기하지 않아도 통하는 관계가 되었다. 매주 하동군에 계시는 어머니를 뵈러 가는데, 어쩌다 일정이 너무 바빠 그러지 못할 때가 있으면 귀신처럼 알고 전화가 온다. 자기가 더 자주 찾아뵐 테니 형은 걱정하지 말고 일에만 전념하라는 것이다. 장남이다 보니 어머니께 건강을 위해 이렇게 해라, 가족들 걱정 안하게 저렇게 해라, 싫은 소리를 늘어 놓을 때가 많다. 어머니에게 조금 매정하게 들렸을 내 말들을 동생은 둥글게 모두 바꾸어 놓고 온다. 칭찬의 말들을 섞어서 형을 대신 변호해준다. 어머니의 손을 잡고 얼굴을 쓰다듬으며 내가 미처 얼굴에 담아드리지 못한 미소까지 더해 어머니 얼굴에 함박웃음을 담아 놓고 온다.

어머니의 미소, 가족의 웃음은 내가 행복한 이유이다. 나는 고백한다. 나와 내 주변에 여유로운 웃음을 심어주는 존경해 마지 않는 동생이 있는 나는 진정 복 받은 사람이라고.

8

함께 밥을 먹는
식구들이
나에게 주는 큰 힘

- 견딤보다 헤어짐이
  순리였을 때
- 아빠를 슈퍼맨으로
  만드는 아들
- 공통의 관심사가 많은
  인생 동반자를 만나
- 집에 있을 때는
  매일 아침상을 차린다

견딤보다 헤어짐이
순리였을 때

2000년 5월 첫 결혼을 했다. 내 또래에 비하면 늦은 서른일곱 살의 나이였다. 그때까지 결혼에 관심이 없었다기보다는 임용이 되고 너무 바빠서 누군가를 만날 시간도, 결혼을 생각할 겨를도 없었다.

당시에는 업무도 많았지만 술자리가 너무도 많이 잡혀 저녁에 술 약속 없이 비어 있는 날이 없었다. 임용이 되고 발령을 받고 나니까 내가 직접 가입하지도 않은 모임 30개 정도에 내 이름이 올라가 있었다. 향우회나 동창회가 지역별, 세대별로 나뉘어 모임을 만들다 보니 그만큼 숫자가 많았다. 전처와는 업무와 관련하여 만났다. 내가 진주시 강남동장으로 있을 때였다. 그 사람이 내게 보이는 호감이 느껴졌고 몇 번의 만남을 가졌다. 만남을 거듭할수록 내게 다가온 느낌은 하나였다. '착한 사람'이라는 것. 결혼에 대해 크게 생각하지 않고 만남을 가졌을 때도, 헤어질 때 돌아서는 뒷모습을 보면 마음이 아팠다. 내가 곁에서 보살펴 주지 않으면 안 될 것 같은, 착하고 여린 사람이었다. 그 마음이 결혼까지 이어지도록 만들었다. 아내 될 사람이 성격이 어떤지, 성향이 어떤지, 살아온 환경이 어떤지, 앞으로의 삶에 대한 계획이나 방향이 어떤지에 대해서는 깊이 있는 대화를 나누지 못한 채 결혼했다. 내가 어린 나이도 아니었는데 결혼 결정에 있어서는 철이 없었던 것 같다.

결혼 생활을 3년 정도 했을까. 그 정도 시간이 흐르니 이 사람과 함께 나이 들어가는 삶은 행복할 수 없겠다는 결론에 이르렀다. 그녀도 마찬가지였을 것이다. 연예인들이 복잡다단한 부부 사이의 문제를 일일이 나열할 수 없으니 '성격 차이'라고들 하는데, 부부가 이혼하는 데 있어 이만큼 명백한 이유도 없다는 것을 이혼 과정을 겪으면서 알았다. 성격과 성향이 완전히 다른 두 사람이 만났으니, 함께하는 시간과 삶이 즐겁지 않을 뿐만 아니라 평탄하지 못한 것은 당연했다. 그런데도 우리 두 사람은 이혼은 절대 안된다는 틀에 갇혀 있었다. 이혼을 하면 인생이 무너지는 것이라고 생각하며 시간을 견디었다. 양가 가족들도 우리 두 사람의 관계가 힘들다는 것을 알고는 있었지만 모두 비슷한 틀 속에 갇혀 있었던 것 같다. 결국은 그렇게 버티는 것이 서로의 거리를 더 멀게 하고 상처를 더 깊게 남기는 것이라는 걸 그때는 미처 알지 못했다. 한걸음씩 벌어져서 결국에는 서로가 서로를 알아볼 수 없을 정도로 멀어지게 된 이유는 무엇일까? 혹시 종교와 같은 신념의 문제였을까? 나는 신앙심을 가지는 자체에는 유연한 입장이었다. 기독교 신자였던 전처가 유교 분위기가 강한 시댁의 집안 제사 등에 큰 거부감 없이 참여했기 때문에 종교가 다르다는 부분, 전처가 교회를 다닌다는 부분은 전혀 우리 부부의 갈등 요소가 되지 않았다.

　나는 종교에 대한 편견이 아예 없는 사람이다. 나도 언제든 교회를 갈 수가 있고 목사님의 좋은 말씀을 경청할 자세가 되어 있다. 〈성경〉을 꼼꼼히 읽으며 공부도 해봤고 그 말씀대로 실천하는 분들을 존경하며 나도 그렇게 살도록 노력한다. 내가 기독교를 종교로 삼는다면 그 말씀들이 내 삶의 한 부분이 되어 옳은 방향으로 내 생활을 이끌어주는 역할을 해주었으면 한다. 그런데 전처가 종교를 대하는 태도는 나의 생각과는 조금 달랐던 것 같다. 종교 자체에 대한 이견과 갈등은 전혀 없었지만 아내가 너무 많은 시간을 종교에 할애하는 것은 좋은 부부 관계를 만드는 데 그다지 이로운 것은 아니었던 것 같다. 특히 밤낮을 가리지 않고 일하는 워크홀릭인 나와 종교 생활에 열중하는 아내가 좋은 관계를 만들기 위한 대화나 추억 쌓기가 어려웠다. 그렇지 않아도 성향이 달라 함께할 수 있는 공통 관심사가 없는데, 밥을 먹는 것도 가족 여행을 가는 것도 아주 소소하게는 TV를 보는 것도 함께할 시간이 없었다. 서로 다른 부분이 많고 그래서 서운한 감정이 생기더라도 같이 시간을 보내고 부대끼고 해야 화해도 하고 이해의 지점도 찾을 수 있을 텐데, 그럴 기회가 없다 보니 마음의 벽만 점점 높아졌다.

세상 모든 부부가 수만 가지 다른 점을 서로 맞춰가기도 하고 맞출 수 없는 부분은 서로의 특징으로 인정하며 산다. 그런데 그것이 가능하려면 적어도 세상을 바라보는 관점과 궁극적으로 가고자 하는 삶의 방향이 같아야만 가능한 일이다. 전처와는 관점과 방향이 아예 달랐다. 서로에게 100가지 기대를 가지고 있으면 99가지는 포기를 해야만 하루가 살아지는 상황이었다. 나도 그 사람도 힘들었다. 그래도 아이를 위해서는 서로가 최선을 다했다. 그랬기에 3년 만에 끝을 알아챈 결혼 생활을 16년 동안이나 이어갈 수 있었을 것이다.

우리는 결혼 생활 동안 단 한번도 고함을 지르며 싸워본 적이 없다. 싸우면서 감정 표현이라도 했다면 서로의 상처를 확인하고 회복하는 기회라도 가질 수 있었을 텐데, 그것마저 하지 못했다. 투박하고 서툴더라도, 먼저 손을 내밀고 먼저 미안하다고 이야기하고 서운한 감정과 갈등을 풀려고 노력을 했어야 하는데, 그러지 못했다. 지금 내가 가장 후회하고 반성하는 대목이다. 메마르고 냉랭한 마음이 멀어지고 멀어져 더 이상 좁혀질 수 없는 간극만큼 벌어졌을 때, 우리 두 사람은 이혼을 했다. 2016년 5월, 아이가 중학교 3학년이고 나는 진주시 부시장으로 있을 때였다.

아빠를 슈퍼맨으로
만드는 아들

이혼하던 해 중학교 3학년이던 아들이 갑자기 과학고등학교로 진학하고 싶다는 이야기를 했다. 아직 법원 결정을 받지는 않았지만 대략 1년 전부터 아내와는 이혼에 대한 협의가 있었고 이미 별거를 하고 있을 때였다. 부부의 간극은 좁혀질 가능성을 상실한 채 멀어졌어도 아이 문제만큼은 머리를 맞대고 고민할 수 있는 부분이었다. 이혼을 앞둔 상황에서 가장 걱정되는 부분은 서로가 아닌 아이였고 아이가 살아갈 미래였다. 당시 아이 엄마와 정말 많은 의견을 나눴다. 아이에게도 여러 상황을 이해가 가능할 때까지 설명하고 또 설득했다. 헤어지는 길 위에 있었지만 부모로서 함께 노력했던 그 모습, 그 마음은 아름다웠다고 기억한다.

사실 과학고등학교는 마음먹는다고 갈 수 있는 곳이 아니었다. 단순히 공부를 잘 한다거나 수학이나 과학 과목을 좋아한다는 정도로는 합격 문턱에도 갈 수 없었다. 요즘 아이를 키우는 학부모들은 더 잘 알겠지만 과학고등학교는 초등학교 때부터 목표를 두고 공부해도 입학하기가 힘든 곳이었다. 더 걱정되는 것은 합격 이후였다. 합격을 한다 하더라도 "벼락치기로 공부한 것들을 가지고 과연 과학고 수업을 따라갈 수 있을까", 이 부분이 가장 염려스러웠다. 과학고등학교 수업은 강의 난이도가 굉장히 높은데 첫 학기 수업과 테스트에서 이미 아이들의 실력이 드러나 아이들을 괴롭힌다고 한다. 내 아이가 그 경쟁에서 살아남을 수 있을까, 그 과정을 버텨낼 수 있을까, 두려운 마음도 들었다. 아이와 끊임없이 대화하면서 걱정을 이야기하고 쉽지 않은 길임을 설명했다. 그 과정에서 아이는 오히려 담담히 자신감을 표했다. 선택에 대한 책임을 오롯이 자신이 짊어지겠다는 말을 들었을 때는 합격 때보다도 감격스러웠다.

아이의 희망에 따라 과학고등학교 진학을 준비하기로 결정하면서 내 걸음은 바빠졌다. 먼저 합격에 꼭 필요한 조건들을 뽑고 남은 짧은 입시 기간 동안 내 아이가 그 조건을 갖출 수 있는 방법들을 찾아 나섰다. 경험이 있는 분들을 만나 어떤 준비가 필요한지 설명을 들었고, 공부해야 할 과목과 공부 방법에 대한 자문을 받은 뒤에는 나부터 공부하기 시작했다. 내가

아들이 고등학교 2학년 때인 2018년, 바다가 보고 싶다는 아들과 함께 남해군 다랭이마을을 찾았다.

나는 아버지로서 아들이 걷는 길을 뒷
받침해 주기는 하지만 어떤 길을 선택
할지는 아들이 결정하도록 했다. 사진은
2020년 아들이 경남과학고등학교를 졸
업할 때의 모습이다.

공부한 것을 아이에게 알려주고 공부 방법 또한 공유하며 입시 컨설턴트를 자처했다. 물론 선행 학습 필수 과목인 수학과 과학은 과외 선생님을 구해 함께 공부하도록 했다. 입시를 미리 준비하고 있었던 것이 아니어서 아이는 중학교 수학을 마스터함과 동시에 입시를 위한 고등학교 수준의 수학과 과학 지식까지 익혀야 했다. 입시까지 남은 짧은 기간 동안 대회에도 참여하면서 전형에 맞는 스펙을 쌓고 면접에 대비해 다양한 책읽기도 병행했다. 고3 엄마들이 아이가 공부하는 시간만큼 책을 읽으며 함께한다고 하는데, 나는 아이보다 먼저 공부하고 아이의 입시를 위해 정말 많은 시간을 매달렸다. 고생이 말도 못하게 컸다. 하지만 목표를 정해 놓고 죽기 살기로 덤벼드는 아이의 모습을 볼 때면 고생스럽다는 마음은 이내 사라졌다.

부자(父子)가 함께 노력한 합작품으로 아이는 결국 경남과학고등학교 합격증을 받았다. 그때의 뿌듯함은 이루 말할 수 없다. 그런데 기쁨도 잠시, 우려가 곧 현실로 나타났다. 아이가 입학해서 첫 시험을 치렀는데 성적이 전교에서 꼴찌 수준이었다. 초등학교부터 수준 높은 공부를 꾸준히 해온 아이들을 이길 수 없었던 것이다. 수학과 과학에만 주력해온 아이들과 달리 다양한 분야의 책을 읽고 사회 다방면에 관심이 많았던 아들은 곧 공부에 흥미를 잃고 1학년 때 연극에 푹 빠져 살았다. 학교 연극반에 들어가 스스로 대본을 쓰기도 하고 주연배우로 활약도 하고 무대 연출을 직접 하기도 했다. 공부와 너무 멀어질까 걱정도 됐지만, 아들과 비슷한 행보를 보였던 나의 고등학교 시절이 떠올라 말릴 수가 없었다. 그런 비효율적인 삶의 방식은 어찌 그리 '제 아비'를 닮았는지, 아이의 고등학교 시절을 보면 나와 판박이를 해놓은 것 같았다.

1학년 때는 연극을 하느라 시간을 흘려 보내더니 2학년 때부터는 공부에 집중하는 모습을 보였다. 연극을 하며 사는 삶이 자신의 미래는 아니라는 생각이 들었던 모양이었다. 아들도 나를 닮아 근성이 있었다. 대학에 갈 무렵이 되어서는 전교 10등 정도까지 성적을 끌어올렸다. 서울대학교에 원서는 썼지만 낙방했다. 1학년 내신 성적이 좋지 않다 보니 서울대학교 합격은 불가능했다. 다행히 고려대학교, 성균관대학교, 한양대학교에서는 합격 통보를 받았다. 아들은 세 곳 중에서 한양대학교를 선택했다. 파이낸스경영학을 전공으로 삼았는데 주로 금융과 회계 쪽을 공부한다고 한다. 아들이 본인의 적성에 맞는 과를 찾아 학교를 선택한 것이겠지만, 한양대학교에서는 다이아몬드학과라고 하여 4년간 장학금 혜택도 주어졌다. 고맙고 기특한 마음이 들었다.

나는 아버지로서 아들이 걷는 길을 뒷받침해 주기는 하지만 어떤 길을 선택할지는 아들이 결정하도록 했다. 때론 그 선택이 실수로 이어져 바른 길을 찾는데 시간이 걸리더라도 아들의 선택을 존중했다. '신학생들이 가장 만나고 싶어 하는 목회자' 설문조사를 하면 늘 1위로 꼽히는 이재철 목사의 신문사 인터뷰를 본 적이 있다. 이재철 목사는 아들 넷을 훌륭히 키워낸 아버지로도 존경받는 분이다. 이재철 목사의 셋째 아들이 내가 즐겨보는 TV 프로그램 〈싱 어게인〉 최종 우승자인 이승윤이다. 독창적인 음악성과 겸손한 인품, 그리고 당당하고 행복한 멘탈을 가진 이승윤을 보면서 자녀 교육에 대한 많은 생각을 했다. 이재철 목사님은 아이들에게 스스로의 선택, 자립을 가장 강조하며 키웠다고 한다. 무엇이든 스스로 한 사람, 실수조차도 스스로 한 사람이 결국 갖게 되는 것이 '자기만의 영혼'이며 자기만의 영혼을 가진 사람만이 아무도 가지 않은 길을 갈 수 있다고 했다. 내가 살아온 삶을 대변하는 말이면서 내가 아이를 키우는 생각과 꼭 맞는 말이었다.

아무도 가지 않은 길 위에 서 있는 사람은 누군가를 밀치며 달리지 않아도 늘 1등이 되는 법이다. 이혼 과정 속에서 아이의 입시를 치르느라 이런 나의 생각이 아이에게 잘 전달될까 걱정했는데, 다행히 아이는 스스로 제 길을 잘 찾아가 주었다.

아들과 함께 보낸 100일의 시간 동안

2020년 4월 4일 토요일 12시쯤 서울 한양대 앞 하숙집에 아들을 데려다 주었다.

고등학교 기숙사에서 해방된 아이를 2019년 크리스마스가 막 지난 12월 27일 무렵에 창원으로 데려왔으니 꼭 100일째 되는 날이었다. 전날 이삿짐을 꾸려 차 트렁크와 뒷자리에 실어 둔 터라 아침 일찍 출발할 수 있었다. 하늘은 맑았고 서늘한 공기에 따뜻한 햇살이 섞이는 모습이 마치 녹차가 따뜻한 물에 녹아서 풀리는 듯했다. 찬란한 슬픔의 봄이라고 시인은 말했던가. 작은 이별의 슬픔이 있는 날, 이처럼 천지는 눈부셨고 밝고 환했다. 창원도 서울도.

하숙집은 행담동의 빌라 2층에 있었다. 여주인은 아래층에서 마스크를 한 채 메주를 담고 계셨다. 이것저것 물어보니 순천 출신이고 음식 솜씨 자랑도 하셔서 한결 마음이 놓였다. 근처 대형마트에서 세간살이를 사서 방에 넣어주고, 학교 앞에서 타코야키를 아들과 나누어 먹었다. 하숙집 주인에게 인사를 드린 후 차를 몰고 내려오는 천리 길 내내 가슴 한구석에 바람 지나가는 소리가 났다.

돌이켜보면 아이 엄마랑 이혼하고 집을 나왔던 때가 5년 전이고, 그 전에도 전근 다니느라 아들과 진득하게 같이 지낸 기억이 가물가물하다. 내 심장 한가운데 뿌리내린 그리움의 나무가 밤낮으로 줄기를 뻗고 무성히 잎을 내고 있었다. 하지만 아이가 고등학교까지만 엄마가 돌봐주고 졸업 후에는 내가 데리고 살기로 약속을 해둔 터여서 그리워도 기다리는 일은 고통스럽지만은 않았다. 같이 살기 위해 홀아비 5년차인 늙은 아빠가 할 수 있는 일은 무엇일까. 아홉 달 전부터 아이 방에 침대와 침구를 들였고 한 달 전쯤에는 고급스런 책장과 책상을 마련했으며 보름 전에는 학교 기숙사에서 짐을 빼와 방에 차려두었다. 매일 아침 출근 때마다 주인을 기다리는 물건이 가득한 방안을 열어보며 단절과 외로움이 없어질 그날이 며칠 남았는지 세어 보곤 했다. 기다림은 만남보다 달콤한 것이었다.

입주 첫날부터 아들은 의욕적인 계획을 세웠다. 3월 대학 입학 전까지 2달 정도 기간 동안 음악학원에서 피아노를 새롭게 배우고, 미술학원에서 그림을 시작하며, 피트니스센터에서 PT로 몸을 다듬기로 했다. 요리학원까지 다니려는 것을 말렸다. 그를 위해 내가 해야 할 일은 적지 않은 학원비를 아낌없이 내어주고 제때에 먹이는 일이었다. 학원비야 두 달만 쓰면 되는 것이고, 밥은 학창 시절부터 나 혼자 해먹는 일에 익숙한 터여서 크게 문제되지 않을 거라고 봤다.

아들은 고등학교 1학년 때 연극반에 들어가 각본, 감독, 주연을 맡았던 것 등 이야기 보따리를 풀었고, 둘은 재미있는 영화를 같이 보러 다니기도 했다. 특히 아들은 영화 〈겨울왕국〉을 좋아해서 무려 10번이나 보았는데, 단순히 영화 보기에 끝나지 않고 백화점과 팬시 상품 가게에서 쿠션과 DVD 등 '겨울왕국' 캐릭터 상품을 잔뜩 사서 자기 방을 꾸몄다. 심지어 〈겨울왕국〉 배경 그림 한 점을 얻기 위해 비싼 케이크를 사들고 오기도 했다. 어쨌거나 내가 마련한 방이 아들의 색깔과 기호로 다시 채워지는 것을 지켜보는 일은 어린 새가 둥지에서 꼬물대며 자라는 것을 흐뭇이 바라보는 아빠 새의 마음과 다를 바가 없었다. 모든 것이 순조롭고 행복했다. 처음에는.

세상은 늘 그렇듯이 항상 예상하고 계획한 대로 되지는 않는다. 입주한 지 며칠 후 아들은 내가 시골에 계신 어머니를 뵙기 위해 만든 휴가 날에 맞춰 심한 배앓이를 했다. 동네 의원으로 갔지만 점심시간 끝나기 10분을 기다릴 수 없을 정도로 아팠기 때문에 긴급히 큰 병원 응급실로 갔다. 아이는 전에도 두 번 정도 배앓이를 했고 그때마다 병원에서 주사를 맞고 나왔다고 했다. 이날도 그런 조치를 했다. 그러나 이번에는 고통이 끝나지 않았고 결국에는 다시 한번 병원에 가서 수술을 해야 했다. 두세 번의 큰 배앓이가 있었음에도 왜 나는 조금도 충수염을 의심하지 않았던가? 사람이 누구를 돌본다는 것은 기실 무한의 염려와 걱정을 쌓고 쌓아서, 한 줄씩 때와 상황에 맞게 책임 있는 행동을 척척 꺼낼 수 있어야 가능한 것이다.

매일 밥을 해 먹는 일은 재미있었지만 생각보다 쉽지 않았다. 게다가 아이에게는 내가 예상하지 못한 것이 있었으니 바로 '입이 짧다'라는 것이었다. 시간이 지나면서 홀아비 혼자 끼니를 때우는 방식으로는 그를 제대로 봉양(?)하는 것이 지속가능하지 않다는 것이 분명해졌다. 예를 들어 홀아비 비장의 레시피인 시래깃국이 그랬다. 우선 어머님이 마련해주신 시래기 된장무침을 비닐봉지에 소분해서 냉동실에 넣어둔다. 때가 되면 다시마 조각 두개와 멸치 그리고 건새우를 넣어 육수를 마련한다. 그리고 시래기를 넣고 끓이며 홍게 간장으로 간을 맞추고 들깻가루를 한 줌 넣어 마저 끓인다. 한 냄비 그득 장만해서 냉장고에 넣어 놨다가 데워 먹으면 3일은 거뜬히 넘길 수 있어서 끼니를 준비하는 나로서는 그야말로 저비용(저노동) 고효율이었다. 하지만 아들에게는 고통스러운 식단이었던 것이었다. 나중에 스스로 밝힌 바에 따르면 자기는 같은 음식을 절대로 두 끼 연속으로 먹는 사람이 아니라는 것이었다. – (중략) –

엎친 데 덮친 격이라고나 할까? 아들의 서울 생활을 2월 중순쯤으로 예상하고 아이 엄마의 도움을 받아 서울에서 하숙집을 예약해 놓았다. 그리고 두 달 정도만 고생하자는 생각으로 '돌봄'을 시작한 것인데 코로나19가 점점 확산되면서 학교의 개학이 연기되자 아이의 창원시 생활은 종점을 기약할 수 없게 된 것이다.

생선과 손님은 3일이면 냄새난다는 말도 있지 않은가. 5년의 기다림이 준 행복은 5주를 넘기 못했다. 스스로 끼니 해결도 버거운 홀아비 직장인이 고등학교를 막 졸업한 아들을 제대로 돌봐주기가 어렵다는 것을 깨달을 무렵 학교는 개강을 했고, 100일을 지낸 둥지를 떠나 아들은 서울로 갔다.

떠나기로 확정된 날은 쾌재를 불렀지만 막상 데려다 주고 오는 길은 가슴이 헛헛했다. "긴 이별, 짧은 만남이라더니 그 말이 맞구나. 언제 다시 머리 맞대고 살아보나" 하는 생각 때문에. – (후략) –

공통의 관심사가 많은
인생 동반자를 만나

이혼 절차를 밟고 아이의 과학고등학교 진학을 도우면서 한동안은 정신없는 시간을 보냈다. 하지만 폭풍 같은 시간이 지나고 나자 허탈감이 찾아왔다. 3년 정도는 그야말로 쇼크 상태로 지냈다. 숨 쉬고 밥 먹고 사무실 출퇴근도 했지만 스스로 보살피지 않은 지친 몸과 마음은 폐인에 가까웠다.

이혼 당시에는 진주시 부시장으로 근무했을 때였고 2년 후 경상남도 서부권지역본부장으로 발령을 받았다. 당시 언론사 인터뷰를 보면 진주시 부시장 시절을 묻는 질문에 이혼을 겪는 과정이 얼마나 힘들었던지 사람을 만나는 일 없이 업무에만 매달렸음을 회상하고 있다.

"그 무렵 나는 매우 어렵고 아픈 삶을 힘겹게 넘기고 있었다. 사사로이 사람을 만나는 일은 거의 삼간 채 밤낮으로 업무에만 매달렸다. 지금 생각하면 동료 직원들과 즐거운 마음을 나누지 못해 많이 후회스럽다. 36만 진주시민의 삶을 책임지는 행정 실무 총지휘자로서의 책무는 결코 만만치 않았다."●

어느 순간 스스로에게 솔직해져야겠다 싶었다. 계속 이렇게 살고 싶은가 자문했다. 아니었다. 이것이 내가 바라는 모습인가도 물었다. 물론 아니었다. 그 무렵 우연히 들은 소식으로는 전처는 벌써 좋은 사람을 만나 재혼한 후라고 했다. 그 사람은 새롭게 열린 자신만의 길을 사랑하고 사랑 받으며 잘 일구어가고 있었던 것이다. 나보다 훨씬 밝고 지혜로운 사람이었다.

새로운 인생 목표를 세웠다. 외롭지 않게 살아야겠다는 마음을 먹었다. 생각이 통하는 사람을 만나 시시때때로 이야기 나누며 함께할 수 있는 무언

● 〈프라임경제〉 2018년 1월 22일, "하승철, 경상남도 서부권지역본부장" 인터뷰 기사에서.

가를 끊임없이 찾아내고 싶었다. 완벽히 맞는 사람은 세상에 없음을 한번 경험했으니 서로 다른 모습도 이해하고 이해 받으며 살았으면 했다. 그때 한 사람이 눈에 들어왔다. 2020년 5월 나의 동반자가 된 지금의 아내다.

도청에서 오래 근무했던 직원이라 얼굴과 이름은 이미 알고 있었다. 20년 전 내가 도청 기획관실 계장으로 근무하던 때 아내는 기획계에 근무하고 있었다. 기획관실이 굉장히 넓어 자리가 거의 끝에서 끝이었던 것으로 기억하는데, 당시에는 직급 차이도 커서 마주치면 인사 정도 주고받는 사이였다. 그때 내가 본 이미지는 자신감 넘치고 당찬 모습이었다. 진주시 부시장 시절 이혼을 하고 경상남도 서부권지역본부장으로 자리를 옮겼을 때 아내는 서부권지역본부 초급 사무관으로 와 있었다. 정말 오랜만에 다시 보게 된 것이다. 40대 후반의 나이였음에도 미혼이었고 여전히 당당한 모습이었다. 혼자 여행을 다니며 삶을 마음껏 즐기는 모습이 좋아 보였다. 곁에서 보는 것만으로도 생기가 채워지는 느낌이었다.

"차 한 잔 합시다." 나는 다짜고짜 전화부터 했다. 이 사람과 이야기를 나눠보고 싶다는 마음이 먼저였다. 아내는 흔쾌히 나의 제안에 응해주었다. 이유를 들어보니 도청에서 승승장구하며 그렇게 당당하던 사람이 이혼 후 너무 망가진 모습이라 안돼 보여서 나왔다고 했다. 측은한 마음에 이야기나 한번 들어주자 싶었다는 것이었다.

그런데 그날 우리는 시간 가는 줄 모르고 너무도 많은 이야기를 나눴다. 공통의 관심사가 정말 많다는 것을 그날 바로 알게 되었다. 영화보고 여행하고 책 읽고 하는 모든 일상에서의 취향이 비슷했다. 음악을 좋아하는 것도 같았는데, 음악은 취향이 같았다기보다 내가 온갖 음악을 다 좋아하다 보니까 아내에게 취향을 맞춰줄 수 있었다. 그렇게 서로 좋아하는 음악을 추천해주고 같은 책을 돌려 읽고 하면서 만남을 이어갔다.

1년에서 1년 반 정도 연애를 했는데, 그 기간 중 대부분을 아내가 서울

에 파견 근무를 나가 있었다. 그래서 자주 만나지는 못했는데, 떨어져 있으
니 함께하고 싶다는 마음이 더 강해졌다. 가끔은 서울에서 데이트를 했다.
하루는 대학에 다니고 있던 아이한테 아내를 슬쩍 소개할 기회를 만들었다.
나는 아들을 먼저 만나 곧 아이가 대면하게 될 아내를 이렇게 소개했다.

"너는 모르는데 너를 사랑하는 사람이 굉장히 많아. 세상에 너 혼자만
있는 것이 아니라 네가 잘되기를 마음으로 바라는 사람이 엄청 많다는 걸
기억해. 그러니까 자신감을 가지고. 오늘 만날 사람도 그 중 한 사람이야.
한번 만나볼래?"

셋이 함께 식사를 하면서 나는 우리가 가족이 될 수 있음을 확신했다.

홀아비 티가 팍팍 나는 나에게 아내가 코치를 많이 해주었다. 화장품도
어떤 것을 써라, 선크림도 매일 바르고 옷도 좀 젊어 보일 수 있게 청바지
도 사서 입어봐라, 같은 것들이었다. 아내의 말을 하나 둘 따라하면서 생
활 속 활력을 찾아갔다. 둘 다 걷는 것도 좋아하니까 같이 걸으며 나무 이
야기, 꽃 이야기, 아이 이야기, 여행 이야기를 나누었다. 걷다가 예쁜 커피
숍 있으면 들어가 커피를 마시면서 인테리어 이야기, 배경 음악 이야기,
조명 이야기, 지나가는 사람 이야기를 또 나누었다. 그렇게 소소한 이야기
들을 나누며 우리 두 사람은 결혼까지 걸어왔다.

집에 있을 때는
매일 아침상을 차린다

아침을 가볍게 먹기 때문에 이런 거창한 표현을 쓰는 것이 조금 민망하긴
하지만, 그래도 집에 있을 때는 나는 매일 아침상을 차린다. 아침 식사 준
비는 어쨌든 나의 몫이다. 아침 식탁에 매일 올리는 메뉴는 과일과 견과류

아내와 나는 영화보고 책 읽고 여행하는 모든 일상에서의 취향이 서로 비슷하다.

고맙고 고마운, 총총 부인 차씨

창원 OO호텔 옥상 연회장. 코로나 때문에 마음을 정한 지 6개월이 지나서야 천신만고 끝에 양가 가족과 몇몇 지인들을 모시고 조촐한 예식을 치를 수 있었다. 거동조차 불편하신 어머니는 장모님 부축을 받으며 고집스레 화촉에 불을 붙이셨다. 어머님이 무슨 마음이셨을지 나는 안다. 새로운 사람에 대한 고마움과 미안함이 가득한 얼굴로 사진까지 찍으셨다.

장모님은 우리 결혼의 일등공신이시다. 아들 딸리고 나이든 사위가 무어 그리 반가우셨을까마는, 혼인 이야기가 나온 그 순간부터 오로지 예비사위 사랑에 지극한 마음이셨다. 덕분에 아내도 흔들리는 마음을 다잡고 어려운 길을 나선 것으로 안다. 나는 재혼이고 아내는 초혼이다. 20여 년 전 직장에서 서로 멀리 떨어진 계이긴 하지만 같이 근무한 인연이 있어 성품을 조금은 안다. 씩씩한 스타일이다.

2019년 1월. 1급 관리관 보직인 부산진해경제자유구역청장을 임명받는 준비 과정에 신원조사를 하는 BH 담당자 전화가 왔다. 이런저런 이야기가 끝날 무렵 그가 어렵게 말을 꺼냈다.

"전 아내가 재혼했는데 아세요?"

"……, …. 처음 듣는 이야기입니다. 언제 했던가요?"

"이혼하시고 곧 하셨던 것 같습니다."

그는 잠시 뜸을 들였다가 묻는다.

"다른 문제는 없으셨습니까?"

그의 임무인지는 모르지만 질문받는 사람 입장에서는 조금 잔인한 질문이다.

"그럼요. 단 한번 소리 내어 싸운 적도 없는 걸요. 세상을 보는 눈이 달랐을 뿐입니다. 생각이나 취미가 다르고 가치관이 달랐던 거 같아요. 제가 야근도 많이 하고 전근도 많이 다니면서 대화할 시간도 없이…. 그러다가 서서히 마음도 멀어진 것 같습니다."

"아. 네…. 잘 알겠습니다."

아픔을 잘 극복하고 있었구나. 나도 이제는 허공 중에서 내려와 두발로 땅바닥을 딛고 살아야겠다는 생각이 든 계기였다.

경제자유구역청장 직전에 내가 맡은 보직이 경남도청 서부청사를 총괄하기 위해 신설된 2급 서부권지역본부장이었다. 행복 드림 주택 슬레이트 지붕개량 사업 준공식이 2018년 11월 하동 화개면 상덕마을에서 있었다. 단정하게 차려입은 여성사무관이 사회를 보고 있었는데 준비된 원고를 차분하게 읽는 모습이 눈에 들어왔다. 야무진 사람이구나. BH담당자와의 전화가 끝난 후 며칠이 지나서 그 생각이 났다. 전화를 했다.

결혼 후 아내에 물어봤다.

"어떻게 결혼을 결심했수?"

"호호호. 전화가 왔는데, 너무 목소리가 간절했어요. 커피 한잔 하자는데 만나보니, 사람이 옛날과는 달리 꾀죄죄하고 쭈글쭈글해져서 천생 홀아비 모습이라 마음이 아팠고. 만나자고 전화한 그 용기가 놀라웠어요."

아내를 만나면서 깨달은 점이 많다. 가장 중요한 것은 두 가지였다. 먼저, 좋아하는 것이 같은 게 매우 많았다. 커피를 좋아했기 때문에 커피집 투어를 많이 다녔고 내가 내린 드립 커피를 보온병에 담아서 나눠 마시곤 했다. 좋아하는 음악이나 운동 취미도 매우 닮았다. 취미의 싱크로율이 거의 90퍼센트 이상이라고 할까. 하루 종일 이야기해도 화제가 끊이지 않았고, 새로운 관점을 배우고 영감을 받는 일도 많았다. 그리고 같은 직장이기 때문에 서로에 대한 최소한의 이해와 신뢰가 있었다는 점도 좋은 관계를 만드는데 크게 도움이 되었던 것 같다.

결혼 후 아내에게 고마운 것은 더욱 많다. 첫째 이해와 배려의 마음이 지극하다는 것이었다. 멀쩡한 직장을 그만두고 주변을 보면 십상팔구 인생을 거덜내고야 마는 정치의 세계에 몸담으려는 나에 대해 "평생 꿈이었으니 한번은 해보세요"라고 인정해줬다. 둘째, 끊임없이 대화하고 함께하는 일을 찾고 시간을 같이 나누려고 한다는 점이다. 예를 들어 작년 11월부터 시작한 1일 1만 보 걷기도 그렇다. 하루 1만 보를 채우기 위해 손을 꼭 잡고 공원을 몇 바퀴씩 돌거나 이곳저곳 걸을 만한 곳을 찾아다녔다. 걸으면서 끊임없이 대화하다 보면 오해는 풀리고 이해는 넓어지며 사랑은 커진다는 것을 알게 됐다.

셋째, 나의 가족에 대한 헌신의 마음이 매우 크다는 점이다. 결혼 후, 서울에서 학교를 다니던 아이가 방학 중에 내려오면 지극한 마음으로 챙겨줬다. 올해 7월부터는 아이가 방학 후 휴학을 하고 집안에만 있어도 늘 말벗이 되어주고 같은 편이 되어 이해해주며 먹고 싶은 요리를 끝없이 해준다. 과학고를 졸업하고 코로나로 대학 생활이 없는 아들은 사람과의 소통보다는 본인 혼자만의 세상에서 잘 벗어나려고 하지 않는다. 그런데 아이가 세상과 대화하는 통로 역할을 아내가 해주는 것이다. 덕분에 나한테는 이야기하지 않는 고민과 바람을 아내에게는 한다.

신혼 여행을 제주도에 갔다. 섭지코지를 오르는데 잠시 사진 찍느라 한눈파는 사이 아내가 보이지 않았다. 깜짝 놀라서 찾아보니 아내는 갈대 사잇길 저 멀리 뒤도 돌아보지 않고 가고 있었다. 그 모습이 마치 스카이 콩콩을 타는 아이처럼 뒤돌아보지 않고 앞으로만 깡충거리며 나아가는 것으로 보였다. '총총부인'이라고 별명을 지어줬다. 신혼 여행을 다녀온 바로 그날 어머니가 크게 아프셔서 수일간의 병원 생활 끝에 신혼집에 모셨을 때에도 조금도 싫은 내색하지 않고 어려운 표정을 짓지 않으며 자연스럽게 수발에 임하는 모습을 보여줬다. 놀라운 희생과 사랑과 배려의 마음을 가진 총총부인 차씨에게 사랑과 고마움의 마음을 전한다.

첫 번째 결혼에서 내가 결정적으로 부족했던 것은 내가 먼저 사랑하고 내가 먼저 미안하다고 말하지 않았다는 것이다. 생각과 세계관은 달라도 그 사람은 기본적으로 착한 심성을 가지고 있었다. 하지만 먼저 말을 꺼내지 않으면서 풀리지 않는 작은 섭섭함들이 차곡차곡 쌓여서 필경에는 대화가 단절되고 서로를 이어주는 마음의 길이 끊어졌던 것 같다. 사랑하는 마음은 키우고 미워하는 마음을 줄이도록 노력하지 않은 것이 나의 잘못이다. 그런 면에서 지금의 아내는 내가 그런 마음을 갖도록 가르쳐주고 이끌어 준다. 사랑스럽고 지혜롭다. 나 또한 아내를 평생 아끼고 배려하면서 챙겨주고 싶다.

가족 또한 서로를 위한 노력을 기울이지 않는다면 좋은 관계를 유지하기 힘들다. 이런 점에서 서로를 감싸 안으려 애쓰는 아내와 아들이, 나는 너무 고맙기만 하다.

아내가 자주 요리하는 수육.

아내가 자주 요리하는 새우감바스.

를 얹은 플레인 요구르트이다. 거기에 하루는 누룽지, 하루는 밥, 하루는 샌드위치로 바꿔가며 식사에 변화를 준다. 사실 내가 하는 일은 아주 간단하다. 누룽지나 밥을 먹을 때는 아내가 밑반찬을 미리 준비해 놓기 때문에 누룽지를 끓이거나 쌀만 씻어 앉히면 되고 샌드위치를 먹는 날은 빵집에서 사온 것을 데우기만 하면 된다. 상을 차리고 치우고 설거지를 하는 시간까지 합쳐도 삼사십 분 정도면 충분하다.

이 어렵지 않은 나의 아침 노동으로 직장인 아내는 여유롭게 머리를 말리며 출근 준비를 할 수 있고 코로나 때문에 집에서 온라인 수업으로 대학 생활을 대체하고 있는 올빼미형 아들은 아침 꿀잠을 조금 더 잘 수 있게 되었다. 그리고 나는 행복지수가 조금 높아져 부드러운 표정의 아내와 아들과 함께 아침을 먹으며 몸속, 마음속 따스함을 채운다.

지방 고시 합격으로 시작된 나의 공직 생활은 고속도로를 내달리는 것과 같았다. 첫 발령을 받았을 때부터 내게는 늘 처음 시도하는 업무가 주어졌고 당장 성과를 내야만 하는 목록들로 일과가 빡빡하게 채워졌다. 휴게소에 잠시 멈춰 우동이나 통감자도 사먹고 커피 한 잔의 여유도 즐기고 하는 것이 고속도로를 달리는 운전자들의 소소한 즐거움이지만 나는 그것조차도 빠르게 해결할 방법을 찾아야 했을 만큼 바쁜 날들을 살았다. 그런데 아내와 아이를 위한 아침을 내 손으로 차리고 나서부터는 바쁘고 빨랐던 삶의 속도가 반 박자 느려졌다. 셋뿐인 가족이지만 온 가족이 식탁에 둘러앉아 아침을 먹는 행복을 여유롭게 누리게 되었다. 가족이라는 것이 꼭 모여 살아야 가족인 것은 아니지만 아내와 아이와 함께 한 집에 살면서 한솥밥을 먹게 되고 난 뒤에야 나는 진짜 식구가 되었음을 실감했다.

이 과정에서 아내에게 정말 감사한 것은 대학생 아들이 갑자기 생겼는데도 전혀 어색해 하지 않는다는 것이다. 아이와 같이 살며 밥을 챙겨주고 빨래를 해주는 것도 부담으로 생각하지 않았다. 아이 입맛에 맞는 음식을 찾아 매일 색다른 요리를 하며 오히려 즐거워 한다. 방도 잘 치우지 않아 지저분한데다 늦게 자고 늦게 일어나는 모습을 나도 보기 싫을 때가 있는데 아내는 잘 받아주었다. 미워하는 마음 없이 오히려 재미있어 하고 아이와 많이 대화하려는 모습을 보면 절로 미소가 지어진다. 아내가 여행도 많이 다니고 젊은 사고를 지니고 있다 보니 포용력이 넓어 가능한 일일 것이다. 하지만 누군가를 받아들이고 감싸 안는 마음은 노력 없이는 되지 않는다는 걸 알기에, 고마운 마음이 크다.

아들의 노력도 고맙기는 마찬가지다. 아이도 요리 학원을 다니며 아내의 요리를 돕고 있다. 나는 세 사람이 함께 살게 됐을 때 아이한테 그래야 한다고 이야기했다.

"가족도 서로 지켜야 할 의무를 지키고 최선을 다해야 해. 서로 부대끼면서 정을 주고받는 것도 노력이 필요한 거야. 혈연 핏줄 그런 게 아니어도 남들과는 다른 각별한 감정을 가지고 서로 이해해주고 힘이 돼주면 그게 가족이야."

"우리 셋, 진짜 가족이 됐으면 좋겠다. 너도 노력해야 된다."

아들에게 아내를 처음 소개할 때처럼 나는 툭 터놓고 이야기를 했다. 성인이 된 아들은 중학교 3학년 때 부모의 이혼을 이해했던 것보다 더 진중한 모습으로, 그리고 기꺼이 가족이 되려는 노력을 해주었다. 어느새 그렇게 마음과 생각이 성장했는지, 아버지의 삶을 이해하고 공감하는 폭이 넓어 마음이 놓였다.

나는 요즘 세 식구가 함께 식탁에 앉아 밥을 먹을 때면 무한한 위로를 받고 힘을 얻는다. 앞으로 어떤 길을 걷게 되더라도 우리 세 사람이 나란히 걷게 되리라는 믿음 때문이다. 해답 없는 길 위에서 때로 방황하게 되더라도 따뜻하게 내 손을 이끌어줄 가족이 있다는 뿌듯함 덕분이다.

9

서부경남 KTX
예타 면제,
핵심 논리를 개발하다

- 경상남도 발전의 핵심,
  서부경남권 개발
- 서부경남 KTX 경제성 점수
  0.08을 위한 전쟁
- 이 시대가 요구하는 도시를
  만들 수 있다는 자신감
- 부당한 음모에 당당하게
  맞서 싸우다
- 반걸음 앞서 오거나 반걸음
  늦게 온 행운
- 아름다움을 보는 눈

서부경남 KTX 사업은 이미 오래전부터
계획되었으나 경제성이 부족하다는 이유로
매번 무산되곤 했다. 그런데 경상남도 정치권이
앞에서 끌고, 내가 팀장으로 있었던
총괄TF팀이 논리를 개발하면서 2019년 1월 예타
(예비 타당성 조사) 면제 사업으로 확정되었다.
사진은 김해시 일대를 지나는 KTX의 모습이다.

경상남도 발전의 핵심,
서부경남권 개발

나는 2014년 12월 진주시 부시장으로 발령받았다. 처음 공직 생활을 시작한 곳에 부단체장으로 귀향한 것은 매우 감격스러운 일이었다. 그런데 나는 이보다 내가 나고 성장한 하동군과 진주시를 비롯한 경상남도 서부권역의 발전 사업에 실질적인 정책을 구현하고 추진할 수 있다는 사실에 더 기뻤다.

2018년에 경상남도 서부권지역본부장에 임명되면서는 도내 다른 지역에 비해 낙후된 '서부경남' 개발에 박차를 가할 수 있었다. 서부권지역본부장은 신설되는 2급 직위로, 경상남도 서부 청사를 지휘했던 서부 부지사 직위가 없어지고 대신 그 역할을 맡아 서부청사 소재 3개의 국을 지휘하는 자리였다. 당시 서부권지역본부에서 추진했던 '서부 대개발' 핵심 사업은 남부내륙철도 조기 건설, 항공국가산업단지 조성 및 항공 MRO 사업, 해안권 발전 거점 조성, 폐조선소 관광 명소화, 항노화 사업, 혁신도시 2단계 추진, 6차 산업 활성화 및 첨단 농업 기반 강화 등으로 과제가 산적해 있었다.

산업 구조의 재편이나 정부의 기본 정책 변경 등 중·장기 추진 사업이 많아서 당장 결실을 맺기 어려운 정책들이 적지 않았지만 많은 사업을 가시화시켰다.

나는 먼저 시군 지역별 의견 취합에 나섰다. 경상남도 서부권지역본부가 생긴 이후 처음으로 지역 발전 현안 설명회를 개최했다. 이 자리에서 서부 도정의 주요 현안 사항을 설명하고 10개 시군 담당자들과 직접 소통하며 각 시군의 건의와 애로 사항을 들었다. 3일 간의 설명회를 통해 경상남도는 총 27건의 서부권 현안 사업에 대해 시군의 협조를 요청했고 서부권 10개 시군은 또한 총 27건의 홍보 또는 건의 자료를 제출했다. 시군의

2018년 12월 진주시에서 열린 '항공국가산업단지의 성공을 위한 시민공청회'에 참가했을 때의 모습이다. 경상남도 서부권지역본부장으로 있을 때이다.

2018년 8월 경남새농민회 한마음대회에 참석해 "농업인의 목소리가 담겨 있는 정책을 실천해 나가겠다"는 내용의 인사말을 하고 있다. 경상남도 서부권지역본부장으로 있을 때이다.

2018년 6월 경상남도 서부권지역본부장으로서 해외 시장 개척을 위해 홍콩을 방문했을 때의 모습이다.

건의 사항에 대해 각 사업 담당 과장들이 상세하게 답변하는 시간도 가졌고 시군과 현안에 대해 즉석 토론을 진행하는 등 서부권 시군들과 접촉면을 늘려갔다. 이를 통해 서부권 지역을 배려한 특별한 시책 발굴을 필요성을 더 크게 느낄 수 있었다.

시군과 소통하고 현장의 이야기를 들으면서 나는 서부권 개발 사업에 반드시 성과를 내야겠다는 의지가 솟았다. 그저 나의 업무 성과가 아닌 내가 태어나고 자란 지역의 잠재된 가치와 역량에 걸맞은 발전을 꼭 이뤄내고 싶다는 의지이고 욕구였다.

사업이 가시적 성과를 이루려면 예산 편성이 먼저이다. 나는 경상남도 서부권 개발을 위한 주요 사업이 정부 예산에 계획대로 반영되도록 이끌어 사업 추진에 탄력을 붙였다. 혁신 도시인 진주시의 성장 엔진이 되는 복합혁신센터 건립과 공공기관 및 기업 유치 예산, 남해안 발전 거점 사업을 위한 국비 지원을 확정받았다. 또 항노화 산업 육성 관련 주요 사업도 전액 정부 예산에 반영되었다. 당시 국비 55억 4천만 원을 지원받은 '섬진강 뱃길 복원 및 수상 레저 기반 조성 사업'은 동서 통합 지대 조성을 위한 선도 사업의 하나여서 더욱 의미가 깊었다. 당시 지원받은 예산으로는 나루터 복원과 강변 쉼터 조성 등 공공 부문 사업을 먼저 추진할 수 있었다.

서부경남KTX 경제성 점수 0.08을 위한 전쟁

서부권지역본부장으로 근무하면서 내가 가장 심혈을 기울였던 것은 소위 '서부경남 KTX'라고 불렸던 남부내륙철도 사업이었다. 남부내륙철도는 경상북도 김천시와 경상남도 거제시를 잇는 단선 전철 노선인데 이 사업은 4조 8천억원의 사업비로 성주군, 합천군, 진주시, 고성군, 통영시를 거쳐 총 연장 177.9km를 연결하는 초대형 국책 사업이다.

남부내륙철도는 오래전부터 계획은 있었으나 경제성이 없다는 이유로 매번 사업이 무산되곤 했다. 2011년 4월에 국토해양부(현재의 국토교통부)의 '제2차 국가 철도망 구축 계획'에 반영되었으나 기획재정부가 2014년 1월 "경제성 평가인 비용 편익 분석(B/C) 결과 0.72로 합격선인 1을 넘기지 못하고 정책적 고려를 포함한 AHP 평가 또한 0.429로 합격선인 0.5에 미치지 못한다"고 발표하면서 사업이 추진되지 못하고 말았다. 다행히 이 사업은 2016년 6월 다시 '제3차 국가 철도망 구축 계획'에 반영되었다. 그리고 경상남도가 숙원 사업인 이를 적극적으로 추진하면서, 결국 2019년 1월 29일 정부의 예비 타당성 조사 면제 사업으로 선정되었다. 국토교통부는 2019년 11월 남부내륙철도(김천-거제) 타당성 조사 및 기본계획 수립에 착수했고 2022년 1월 13일 기본계획(안)이 고시되어 드디어 사업이 시작되었다. 2027년 사업이 완공되면 중간기착지인 서부경남의 중심 도시 진주시의 진주역에는 매일 25회 정차하게 된다.

이 노선이 개통될 경우 진주에서 서울까지의 소요 시간은 1시간 20분 정도 절감된 2시간 10분으로 줄일 수 있다. 경부본선과 고속선의 철로 용량 부담을 완화하는 효과도 있고 진주의 철도 분담률을 끌어 올릴 수도 있다. 특히 중부내륙선과 직결될 경우 혼잡도가 높은 대전과 대구를 피할 수도 있다. 아울러 부산 쪽으로도 연결이 가능한 구조여서 제2의 경부선을 만들 수도 있다. 진주시외버스터미널이 향후 진주역 앞으로 이전하게 되면 진주시 권역인 하동군도 직·간접적인 혜택을 얻게 된다. 2027년 개통이 되면 서부경남 발전의 견인차 역할을 할 수 있으며 하동군의 장기적 발전 전략 또한 여기에 맞게 수립될 필요가 있다. 순천시에서 하동군을 거쳐 진주시까지 고속전철이나 KTX 노선을 추진하는 전략도 과감히 구사해야 한다.

앞에서 밝혔지만 남부내륙철도 사업은 이전에는 예비 타당성 검토 결과 경제성이 부족하다는 이유에서 한 발짝도 나아가지 못했던 것이다. 하지만 예비 타당성 조사 면제라는 결과를 이끌어내는 과정에는 경상남도 지역 정치인들의 노력과 함께 남부내륙철도 총괄TF팀장을 맡은 나와 우리 직원들의 부단한 노력도 숨어 있었다. 2018년 총괄TF팀장을 맡아 정부와의 직접적인 협의에 나선 나는 예비 타당성 평가의 통과에 전력을 기울였다. 경제성 분석 점수가 0.8 수준임에도 정책성을 인정받아 KTX를 개설한 강원도의 사례를 정부에 제시했다. 따라서 이전에 0.72를 받은 본 사업에 0.08의 추가 점수를 얻으면 동일한 사례로 인정받을 수 있는 가능성이 높았다. 편익을 높이든가 비용을 낮추면 되는데 철도의 품질을 위해 비용을 낮출 수는 없고 마른 수건에 물을 짜는 심정으로 편익을 올릴 온갖 방법을 연구한 끝에 기존 대전통영고속도로의 주말 수요를 철도 수요로 전환하는 논리를 개발해서 기획재정부와 치열한 논리 싸움을 전개했다. 이를 위해 당시 이근식 주무관을 비롯한 우리 직원들이 밤을 새워 가며 고속도로와 철도의 승객을 분석했다.

예상 외의 강력한 논리에 정부 관료는 당황한 흔적이 역력했고, 결국에는 논리에 밀리지만 정부 예산을 아끼기 위해 그래도 인정할 수 없다는 고백을 들을 수 있었다. 최종적으로는 경상남도 정치권에서 큰 역할을 했던 것으로 기억한다. 그러나 정부의 반대 논리를 실력으로 극복하는 과정에서 합리성을 끌어올렸기 때문에 예비 타당성 면제 조치라는 과감한 정치적 결단에도 기획재정부 등 정부 부처의 반대가 많지 않았을 것이라고 생각한다.

서부권 개발의 기존 논리는 동부경남이 실현한 30년 동안의 발전을 서부경남은 15년 내에 압축 성장을 통해 이뤄내 낙후 지역을 벗어나겠다는 취지였다. 물론 좋은 일이고 반드시 실행되어야 하는 일이다. 지금까지도

2019년 3월 부산진해경제자유구역청장 취임식 날, 지금은 산업통상자원부 장관으로 가 있는 문승욱 당시 경상남도 경제부지사가 축하 인사를 건네는 모습이다.

내가 간절히 소원하는 일이다.

그런데 나는 당시 개발이라는 말을 한번 생각해보고 썼으면 했다. 먼저 '서부 대개발'이라는 용어는 중국에서 나온 것이다. 동부 연안권 중심의 불균형 발전 전략을 취한 덩샤오핑(鄧小平)과는 달리 현재의 시진핑(習近平) 주석은 50년을 내다보고 황무지나 다름없는 서부를 개발하고 창조하겠다는 전략을 펼치고 있는데 이 용어는 이러한 시진핑의 전략을 비판 의식 없이 차용한 것이 아닌가 하는 점이다.

그럼에도 '서부 대개발'이라 이름 붙은 경남의 서부권 지역 발전은 반드시 이뤄내야 할 과제이다. 하지만 '개발만이 최고'라는 과거의 패러다임에 갇히지 않도록 유의해야 한다. 서부경남은 개발을 넘어 경상남도 도민과 대한민국 국민들이 '와서 살고 싶은 도시, 기업하고 싶은 도시, 뿌리 내리고 싶은 도시'를 구축해 이곳에 사는 주민들이 기본적으로 풍족한 삶의 질을 누릴 수 있도록 해야 한다는 것이 나의 생각이다. 서부경남 지역은 이럴 자격과 경쟁력을 충분히 갖추고 있다. 이를 제대로 키우려면 그냥 '개발'을 해서는 안된다. 인프라 중심의 하드웨어 개발과 장착에 그치지 말고, 역사·문화와 지역 정체성을 바탕으로 한 소프트한 개발, 환경과 자연을 생각한 개발을 해야 한다. 그래야만 모두가 행복한 발전이 가능하다.

나는 경상남도 서부권지역본부장으로 일하면서 개발을 넘어선 보다 근본적인 가치를 고민해야 하고 그것이 서부권지역본부가 해야 할 일이라고 믿었다. 그리고 그 비전과 가치는 실현 가능하다고 보았다.

하동군을 비롯한 서부권 지역들은 오랜 전통과 역사를 바탕으로 스스로 문화를 만들어 왔다. 그리고 전국 어디에서도 찾아볼 수 없는 서부권 지역만의 정신 문화 콘텐츠가 살아 있다. 경남 서부권이야 말로 문화 콘텐츠를 고스란히 살려낼 수 있는 소소하고 다양한 개발, 터를 일구고 살아온 사람들의 삶의 질을 높이는 개발, 기발하고 창의적인 지역 문화를 만들어 내는 개발이 가능한 곳이다. 나 역시 하동군 출신이고 진주시에서 학업을 하며 지낸 서부경남 사람이다. 나는 서부경남 시군과 주민들이 지역이 지닌 가치에 대한 자신감을 갖고 미래에 대한 고민과 생각이 깃든 '진짜' 개발과 발전에 힘을 모았으면 한다.

이 시대가 요구하는 도시를
만들 수 있다는 자신감

공직자로서 나의 마지막 근무처는 부산진해경제자유구역청이었다. 2019년 3월 청장으로 부임해 2년 5개월을 몸담았다. 경제자유구역청은 내게 어느 한 지역을 제대로 설계하고 가꿔 이 시대가 요구하는 도시를 만들어내는 안목과 역량을 길러준 곳이다. 이곳에서 나는 20여 년 기획 경제 부처 및 다양한 부임지에서 쌓은 노하우를 종합해 투영하고 현실화할 수 있었다.

'세계 최고 물류·비즈니스 중심 실현'을 목표로 세워진 부산진해경제자유구역청은 부산시 강서구와 경상남도 창원시 진해구 일대에 위치한 여의도 면적 18배에 달하는 부지를 신항만, 지사, 두동, 명지, 웅동 5개 지역으로 구분해 관할하고 있다. 2019년 정부가 창원시 진해구에 조성하는 부산항 제2신항 건립에 2040년까지 13조 6천억원을 투입하는 기본계획안을 확정하면서 부산진해경제자유구역청의 역할은 더 중요해졌다.

경상남도와 부산시 두 지역을 복합적으로 관할하는 위치에서 불협화음이 생기지 않을까 우려하는 목소리도 있었지만 나는 오히려 시너지 효과를 낼 수 있다고 보았다. 경제자유구역청이 중심만 잘 잡는다면 부산시와 경상남도가 서로가 가진 장점을 주고받으며 조화롭게 호흡할 수 있다고 확신했다. 이렇게만 된다면 경제자유구역의 발전을 견인해 두 지역 경제가 낙수 효과를 누릴 수 있는 것이다.

취임 초기부터 나는 경상남도와 부산시가 공동 개발 사업 등을 선제적으로 발굴했다. 먼저 30대 혁신 과제와 혁신 성장 용역을 지정하고 동북아 물류 중심 지역을 주도하는 부산진해경제자유구역의 새로운 비전과 대안을 마련해 나갔다. 그 결과 진해신항 추진과 '가덕도 신공항 특별법' 등 일련의 초대형 국책 사업이 추진될 때 공항과 신항만 철도가 만나는 동북아 물류 중심지로서의 부산진해경제자유구역이 중요하게 부각될 수 있었다.

내가 여러 주요 부서와 직책을 거치면서 개발 계획을 추진할 때 가장 중요하게 생각했던 것이 '안전'이다. 경제자유구역청에 있으면서 나는 전국 지방자치단체 최초로 '지하 안전 공사 가이드라인'을 마련했다. 또한 건축 혁신 용역을 통해 건축물의 안전성도 확보했다. 명지지구를 설계할 때는 미래를 내다본 공간 배치를 구현해 세계 최고 수준의 명품 정주(定住) 여건을 갖춘 글로벌 비즈니스 도시의 기틀을 세웠다는 평가를 받았다.

더불어 활발하게 추진한 투자 유치 활동도 좋은 결과를 얻었다. 스타우스, 액세스월드, 대우 로지스틱스, 쿠팡 등 국내외 첨단기업을 유치하고 4억 7천200만 달러의 외국인 직접 투자도 유치했다. 여러 성과들이 쌓여 부산진해경제자유구역청이 경제자유구역청 성과 평가에서 전국 9개 경자청 가운데 유일하게 3년 연속 S등급을 받을 수 있었다. 경상남도와 부산시의 대립형 조직 구조를 성과지향형 기능주의 조직으로 바꾸는 등 혁신 성장 기반을 강화한 것이 주효하게 작용한 덕분이었다.

2년 5개월 동안 부산진해경제자유구역청장으로 나의 역량과 열정을 쏟아 부으면서 나는 또 한 단계 성장할 수 있었다. 1997년 지방고시 2기로 공직에 입문해 25년 동안 경상남도의 여러 직책을 거쳐 왔는데, 경제자유구역청은 지금까지 각각의 일로 보였던 공무원 경력을 적재적소에 적용시켜 완성형으로 만들어준 곳이다. 이때까지 도시 계획, 도시 행정, 도시 건

● 〈한국일보〉 인터뷰 기사
● 2019년 4월 10일

[내고장 경제] "부산·경남의
혁신성장 플랫폼으로 거듭나게"

최근 개청 15주년을 맞은 부산진해경제자유구역청의 새 수장으로 부임한 하승철 청장은 "경제자유구역청이 중심을 잡고 부산·경남의 케미를 모아 시너지 효과를 창출하겠다"고 포부를 다졌다. 부산, 경남을 복합 관할하는 '한 지붕 두 가족'의 불협화음을 최소화하고, 경제자유구역의 발전을 견인해 두 지역 경제가 낙수효과를 누리게 하겠다는 의지다.

'세계 최고 물류·비즈니스 중심 실현'을 목표로 한 부산진해경제자유구역청은 부산 강서구와 경남도 진해구 일대 서울 여의도 면적의 18배에 달하는 51㎢를 △신항만 △지사 △두동 △명지 △웅동 5개 지역으로 구분해 관할하고 있다. 특히 정부가 올해 상반기 중 부산항 제2신항 건립계획을 발표할 것으로 알려지면서 부산진해경제자유구역청의 중심적인 역할이 요구되고 있는 가운데 최근 부임한 하청장을 만나 향후 비전을 들어봤다.

지역별 사업추진 전략은

"신항만 지역은 부산항 신항을 지원하는 물류·제조 및 배후 도시로 조성해 대한민국 물류 전진기지이자 동북아 관문항인 세계 최고 물류 허브로 발전시켜 나갈 것이다. 또 지사·두동 지역은 첨단산업단지와 연구개발(R&D) 시설이 건립되며, 명지는 국제비즈니스센터 및 외국 교육 기관, 의료 기관, 컨벤션센터 등 동북아 최고 국제 업무 신도시로, 웅동 지역은 골프장과 리조트, 아울렛 등을 갖춘 복합 관광 레저 단지로 육성할 계획이다. 현재 이들 5개 지역 23개 지구의 실시 설계 승인 기준 개발률은 95.7%이며, 19개 도로 기반 시설 사업은 80.2%의 준공률을 보이고 있다. 투자 유치는 2월 말 현재 28억 6,200만 달러의 외자를 유치하고, 총 1,541개(국내 1,409개, 외국 132개) 기업을 유치했다. 이 같은 이력으로 산업통상자원부 주관 전국 경자청 평가에서 최근 3년 연속 최우수 실적을 달성했다."

글로벌 경쟁력 강화를 강조했는데

"개청 이후 개발 중심의 1세대 경자 구역을 성공적으로 마무리한 만큼 앞으로는 혁신 성장 중심의 2세대 경자 구역으로 패러다임을 전환, 지속가능한 성장을 위해 미래차, 드론, 재생에너지 등 8대 선도 산업 중심으로 4차 산업 앵커 기업을 적극 유치해 지역 산업의 구조와 체질을 개선해 나갈 것이다. 아울러 혁신적 기업 활동을 가로막고 있는 각종 규제를 개선하고, 고부가가치의 복합 물류·첨단 부품 등 부산진해경자구역에 특화된 업종 유치에 집중할 것이다. 또 우수 국내외 대학·연구소를 유치해 집적하는 한편 산학연 협력을 강화해 우수한 인재와 양질의 일자리를 만드는 등 혁신 성장 생태계를 조성, 올해를 부산진해경자구역이 혁신 성장 플랫폼으로 성장하는 원년이 되도록 하겠다."

경자 구역 확대가 요구되고 있는데

"혁신성장의 기틀을 마련하고 복합 물류 기능을 강화해 해외 경제 특구들과의 경쟁에서 우위를 선점하기 위해서는 경자 구역 확대가 필요하다고 본다. 경자 구역 제도는 자본과 기술을 유치하기 위한 정책 인센티브로 글로벌 기업과 앵커 기업 집적화를 유인하는 것이다. 이 같은 경자 구역 제도의 장점을 충분히 활용해 항만 배후 단지, 유라시아 철도의 기종점인 화전 체육 공원, 신해양 산업의 중심지인 북항 일원 등을 경자구역으로 지정해 조속한 개발과 투자 유치를 촉진해야 한다. 구역 확대를 통해 부산진해경자구역은 기존 구역과 신규 지정 구역이 각자의 역할을 수행함은 물론 시너지 효과를 통해 고부가가치를 창출하는 혁신 성장 플랫폼으로 성장할 것으로 기대한다."

설, 미래지향형 지역을 만드는 일에 능력을 발휘해 왔지만 경제자유구역청을 이끌면서 그 모든 역량을 모아 실제 도시를 만들고 재생하고 돈을 투자해 가면서 도시를 형성하는 사업을 실행할 수 있었다.

이 과정에서 자칫 발을 잘못 들이면 비리에 얽힐 수도 있고 재정 파탄을 가져올 수도 있고 도시를 망가뜨릴 수도 있다. 영원히 좋지 않은 도시를 후세에 넘겨줄 수도 있다. 나는 공무원으로서의 마지막 임무로 그 중차대한 일을 맡아 자신감 있게 일을 추진하고 마무리해냈다. 힘든 과정이 있었지만 멈추거나 뒷걸음질치기보다는 변화를 가로막는 벽을 뚫고 전진하는 방법을 택했다. 그렇게 내 업무의 마지막 단계에서도 나는 성장하는 법을 배웠다.

부당한 음모에 당당하게 맞서 싸우다

"진실은 언제나 시간이라는 발에 의지하여 절룩거리며 느릿느릿하게 걸어가는 것이다."

스페인 철학자 발타자르 그라시안(Baltasar Gracián)의 이 말이 나를 지탱해주지 않았다면 내가 부산진해경제자유구역청장의 이름으로 25년 공직 생활을 명예롭게 마감할 수 있었을까?

경제자유구역청장으로 일할 당시 나를 향한 거대한 음모가 있었다. 명예를 되찾기까지 지난한 싸움을 해야 했고 끝이 보이지 않는 어둡고 긴 터널을 홀로 걸어야 했다. 되돌려 생각하고 싶지 않은 힘든 사건이고 시간이지만 사실 관계가 명확히 밝혀진 만큼 이 책에서 나는 나를 향했던 음모와 진실을 다시 한번 되짚어 밝혀두고자 한다.

2020년 11월 부산진해경제자유구역청은 개청 16년 만에 행정 사무 감

2003년 무렵부터 개발이 추진돼 온 창원시 두동지구는 약 20년 동안의 갈등과 분쟁 속에서 답보 상태에 머물러 있다가, 2019년 7월 마침내 지구 조성을 마무리했다. 이로써 애물단지에서 첨단 물류 거점으로 거듭났다. 내가 부산진해경제자유구역청장으로 있을 때이다. 사진은 2019년 7월 두동지구 준공식에서 인사말을 하고 있는 모습이다.

사를 받았다. 당시 행정안전부 감사는 통상적인 감사가 아니었고 나를 직접 겨냥한 감사였다. 내가 '부정 청탁 금지 위반, 직무 권한 남용' 등을 했다는 투서를 접수한 국무조정실 공직복무관리관실이 9월에 먼저 감사했고 그 결과를 행정안전부에 통보하면서 감사가 이뤄졌다. 부산진해경제자유구역청을 감독하는 행정안전부가 국무조정실의 감사 결과를 다시 확인하는 절차를 밟은 것이다.

감사를 마친 행정안전부는 나에게 씌워진 비위 혐의를 인정한다며 2020년 12월 경상남도에 중징계 처분을 내릴 것을 권고했다. 내가 아파트 관리권 알선 청탁과 특정 협력업체 사용에 대한 부정 청탁, 그리고 관할 내 아파트 사용 승인 과정에서의 직무 권한 남용 등을 했다는 것이다. 나는 그런 일을 전혀 한 적이 없으니 받아들일 수 없었다. 나는 행정안전부의 감사 결과에 불복해 재심의를 신청했고 경상남도도 이를 인정하여 경상남도지사의 이름으로 행정안전부에 감사 불복 신청을 했다. 하지만 행정안전부는 재심의를 기각 처리했다. 다시 경상남도 인사위원회에서 심의를 했고 정부의 중징계 요구가 근거가 부실하고 지나치다는 인사위원회의 판단에 따라 나는 2021년 4월 경상남도로부터 견책을 제외한 경징계 중 가장 낮은 감봉 1월의 징계 처분을 받았다.

누군가 이 정도 징계로 넘어가라는 조언도 했지만, 단 한 치의 거리낌도 없었던 나는 그마저도 절대로 받아들일 수 없었다. 나는 소청심사위원회에 소청을 제기했다. 2021년 7월 7일 경상남도 법무담당관실로부터 6월 20일 개최된 소청심사위원회 심의 결과를 통보받았다. 4월 19일 경상남도 인사위원회가 결정한 감봉 1월의 징계를 취소한다는 내용이었다. 이로써 2020년 9월부터 시작되어 10개월을 끌어온 나에 대한 감사와 징계 여부를 둘러싼 공방이 무죄 무혐의로 최종 결론 맺게 되었다. 내가 끝까지 포기하지 않고 싸웠던 이유는 이 사안이 비단 나 개인의 문제에 그치는 것이 아니라 공공의 이익과 공적 상황에 상당히 영향을 미치기 때문이었다. 수십 조원의 사업비를 들여 여의도 면적 18배가 넘는 구역을 개발하고 외국 자본을 유치하는 부산진해경제자유구역의 최고 지휘권자로서 나의 청렴함은 조직의 명예나 신뢰와도 직접 연결되기에 더욱더 부조리한 세력과 맞서 싸웠다.

국무조정실에서 나에 대한 감사를 하게 된 계기인 투서는 특정 사업자와 관계된 것이 틀림없다. 법으로 정해진 개발 사업 요건을 지켜달라는 나의 요청이 있었다. 이 경우 공익성이 있는 사업을 많이 벌여야 하기 때문에 비용이 추가로 들어야 한다. 나의 요청은 막대한 개발 이익이 예상되는 독점적 개발 사업에 대해 법이 부여한 최소한의 공익적 기여를 위한 명분이 있었고 이는 정부 관련 전문위원회의 지적이기도 했다. 지키지 않으면 불법인 것이다. 내가 선처 요구를 거부하자 유력한 정치인이 두 번에 걸쳐 청탁성 전화를 걸어 왔고 이에 응하지 않자 얼마 후 음해가 시작된 것 같다. 나에 대한 투서는 적어도 몇 달 이상의 공모를 거쳐 조직적으로 기획되었다는 것도 확실하다. 내가 사석에서 농담처럼 했던 이야기도 모두 수집한 뒤 짜깁기해서 투서를 넣었다. 처음에 스무 개 가까운 혐의를 나와 엮어 놓았다가 뒷받침할 증거가 없으니 서너 개로 혐의가 줄어들었다.

감사 대상으로 내가 받고 있었던 혐의는 '임대아파트 사용 승인 시 권한 남용'과 '부정한 알선과 청탁' 등이었다.

내가 한 일이라고는 임대아파트 사용승인 전 현장 점검을 통해 주민 안전 시설을 강화하고 주민의 생활에 불편을 주는 쓰레기 수거장의 위치 변경, 쾌적한 조경 환경의 조성 등을 요청한 것이 전부였다. 때마침 '아파트 품질 검수단'의 활동이 입법화되어서 그러한 절차는 품질 검수단에 의해 진행되었던 것이다. 그것이 갑질이고 직무권한 남용이라는 논리였다. 그리고 '호텔 사용 승인권'도 그렇다. 옥상에 소방 관련법상 대피 시설이 없

2019년 11월 영국의 로얄러셀스쿨(Royal Russell School)과 부산시 강서구 명지지구 내 부산캠퍼스 설립 운영에 관한 양해각서를 체결한 후 기념 촬영을 하는 모습이다.

부산진해경제자유구역청 직원들과 함께 코로나19 의료진 감사 릴레이 행사를 진행할 때의 모습이다.

으니 옥상에 가연성 소재를 걷어내고 화재 대피 공간을 확보했으면 좋겠다는 제안을 했다. 그 외에도 법을 어겨 시공한 부분이 있어 시정토록 했다. 하지만 그것 또한 갑질에 해당한다고 투서 내용에 들어 있었다. 다수 시민의 생명과 재산을 지키기 위해 법적 근거를 갖춘 적극 행정의 일환이었음에도 그것이 죄로 둔갑되어 있었던 것이다.

"특정 업체를 협력업체로 사용토록 부정 청탁했다"는 내용도 기가 찬다. 지인의 요청이 있어 사정을 알아보니 안되는 일이라고 하여 다시 안된다고 그 내용을 지인에게 알려준 것이 전부였고 그것으로 끝이었다. 그런데 그것이 청탁 알선으로 투서에 포함되었다.

내가 당당하지 않을 이유가 없었고 소리 높여 당당함을 주장하고 싶었다. 다만 감사 중인 사안이라는 이유로 법적 절차가 완료될 때까지 참을 수밖에 없었다. 보호받기 어려운 임대아파트의 서민들 생활 편의를 도모했고, 다수가 내왕하고 숙박하는 호텔의 화재 안전을 법에 따라 챙긴 것이 비리로 취급받는 것이 참기 힘들었다. 나는 자신할 수 있었다. 살면서 공무원으로서 마음가짐, 몸가짐에 있어 부끄러울 일을 절대 하지 않았다. 그 정도로 철저하게 처신했기 때문에 그렇게 집요한 음해가 있었어도 당당할 수 있었다.

공직에서의 위치가 높아지면 누군가 부탁을 해올 경우가 반드시 더 많이 생긴다. 지인도 찾아오고 때로는 정치인도 부탁을 한다. 그런데 내가 절대 지키는 선이 있다. 우선 법을 위반하는 내용의 부탁은 처음부터 단호하게 안된다고 이야기한다. 당사자에게 피해가 가지 않고 합법성이 확보된 요청의 경우는 내용을 알려주는 것마저도 피할 수 없을 때가 있다. 하지만 정도를 절대 넘어서는 일은 하지 않는다. 그것이 나를 지키는, 공무원으로서 스스로를 지키는 마지노선이었다. "어쩔 수 없을 때는 알아보기까지는 한다." 이것이 내가 나를 보호하기 위해 터득한 지혜였던 것이다.

1년 가까운 기간 동안 정부기관이 동원되고 정치인이 관여했으며, 언론까지 가세해서 없는 일을 있다고 만들어 몰아세우니 견디기가 힘들었다. 홀로 수세에 몰리다 보니 내가 정말 잘못한 것이 있나 하는 망상까지 하게 되었다. 주변 사람들도 처음에는 진실을 믿어주다가 언론에 두 번 세 번 언급되다 보니까 진짜 비리가 있는 것은 아닌지 의심하는 눈초리를 보냈다. 이 부분은 정말 견디기 힘들었다. 그렇게 부패 권력과 주위 시선과 싸우는 동안 수면제에 의지하지 않고서는 잠을 이룰 수 없을 정도로 괴로웠다. 내가 믿을 것이라고는 진실의 힘, 이것 하나밖에 없었다.

결국 소청심사위원회에 제기한 소청이 받아들여져 감봉 1월의 징계는 취소되었고 나의 결백은 입증되었다. 수많은 감사 인력을 동원해서 오로지 내 결점 찾기에 혈안이 되어 일방적인 조사를 벌였음에도 단 하나의 위법이 없었다는 결론이었다. 진실의 승리였다. 공직 생활을 끝맺을 무렵에 겪은 뜻밖의 고통과 시련을 맞아 나는 또 배웠다. 그리고 힘을 길렀다. 바른 것은 반드시 이긴다고 하는 믿음으로 포기하지 않고 싸우고 견디다 보면 결과는 나의 손을 들어준다는 사실을 온 마음으로 깨우쳤다. 세상 모든 사람이 나를 손가락질하고 주변 사람들마저도 등을 돌릴 때도 내 스스로에 대한 믿음을 놓지 않고 내가 가야 할 길을 죽기 살기로 걸어내는 힘을 길렀다.

나는 당시 남명(南冥) 조식(曺植) 선생의 제자인 약포(藥圃) 정탁(鄭琢 : 1526-1605)의 일화를 떠올렸다. 남명 선생은 지리산 천왕봉이 바라보이는 산천재(山天齋)에서 후학을 양성했다. 정탁 역시 산천재에서 가르침을 받은 제자 중 한 사람이다. 정탁이 진주향교 교수에서 물러나며 하직 인사를 드리자 남명은 정탁에게 집 뒤뜰에 있는 소 한 마리를 타고 가라고 일렀다. 하지만 뒤뜰에는 눈을 씻고 봐도 소가 없었다. 없는 소를 타고 가리니 정탁은 어리둥절할 수밖에 없었는데, 뒤에야 그 뜻을 깨달았다. 남명 선생은 정탁이 말과 행동이 과격해 소를 탄 것처럼 느리게 오래 걸어야 멀리 갈 수 있음을 일깨워준 것이었다. 정탁은 남명의 가르침대로 평생 소한 마리를 마음속에 두고 자신의 길만을 뚜벅뚜벅 걸었다. 그리하여 임진 왜란 중 이순신 장군이 삼도수군통제사에서 파직되어 한성(漢城)으로 끌려와 고초를 겪을 때 그를 위기에서 구해주기도 했다. 소 한 마리를 마음속에 둔 것처럼 우직하게 나의 길을 걷는 것, 내게 남은 삶은 그러해야 함을 마음에 새겼다.

나는 나에 대한 믿음을 스스로 증명했다는 것에 대해 만족하고 입장문을 내는 것으로 기나긴 싸움을 끝냈다. 과정의 억울함도 있고 가슴에 한스러움도 남았다. 가해를 일삼은 이들에게 받은 고통을 똑같이 되돌려 주고 싶은 마음도 있었다. 하지만 나는 정탁의 일화를 떠올리며 과거로 향하는 노력은 하지 않기로 결심했다. 나의 걸음은 미래를 향해 있고 우직하게 미래로 가기 위해서는 과거와 싸우지 않아야 한다고 믿기 때문이다.

반걸음 앞서 오거나 반걸음 늦게 온 행운

25년 간 공직 생활의 끝에 1급 공무원 위치에까지 올라 주요 관청의 수장이 되면서 나는 가끔 호메로스의 서사시 〈오디세이〉에 나오는 사이렌(siren)과 선장 이야기를 떠올렸다.

사이렌은 암초 위에서 노래를 부르는데 그 소리가 어찌나 아름다운지 노래를 들은 사람은 자기도 모르게 바다에 뛰어들어 결국은 죽음을 맞는다. 트로이 전쟁의 영웅 오디세우스(Odysseus)도 전쟁을 마치고 집으로 돌아가려면 배를 타고 사이렌이 사는 바다를 통과해야 했다. 선원들을 이끌고 선장이 되어 바닷길에 오른 오디세우스는 사이렌의 노래가 얼마나 아름다운지 직접 들어보고 싶었다. 그는 사이렌의 노랫소리에 홀려 바다에 뛰어들지 못하도록 배에 함께한 선원들에게 자기의 몸을 돛대에 단단히 묶어달라고 부탁했다. 그리고 선원들의 귀는 막아 노랫소리를 들을 수 없도록 했다. 이 방법으로 오디세우스는 아름다운 사이렌의 노래를 듣고도 살아남을 수 있었다.

나는 한 공동체를 이끄는 수장이라면 선장으로 나선 오디세우스처럼 귀는 열어 놓고 몸은 돛대에 묶어 두어야 한다고 생각한다. 공동체를 책임져야 하니까 유혹도 있고 근거 없는 음해나 모략도 있다. 바른길을 걷지 못하게 하는 나쁜 소리라 하여 귀를 닫으면 선장의 자격은 없다. 선장이 된 이상 주변의 모든 소리를 들어야 한다. 그래야 배가 침몰할 위기가 닥칠 때 막을 수가 있다. 지방자치단체를 책임진 단체장도 마찬가지이다. 물론 귀를 열면 엄청난 유혹이 있을 수 있다. 나를 추켜세우는 기분 좋은 말들에 스르르 마음이 풀려 공정의 길을 잃을 수가 있다. 반대로 숱한 비난에 고통스러울 수도 있다. 내 약점을 찌르고 부조리함을 지적하는 말들에는 분노가 솟구칠 수도 있다. 그런데 공동체를 이끄는 리더라면 그런 소리까지 모두 들어야 한다. 도망치고 싶거나 주저앉고 싶더라도 그럴 수 없도록 철저히 나를 공동체에 묶어두고 주변의 소리에 귀를 열어야 한다.

하지만 자신을 공동체에 묶는 방법은 신화 속 오디세우스처럼 다른 이들의 손을 빌릴 수가 없다. 현실에서의 리더는 자기 내면의 나약함에 맞서 본인이 힘껏 싸우는 것밖에는 방법이 없다. 그 싸움에서 이겨내지 못하고 무너지면 유혹의 소리에 현혹된 포퓰리스트(populist), 곧 즉각적인 인기에만 연연하는 정치꾼이 되고 공동체는 침몰할 수밖에 없다.

관료의 책임론과 정치인의 책임론은 분명 다르다. 정치인은 결과 책임을, 관료는 과정 책임을 져야 한다. 하지만 고위 관료는 반드시 결과 책임도 고려하지 않으면 안된다. 과정을 책임지지만 결과까지 고려해서 가장 피해가 적은 것을 선택해야 하는 효율성이 고위 관료나 군수·시장에게 중요하다. 효율성이란 투입된 노력이나 비용에 비해 얻은 결과가 높은 것을 말하지만 군수·시장에 필요한 효율성은 조금 다르다. 적은 비용으로 높은 성과를 올리는 효율성이 아니라, 국민의 피해는 어떻게든 적게 하고 행복은 최대로 만드는 효율성이다.

나는 고시 제도의 혜택을 마음껏 누린 사람이다. 오갈 데 없는 백수를 불러 나라가 직책을 주고 월급도 챙겨주고 나랏일을 한다는 명예도 준다. 그렇게 해주는 이유는 자부심을 갖고 소신껏 일을 하며 국민을 위한 진정한 행정의 효율성을 추구하라는 것이다. 물론 결과에 대한 책임을 지되 과정도 충실히 하면서 말이다.

2년 가까이 이어지고 있는 코로나 팬데믹 상황에서 나는 여러 지자체의 관료나 정치인들이 과정과 결과에 대한 책임을 지고 행정의 효율성을 제대로 높였나 되돌아봐야 한다고 생각한다. 위급한 상황일수록 관리자의 과감한 판단이 필요하다. 국민을 위험에 빠뜨릴 만한 요소가 발견되었을 때는 위험성을 재빨리 평가하고 때에 따라서는 중앙정부의 지침보다 더 엄격한 제한을 둬서 공공의 이익을 챙겨야 한다. 엄격한 통제나 제한이라고 해서 관리자가 독선을 부리라는 것이 아니다. 이해와 설득을 통해 주민 합의를 이끄는 노력이 필수이다.

먼저 군수나 시장이 나서서 공동체가 안전해야 개개인의 안전도 보장될 수 있다는 것을 이야기하고 규제 강화나 통제에 대한 이해를 구해야 한다. 당장 결과가 눈에 나타나지 않아 비난을 받을 수도 있다. 하지만 주민 합의에 출발을 두면 그 무엇보다 센 추진력을 얻게 된다. 잘 안 된다고 뒷걸음질칠 수 없는, 끝을 보는 추진력을 얻을 수 있다. 함께 의논했고 같이 하자고 합의된 일이니 끝까지 해야 하지 않느냐, 항변도 가능하다.

나는 지난해 8월 9일 화이자 백신 1차 접종을 받았다. 직업상 외부의 의사결정권자와 조직 내부의 여러 직원들을 수시로 만나야 하는 나로서는 백신에 대한 기대와 소망은 어느 누구 못지않게 간절했다. 1차 접종 과정은 순조롭지 않았다. 노쇼 백신 예약 실패, 50대 신청 예약 실패로 마음을 졸였다. 접종 당일 병원에 가서야 내가 맞을 백신이 모더나에서 화이자로 바뀐 것을 알았다. 2차 접종일도 9월 6일에서 9월 20일로 바뀌어 있었다. 언론 등에 따르면 화이자는 2차 접종일이 모더나보다 빠른 3주 내여야 한다는데 6주 후라니, 잠시 혼란스러웠다. 게다가 9월 20일은 추석 전날이다.

나는 공직자로서 평소 정부의 정책 집행이 예정대로 되지 않을 경우, 불가피한 사정을 누구보다 잘 알기에 항상 정책 대상자인 주민에게 가능한 자세히 설명하고 설득해 왔다. 백신 접종 과정에서 정부나 기관에서 어려우면 어려운대로, 있는 그대로의 사정을 국민에게 알려주면 어땠을까? 모더나 수급보다 화이자 수급이 더 용이해서 바꾸었다. 2차 접종일은 3주 주기가 권장되지만 6주도 아무 문제없다, 이러한 사실들을 미리 알려 주었더라면 국민이 좀더 안심하지 않았을까 하는 아쉬움이 있다.

당시 방역 당국에서는 백신 확보에 필사의 노력을 하며 최선을 다하고 있었음을 잘 알고 있다. 하지만 하루라도 빨리 국민을 접종시켜야 한다는 사명감과 부담감에만 얽매여 서두르거나 쫓기지 않았어야 한다. 신중하게 수급의 변동 가능성을 고려해서 접종일을 지정하고 그 약속을 지켜 나갔다면 정책에 대한 국민 신뢰가 훨씬 컸으리라 생각한다.

정책의 대응성(responsiveness)과 정책 신뢰와의 관계는 같은 공직자로서 언제나 고민스러운 숙제이다. 정책학을 공부할 때 정책에 대한 국민의 신뢰가 정책의 성공 여부에 큰 영향을 준다는 것을 배웠다. 요컨대 관심과 기대가 큰 만큼 며칠 빠른 속도보다는 정책의 일관성이 코로나 팬데믹 속 정책 상황에서는 더 타당하지 않을까 하는 의견이다.

미국의 정치학자 프랜시스 후쿠야마(Francis Fukuyama)는 〈트러스트〉라는 책에서 어떤 국가의 경쟁력은 그 사회가 갖고 있는 신뢰 수준에 따

2019년 10월 부산진해경제자유구역청 직원들과 함께 섬진강으로 워크숍을 나왔을 때의 모습이다.

라 결정된다고 했다. 선진국과 후진국의 차이는 사회적 자본, 즉 신뢰 자본의 차이라고도 했다. 신뢰 수준이 낮은 국가들은 온갖 규제와 불신 비용이 커서 사회적 효율이 낮다는 것이다. 국민은 정부의 정책을 믿고 따라야 하고, 정부는 국민의 신뢰를 차곡차곡 쌓도록 유의해야 한다. 이것이 평소 나의 소신이다.

현대 정치에서는 국민의 선택이 권력의 원천이라고 믿지만, 여기에 전문성과 자기 열정을 더하지 못하면 그 권력은 계속된 지지를 얻지 못한다. 오늘날 같은 대중사회에서는 리더가 전문성에 기반한 자기 의견을 관철하기란 무척 어려운 일이다. 권력에 욕심을 가지고 영향을 주려는 사람들이 〈오디세이〉의 사이렌처럼 유혹하는 일이 흔하기 때문에 결단은 더 어렵기 마련이다. 나는 그럴 때 최대공약수를 찾아야 한다고 생각한다. 가장 많은 사람들이 만족할 수 있는 대안을 찾되, 공동체의 선을 위해 정말로 필요한 결단은 리더의 의지대로 관철시키는 강단이 필요하다. 때론 욕을 좀 먹더라도 본인이 지닌 전문성과 열정에 대한 믿음이 있다면, 그리고 그것이 공동체 전체의 유대를 강화하고 민주성과 공익 증진에 꼭 필요하다면 강력하게 밀어붙이는 용기가 있어야 한다.

그러나 세상 모든 일에는 일정한 답이 있는 것이 아니라 정말 자신감을 갖고 힘을 쏟은 일임에도 욕만 얻어먹고 끝나는 경우가 있다. 합의에 의해 얻은 추진력도 외부 자극 하나에 힘없이 동력을 잃을 때가 있다. 그래서 나의 능력과 주변의 지지에 더해 운도 한 숟가락 얹어져야 하는 것 같다.

내게 운은 항상 반걸음 앞서 오거나 반걸음 늦게 왔다. 어떤 때는 운이 반걸음 앞에 와서 추진하는 대로 일이 순조롭게 풀렸다. 운이 정말 없다 싶은 때도 있었다. 그런데 노력을 하다 보면 뒤늦게라도 그 결실이 맺어졌다. 반 박자 늦기는 했지만 그것 또한 운이 내게 온 것이다. 한번에 일확천금을 얻는 운은 없었지만 노력에 따르는 운은 그렇게 박자를 앞서거니 뒤

"새로운 길 위에서 사람들과
따뜻하게 소통하고자 합니다"

저는 오늘 25년의 공직을 명예롭게 마감하였습니다. 오후 2시 부산진해경자청에서 소수의 동료만 참석한 가운데 소박하게 퇴임식을 치렀습니다. 일종의 작별식이었지요. 다수의 동료들은 청내 방송으로 함께해 주셨는데, 코로나 때문에 노모와 형제 지인 어느 누구도 오지 못했습니다. 죄송합니다.

저는 행운아입니다. 너무나 사랑을 많이 받았습니다. 제가 명예를 지키며 퇴직하게 된 것은 많은 분들의 사랑과 기도를 하늘이 들어준 결과입니다. 정성을 다해 각 과 동료들이 만든 작별 인사 동영상을 보고 있으려니 마음이 울컥하기도 했습니다. 준비하느라 애쓰신 직원 여러분의 수고하심에 감사드립니다.

혁신 성장 기반을 쌓고 성공적인 개발과 투자 유치로 3년 연속 정부평가 최고등급을 달성하고서는 그것을 저의 공으로 돌려주신 동료들에게 감사합니다. 때로는 부족하고 때로는 지나친 성품 탓에 불편하거나 마음이 상한 동료들에게 진심으로 용서를 구합니다.

이제 저는 다시 길을 떠납니다. 사람들과 따뜻이 소통하고, 공정한 사회와 담대한 미래를 이야기하고 싶습니다. 오랜 세월 꿈꿔왔던 일이긴 하나, 3년 반이나 남은 공직을 그만두고 저 거친 황야로 나아가는 심정은 자못 복잡합니다. 저의 선택이 잘한 일인지 어리석은 일인지는 지금은 모를 일입니다. 결과는 제가 통제할 수 있는 범위가 아닙니다. 다만 최선을 다한다면 후회는 하지 않으리라는 것은 확실합니다.

지난 19일 명예퇴직을 신청하였을 때 아내가 글을 보내줬습니다. 가끔 열어보며 용기를 충전합니다. 2년 전 쓸쓸한 내 가슴에 날아와 이제는 또 하나의 심장이 된 아내가 있기에 제가 용기를 낼 수 있었던 것만큼은 분명합니다.

저는 행복한 사람입니다.

서거니 하며 늘 내게 따라온 것 같다. 이런 경험이 쌓이다 보니 나에게는 노력을 하는 만큼 하늘이 인정해 준다는 믿음이 있다. 이런 믿음 덕분에 불확실한 미래에 겁 없이 도전하는 일도 가능했다.

나는 지난 8월 19일 부산진해경제자유구역청에 명예퇴직원을 제출하고 8월 31일 퇴임했다. 지방고시로 시작한 25년의 공직 생활을 코로나 19 속 소박한 퇴임식으로 마감했다. 앞으로 가야 할 길에 대한 두려움은 당연히 있다. 늘 걷던 길이 아니고 늘 살아 오던 방식의 삶이 아니라 험난하리라는 예상도 한다. 걸음걸이를 바꾸고 이웃하며 걷던 사람을 바꾸고 입던 옷과 신던 신발, 표정과 마음가짐까지 바꿔야 하는 일임을 잘 안다. 지금까지처럼 주변의 지지가 노력의 밑거름이 되고 앞서거니 뒤서거니 왔던 운도 내 걸음에 닿기를 바란다. 이제 나는 새로운 길을 향해 걸음을 떼었고 최선의 노력을 다해 끝까지 걸어갈 것이다. 피터 드러커(Peter Drucker)가 역설한 성실함을 장착하고 말이다.

"위대한 리더가 되기 위해 필요한 것은 천재적 능력이 아니라 고된 작업을 반복해 수행할 수 있는 성실함이다."●

아름다움을
보는 눈

나는 중국 원(元)나라의 기틀을 닦은 명 참모 야율초재(耶律楚材 : 1190 ~1244)를 좋아한다. 금(金)나라의 멸망을 막았고 원나라를 변방의 야만국(野蠻國)에서 문명 제국으로 바꾼, 용기와 지혜를 겸비한 인물이다. 그는 소

● 피터 드러커, 〈변화 리더의 조건〉, 청림출판, 2001

신을 잃지 않고 공익이 무엇인지, 나라를 위한 최선이 무언지를 생각했다. 싸우지 않으면서 소신을 발휘해 권력자를 설득할 줄 알았다. 누구나 싸우는 건 쉽다. 정말 어려운 건 참고 견디면서 공익 실현을 위해 노력하는 것이다.

나는 공직 생활 동안 야율초재를 모범으로 삼고 살았다. 용기와 지혜를 겸비한 공무원이었는지는 주변의 평가가 있어야겠지만 공익을 위해 소신을 다해왔음은 자부한다. 솔직히 나는 지난 25년 동안 일에 목숨 건 사람이었다. 나의 나, 나를 위한 나가 아닌 삶을 살았다. 퇴직할 때는 25년의 시간이 찰나처럼 지나간 것 같았는데, 글로 되짚어 꺼내 보려니 하루가 서른 시간은 되는 듯 치열하게 산 것 같다.

여러 직함으로 출근한 하루하루가 소중함으로 기억되고, 함께 일했던 얼굴들 하나하나가 그리움으로 떠올랐다. 몇 달 밤샘으로 마무리해냈던 일들은 어제 일처럼 선명했다. 위기의 순간을 되짚어 볼 때는 마음속 상처가 다시 아려왔다. 하지만 되돌려 기억하니 무엇보다 나의 지난날들을 빼곡하게 채운 것은 나를 향한 많은 사람들의 바람과 희망, 가족의 응원이었다. 나는 일에 목숨 건 듯 삶이 내 것이 아닌 듯 살았는데, 나를 감싼 주변의 바람과 응원 덕분에 일의 성과도, 25년 공직 생활의 보람도 오롯이 나의 것이 되어 있었다.

"반 고흐가 사이프러스 나무를 그리기 전까지 프로방스에는 사이프러스가 거의 눈에 띄지 않았다."

스위스 출신 소설가 알랭 드 보통(Alain de Botton)은 〈여행의 기술〉에서 이렇게 이야기했다. 누군가 그 아름다움에 말해주기 전까지는 그것이 아름다운지를 발견하기가 쉽지 않다는 말이다. 퇴직 후의 나의 행보를 더 큰 도전으로 표현하는 사람들이 많지만 나는 '아름다움을 발견하는 일'을 하는 것이라 이야기하고 싶다.

퇴직을 하고 생활 패턴이 많이 달라졌지만 공직 생활을 할 때 나는 아침 출근 전에 2천 걸음 정도는 걸은 다음 출근했다. 그리고 퇴근 후에는 본격적으로 만 보 걷기를 해 매일 9-10km를 걸었다. 운동이 아니더라도 나는 걷는 것을 좋아한다. 약속이 잡히면 시간보다 일찍 가서 약속 장소 주변을 걸어본다. 회의를 하러 가도 꼭 한 시간쯤 먼저 가서 회의가 있는 도시의 이곳저곳을 걸으며 기웃거려 본다. 그러다 보면 사람 사는 모습이 보이고 주변의 다양한 건물도 보인다. 새로 벽재를 마감한 말끔한 앞면과는 달리 타일이 뚝뚝 떨어지고 있는 건물 뒷면도 보이고 찌든 때 가득한 식당의 환풍기도 보인다. 점심 손님을 모두 치르고 간이의자에 앉아 숨을 고르는 어느 식당 아주머니의 지친 표정도 보이고 일상의 힘겨움과는 아랑곳없는 아이들의 웃음도 보인다. 그리고 갈라진 벽면 사이로 무심하게 자란 초록 풀잎이 더없이 아름답다는 걸 본다. 헐어내지 않은 낮은 한옥 한 채가 동네 분위기를 고즈넉하게 만들고 있는 것도 본다.

구석구석 걷다 보면 건물과 거리와 공간에 사람들이 어떻게 살아가는지, 어떤 표정으로 어떤 분위기를 만들어가고 있는지를 볼 수가 있다. 그 지역의 민낯이 고스란히 보인다. 민낯이라 아름다운 것들이 보인다.

나는 요즘 하동군의 구석구석을 걸으며 꾸미지 않은 아름다움을 발견하고 있다. 가장 '하동다운' 아름다움이다. 나는 이것이 하동군의 가장 큰 경쟁력이 되리라 믿는다. 나는 지금껏 누구도 이야기해주지 않아 그것이 아름답다고 느끼지 못했던 하동군만의 아름다움을 이야기해주는 사람이 되고 싶다. 지역마다 속속들이 숨은 아름다움을 발견해내고 이것을 기반삼아 삶의 모습을 바꿔낼 수 있음을 증명하고 싶다.

어제와 다름없는 오늘을, 이제껏 없던 하루로 만드는 것이 '아름다움을 보는 눈'이라 했다. 나는 오늘도 나만의 '심미안'을 장착하고 곳곳을 누빈다. 이제껏 없던 나의 하루를 위해, 그리고 내 고향 하동을 전에 없던 하동으로 만들기 위해.

횡천시장에서 만난 하동 인심

마지막 가을걷이인 곶감 깎기가 끝날 때니 이제 김장철이다. 읍면별 사회봉사 단체 회원들의 '이웃 사랑 김장 담기' 행사도 줄을 잇는다. 인사 겸 조금의 도움이라도 될까 하여 부지런히 다니기는 하지만 끝날 무렵에 가서 멋쩍게 인사만 하고 나올 때가 있다. 이땐 참 부끄럽다. 엊그제의 금남면 행사가 그랬다.

다행히 오늘 청암면에서 하는 김장 담기는 시작 무렵부터 동참할 수 있어 마음이 편안했다. 허리는 아프지만 일을 같이 한다는 기쁨도 있고 도란도란 이야기 속에 동네 인심도 살필 수 있다. 김치와 수육에 막걸리 한잔 얻어 마시고 내려왔다. 짬이 나서 횡천시장을 한 바퀴 돌아보는데 시장 한편 널찍한 곳에서 한분이 김장을 하신다. 연세 많으신 할머니들은 앞에서 구경하고, 혼자서 연신 양념을 배추에 바르고 계셨다. 예순 중반쯤 되신 듯하다. 넉살좋게 얼굴 들이대고 무작정 소개말과 함께 명함을 건네는데, 듣는 둥 마는 둥 하신다. 그런데…,

"혼자 왔어요?"

"아니예. 저쪽 저 양반하고 둘입니다."

"점심은 묵었어요?"

"아니예. 좀더 둘러보고 밥 묵으러 갈 껍니더."

"김치 맛 좀 봐요. 내가 싸주는 대로 받아 먹음 된다."

보기 좋게 양념 바른 김치를 한 입 크기로 참깨에 콕 찍어주신다.

"와, 진짜 맛있네예."

"둘이서 밥 먹을 때 이거 싸서 먹어요. 많이 묵어야 힘내서 열심히 할 수 있는 거라."

김치 두 포기를 싸주신다. 들고 다니기 부끄러우면 안된다면서 검정 봉지에 다시 담으시기까지 했다. 한적해서 쓸쓸하기조차 했던 횡천시장이 갑자기 환해졌고 나는 살짝 목이 메었다.

하동군의 아름다움은
그 어느 곳보다 화사하고 다채롭다.
사진은 화개면 쌍계사의 단청이다.

가장
하동다운
하동

河勝喆

하승철이
만듭니다!

현재 하동군의 가장 큰 이슈는
하동시장과 진교시장, 갈사만산업단지와
대송산업단지 등의 문제를 해결해야
한다는 것이다. 그러나 좀더 중요하고,
좀더 중·장기적인 과제는 시그너처인
차(茶) 산업을 비롯한 농어업 분야와
문화 관광 산업 분야에서
새로운 활력을 찾아야 한다는 것이다.
그리고 이를 통해 지역 소멸 위기에서
벗어나야 한다는 것이다.
이에 이 책을 통해 하동군 13개 읍면의
발전 방향, 하동군의 과제에 대한
해결 방안을 모색해 본다.
아직은 개선해야 할 부분이 많지만,
앞으로 군민들과 함께 이러한 부분은
채워갈 수 있으리라 생각한다.

하승철이 생각하는 하동군 13개 읍면별 발전 방향

세상에 단 하나뿐인
하동을 만들어가기 위한 큰 그림

진주시 부시장을 하면서 혁신도시 조성에 관여한 적이 있다. 한창 건물을 짓는 중이었는데 썩 마음에 들지는 않았다. 건물들은 20년 전 서울 느낌을 주는, 트렌드를 반영하지 못하는 수준이었다.

그래서 건축과 공공 디자인 관련 공무원들을 건축학 전공 교수님의 인솔 아래 유럽으로 보내 도시계획과 건축이 잘된 곳을 보고 오도록 했다. 또 나름 공부해온 건축 지식도 있었기 때문에 혁신도시의 큰 건물들에 대한 건축허가신청이 들어오면 내가 직접 조감도를 펼쳐 놓고 주변 도시계획까지 일일이 따지며 살피기도 했다. 당연히 건축주와 직원들의 불만은 있었지만 빌딩 3곳 정도를 이렇게 하고 나니 부시장의 요구에 사전 준비하는 시스템이 갖춰졌다. 빌딩 몇 개만 잘 만들어 놓으면 이후에 들어서는 빌딩들도 자연스레 일정 수준을 유지하기 때문에 신도시 조성의 출발이 매우 중요하다는 것을 이때 배웠다.

일단 도시를 계획하기 위해서는 선, 점이 아닌 면 단위로 보고 가는 큰 그림을 그릴 줄 알아야 한다. 도시 공간 구조에 대한 전문적 안목으로 주민들과 합의를 통한 명품 도시를 만들면 그 자체가 엄청난 경쟁력이다. 그런 도시를 10년, 30년 정도 가꿔 나가면 특색 있고 문화 예술적으로도 뛰어난 건축물들이 들어서면서 많은 사람들이 그 도시를 보러 오게 된다. 우선은 도시의 본질을 꿰뚫어 보는 힘이 있어야 한다. 안목을 가진 사람에게 가꾸도록 해야 하고, 주민 참여도 반드시 필요하다.

스코틀랜드의 수도 에든버러(Edinburgh)의 경우 벽돌 하나를 보수해도, 예컨대 그 벽돌이 17세기 이전 것이어야 한다면 반드시 그 시대 것으로 보수해야 함이 주민들 사이에 공공연한 약속처럼 돼 있다. 그래야 도시가 아름다움을 유지할 수 있기 때문이다. 미국 샌프란시스코도 건물 스카이라인을 산세와 반대로 갈 것이냐, 산세를 따라 갈 것이냐를 놓고 고민한 곳이다. 건물 색으로 정한 아이보리는 이 지역 건물이라면 모두 따라야 한다. 사회적 동의를 거친, 공공의 이익을 위한 제재인 것이다. 새파란 바다는 정장, 아이보리 건물은 셔츠,

악양면 스카이워크에서
바라본 섬진강과 악양 들판 풍경.

그리고 빨간 금문교는 넥타이이다. 얼마나 멋진가?

하동군의 어느 곳이라도 특성에 맞춘 하나밖에 없는 공간을 만들면 사람들의 발길은 이어지게 되어 있다. 가장 '하동'다우면 되는 것이다. 13개 읍면은 13개 읍면대로 자신의 읍면이 가진 가치와 특성을 살려내면 되는 것이다. 548곳의 자연마을은 548곳의 자연마을대로 모두 따뜻하고 여유로우면 되는 것이다. 어떤 곳은 가능성을 따져보고 스마트시티의 기능을 갖춘 미래형 도시 계획을 세워도 좋다. 나는 경상남도 경제통상본부장과 도시교통국장, 부산진해경제자유구역청장을 지내면서 신도시를 만드는 건 전공이 되었다.

물론 이것이 단체장 한 사람의 생각이나 관청의 계획과 주도로만 이루어질 수 있는 일은 아니다. 먼저 지역 주민의 정서를 오롯이 반영하도록 노력해야 하고 여기에 전문가의 의견을 덧입혀 만들고자 하는 도시의 그림을 완벽하게 그려야 한다. 개발에만 초점을 맞춘 급한 실행은 안하느니만 못한 경우가 많다. 그려 놓은 그림대로 예산이 확보되는 만큼 단계적으로 가꾸어 가겠다는 끈기와 느긋함이 필요하다. 이를 위해서는 지역 주민들이 공감대를 형성하고 문화 의식을 바꿔 가는 노력도 병행해야 한다. 나는 각 지역마다 특색 있는 자원들을 10년 정도 지속적으로 가꾸어 나가면 가능하리라고 본다. 편리함이 조금 떨어질 수 있고 대도시에 비해 교육과 문화 시설이 부족할 수 있다. 하지만 수많은 이들의 발길을 끌고 마음을 사로잡는 매력적인 도시로 만들 수 있다고 자신한다. 관광의 목적으로 그냥 다녀갈 수도 있고 미래의 모습을 상상하며 정착해 살 수도 있을 것이다.

하동군 부군수 시절 발견한 '비(非)정형 반(半)곡선의 아름다움'과 진주혁신도시 및 부산경제자유구역 명지지구의 경험을 통해 나는 세상에 하나밖에 없는 하동을 만드는 것이 하동의 미래라는 생각을 갖게 되었다. 세상에 하나밖에 없는 하동을 13개 읍면 곳곳에 만드는 것, 하동 곳곳의 숨은 가치와 이야기들이 제 빛깔을 뽐낼 수 있도록 하는 것, 이것이 내가 가장 하고 싶은 일이다. 세계에서 가장 아름다울 필요도 없고 세계에서 가장 웅장할 필요도 없다. 세계에서 가장 화려할 필요도 없고 세계적으로 유명한 건축물이 꼭 있어야 하는 것 아니다. 하동에 와야만 볼 수 있는 아름다움과 고유한 매력이 있다면 이것으로 충분하다. 이것이 유일한 것이고 이걸 발견하고 가꾸어 가면 '하나밖에 없는 하동'을 만들 수 있다. 여기에는 자연적 조건과 인문적 환경이 모두 포함되어야 한다. 미래지향적인 관점을 가지고 제대로만 엮어간다면 분명히 가능할 것이라고 굳게 믿는다.

하동군을 생활권과 교통 결절점을 중심으로 권역별로 구분해 보면 한정된 재원과 인력으로 하동군을 가장 하동답게 효율적으로 만들어갈 안목이 생긴다. 그러한 관점으로 하동군을 서부, 동부, 중부, 남부로 나누어 몇 가지 생각을 정리해 본다. 각 산업별, 분야별, 계층별, 직능별, 인구요소별 정책 갈래를 포괄적으로 언급하는 것은 다음 기회가 있을 것이다. 아래는 그러한 중요하거나 체계적인 논의들은 빼고 13개 읍면에 대한 사소한 생각 몇 가지를 모은 것에 불과하다. 더 중요하고 좋은 것들을 추가하고 더욱 체계적으로 풍요롭게 하는 일은 이 글의 독자인 하동군민들과 함께 만들어 나가고 싶다.

서부 하동

하동읍, 화개면, 악양면 지역의 과제와 전략

이 지역은 구례군 쪽이나 광양시의 경제적 역량을 흡수한다는 전략을 갖고 지역 내부의 혁신적 정비가 필요하다. 이와 관련하여 최근 지리산권역 5개 시군을 최단거리로 연결하는 국도상에 버스 전용 차로를 설치하고 이른 새벽부터 자정까지 촘촘히 배차하는 '지리산 순환 BRT'가 민간에서 제안이 되고 있는데 외부 지역의 활력을 공동으로 활용한다는 측면에서 좋은 아이디어라 생각된다.

하동읍은 시장이 활력을 잃은 것이 가장 큰 문제다. 하동시장을 바꿔가는 데는 권리 문제도 있고 복잡하지만 앞서 설명한 비전들을 제시하고 장기 계획 속에 '세상에 하나밖에 없는 하동'을 만들었으면 한다. 최소한 10년을 내다보는 큰 그림을 만들고 정부 예산을 받을 때 이 그림에 맞춰서 차곡차곡 해나가야 한다.

이런 미래까지 내다보고 하동읍 중심을 차지하고 있는 시장이 결국에는 군민들의 문화와 쇼핑 욕구를 충족시키는 장소가 되면 좋겠다. 공청회 등 공론화 과정을 통해 하동읍 주민들과 충분히 상의해서 의견을 모을 수 있으리라 본다. 결론적으로 하동시장의 쓰임새에 대한 고민을 중심으로 하동읍 전체의 미래 도시 구조를 확보해야 한다. 이러한 전략을 바탕으로 신시가지와 구시가지가 조화롭게 발전해서 하동읍이 하동군 전체의 구심점으로 다시 역할할 수 있기를 바란다.

하동읍은 배가 유명하다. 퇴적토에서 생산돼 과육이 부드럽고 맛있다. 전국 생산량의 3% 정도를 차지하는데 봄에는 꽃도 좋아서 특산물로는 물론 관광 상품으로 살려낼 수 방법들을 고민해봐야 할 것이다. 매년 축제를 열고 있는 악양면의 대봉감이나 화개면의 녹차는 이 지역의 대표 산물일 뿐 아니라 하동군 전체를 대표하는 특산물이다. 특색있게 발전시켜 나가기 위한 지원이 절실하다.

그런데 녹차 관련 기관과 건물들이 체계화되어 있는지는 의문이다. 녹차연구소, 박물관, 신활력사업단, 군청 특화사업단 등이다. 이를 총괄하는 부서나 기관이 없다. 수익성과 지속성보다는 단발성에 가깝고 일관성도 떨어진다. 나는 이를 총괄하는 차문화재단의 필요성을 제기할 필요가 있다고 본다. 녹차 축제, 차 문화 센터와 박물관 운영, 녹차 연구소, 차 여행 등을 총괄하는 역할을 하도록 말이다. 인근 도시들에서는 관광문화재단 설립 붐이 일고 있는데 하동군에 필요한 것은 차문화재단이다. 일관성 있는 행정으로 차를 잘 다루면 관광의 발걸음은 자연스럽게 그 길을 따라온다.

하동군 명물인 재첩을 주제로 재첩특화마을을 만들어 놓았지만, 이렇다 할 특색이 없어 주민 소득 증진에 큰 영향을 미치지 못하고 있다. 하동읍 상저구마을과 하저구마을에는 예전의 재첩 관련 시설과 문화가 여전히 산재해 있다. 주민의 삶터인 이곳을 지금의 재첩특화마을로 했어야 한다고 지적하는 사람들이 많다. 포구마을 재생을 통해 점차 잊혀져 가고 있는 공간을 재생하고 예전의 포구 문화도 되살려내는 것이다. 물론 이 과정에서 주민의 삶이 먼저 고려되어야 한다. 어민들의 삶터를 개량해서 오래, 편안하게 머물 수 있는 곳으로 만들어야 한다. 이렇게 포구가 살아나면 단순히 먹거리로서의 재첩이 아닌 재첩을 잡는 섬진강 어민들의 삶이, 그 속에서 자연으로 살아 숨 쉬는 재첩이, 그

악양면의 대봉감. 특히 이 대봉감으로 만드는 곶감은 '곶감의 품위'를 알려준다.

전국적인 명성을 자랑하는 하동읍의 배.

리고 섬진강 자체가 하나의 여행지가 될 것이다.

화개면, 악양면 일대는 또한 유교와 불교 문화의 전통이 기막힌 전설과 얽혀 전해져오는 곳이다. 화개천 일대에는 남명 조식 선생이 〈지리산 유람기(遊頭流錄)〉를 통해 그 가치와 아름다움을 기록했던 곳이 한두 곳이 아니다. 섬진강을 따라서는 악양정(岳陽亭), 도탄(淘灘), 삽암(鈒巖) 등의 유교 문화 공간과 최근 복원한 동정호와 악양루 등이 하나의 벨트를 이루고 있다. 또한 국보급 문화재를 여럿 보유하고 있는 쌍계사는 전국적인 명성을 가진 사찰이다. 이와 같은 이야기들을 제대로 엮어 관광 상품으로 개발한다면 그 어디에도 없는 문화여행지로 거듭날 수 있을 것이다.

악양면과 화개면에는 지리산 남쪽의 시그너처(signature)라고 할 수 있을 정도로 독특한 아름다움이 있다. 또한 오래전부터 녹차와 대봉감 등 특용작물이 유명한데다 뛰어난 관광지여서 '하동 귀농·귀촌 1번지'로 여겨져 왔다. 귀촌인들 중에는 예술과 학문을 전공하거나 언론이나 대기업 엘리트 출신도 많다. 요컨대 하동군의 뛰어난 자연과 역사 사회 문화 유산을 사랑하는 인재들이 많다는 뜻이다. 일부에서는 기존 주민들과의 문화 갈등을 우려하는 목소리도 있으나 나는 이분들의 역량과 자질을 하동군 발전의 중요한 자산으로 삼아야 한다고 생각한다. 지금은 지식과 문화가 융합하고 통섭(convergence)함으로써 새로운 가치를 만드는 시대이다.

기존 농업에 감성과 가치를 부여함으로써 21세기 트렌드에 맞는 새로운 상품과 농촌 발전 모델이 화개면과 악양면을 중심으로 피어나고 있다고 생각한다. 이 흐름에 최근에는 청년들까지 가세하고 있다. 다른 곳도 마찬가지이겠지만 악양면과 화개면의 귀촌·귀농인들이 하동군의 미래를 위한 새로운 돌파구를 열어줄 수 있도록 행정과 기존 주민들이 머리를 맞대고 논의해 보았으면 한다.

화개장터가 특색있고 성공한 관광 시장인가 하는 것에 대해 조금 더 공부해 볼 필요가 있다. 수십, 수백 억원도 넘을 화개장터라는 브랜드의 가치가 퇴색되어서는 하동군의 큰 손실이다. 화개면의 활성화 방법의 하나로 화개장터 주변부의 발전을 도모하는 것을 든다. 현재 2층인 층고 제한을 높여 인구 밀집 지역, 상업지역으로 활성화하고 그 외의 자연취락지구는 펜션, 카페 등 조용히 머물고 쉬어갈 수 있는 곳으로 만드는 이원화된 전략이다. 기존 화개장터도 활성화하고, 고수부지는 차량을 이용한 벼룩시장을 두며, 주변의 마을은 골목시장과 카페거리로 핫플레이스를 만드는 것도 거론된다.

화개면의 명품 십리벚꽃길이 관광객을 불러들이는 방식도 고민해야 할 때이다. 수십 년 동안 십리벚꽃길에 필적할 만한 곳이 없었다. 하지만 여러 지방자치단체가 너도나도 '벚꽃길'을 조성해오고 있다. 서울 여의도 윤중로, 부산 남천동과 해운대 달맞이길, 창원시 진해구, 전주시, 군산시 등과 같은 곳이다. 먼 곳까지 갈 것도 없다. 섬진강 건너편 구례군 문척면에서 광양시 다압면 구간도 경쟁 상대이다. 이 구간은 함께 발전해 가야 할 곳이지만 그렇다 하더라도 우리 하동군 쪽이 우위를 유지할 수 있도록 해야 한다.

이에 '십리벚꽃길 시즌2'를 제안해 본다. 마을 지선으로 연결되는 벚꽃길을 조성하는 것은 어떨까. 가령 화개면 백혜마을로 올라가는 마을 도로 양편을 들수 있다. 원탑마을, 정금마을, 삼신마을, 대비마을, 목압마을, 모암마을 등 만산이 벚꽃으로 흩날린다면 장관일 것이다. 이 경우 교통량 분산과 함께 주민소득 증대도 기대해볼 수 있다. 벚꽃길의 배경이 되는 화개천은 동천(洞天)으로 불릴 만큼 경치가 아름답다. 이 일대의 산세는 다른 지방자치단체가 경쟁할수 없을 만큼 압도적으로 아름답다. 새로운 벚꽃길은 건축물, 나무, 색채, 조명, 산책로 등이 조화를 이뤄야 한다.

벚꽃이 만개한 시기, 약 2주 정도는 차량이 집중적으로 몰리는 시간대에는 자전거와 도보 통행만 허락하는 것도 검토해 보자. 차량으로 스쳐가는 관광객은 돈을 쓸 수 없지만 도보로 가는 관광객은 돈을 쓸 수밖에 없다. 화개천 양쪽 길 중 하나는 주민 이동을 위한 셔틀버스를 이용하게 하는 방안도 생각해볼 수 있다. 교통 전문가의 도움과 검증이 필요한 제안이다. 문제는 19호선 국도에 접어든 차량들인데 구례읍, 간전면, 화개면, 악양면, 다압면 일대에서 주차할 수 있는 공간을 최대한 활용하고 이곳과 화개장터를 잇는 전기차 셔틀버스를 이용하는 방안이 있다. 그동안 하동군의 정책은 상춘객을 무제한으로 수용하는 것이었다. 아무리 크고 많은 주차장을 확보하더라도 이 시기에는 이동차량을 모두 감당할 수 없다.

적정한 수의 관광객이 와서 느긋하고 품격있게 벚꽃길을 거닐면서 식당과 숙박 시설을 이용하게 한다면 지역 경제에 더 실속있는 도움이 될지도 모른다.

동부 하동

횡천면, 청암면, 북천면, 옥종면 지역의 미래

이 지역은 진주시와 가깝기 때문에 진주시의 경제권을 활용하는 쪽으로 발전 방향을 잡아야 한다. 이 일대는 덕천강 건너편의 산청군 단성면과 시천면, 진주시 수곡면 등지와 함께 서부경남을 대표하는 유교 문화권을 이룬다.

서로 존중하고 배려하는 유교적 가치가 뿌리내리고 있다. 옥산서원(玉山書院) 일대는 충무공 이순신 장군이 백의종군할 때 머물며, 일본군을 막을 계책을 세우던 의미 있는 장소이다. 또한 동학농민운동 농민군들이 마지막으로 집결해서 싸웠던 곳이 옥종면이다. 대한제국 시기, 꺼져가는 나라의 운명을 떠받치며 최후까지 피흘려 싸운 의병들이 혼이 깃든 곳이다. 1908년 5월부터 10월까지, 전국의 읍면동 단위에서 의병들이 가장 많이 희생된 곳은 하동군 옥종면이고 이 기간 중 의병 104명이 일본군과의 전쟁 중 산화했다. 그리고 1862년 진주민란(晉州民亂)의 발원지인 수곡장터 옆에 바로 붙어있는 곳이 옥종면인데, 이렇듯 유교적 전통과 각종 역사적 사건들이 곳곳에 스며있는 곳이다. 근현대사에서 애국과 충절, 불의에 항거하겠다는 정신이 강한 옥종면은 역사의식과 유교 문화 등을 살리는 방향의 발전이 필요하다. '유교 문화 축제'도 가능하고 안보 관련 여행지로 개발하는 일도 가능할 것으로 본다.

옥종면은 딸기 주산지로 딸기로 연간 481억원의 소득을 올리고 있다. 명실공히 하동군 최대의 농업이 딸기인 셈이다. 딸기 체험 관광도 인기가 식지 않고 이어지고 있는데, 이 때문에 옥종면은 10여 년 전보다 인구도 늘었고 다른 면보다는 거리의 활기도 한결 크게 느껴진다. 농촌진흥청에 따르면 지난해 우

횡천면, 청암면, 북천면의 자연은 푸르고 건강하다.
사진은 코스모스 · 메밀꽃 축제가 열리는 북천면의 들판 풍경.

리나라 딸기 생산액은 1조 2천억원이 넘었다. 전체 채소 생산의 11%에 달한다. 다만 딸기 재배가 전국으로 확대되면서 옥종면의 딸기가 지속적인 경쟁력을 가질 수 있을지에 대한 염려가 있다.

올 겨울엔 9월 이후 모종 이식 시기에 고온다습한 이상 기후로 30% 이상의 피해를 입었는데 기후 변화에 대한 대비가 있어야겠다. 덕천강 변의 지하수를 이용한 수막 재배가 경쟁력의 원천이었지만 수자원 고갈로 어려움을 겪고 있다. 연료 절감과 환경보호를 위해 보온 매트 시설에 대한 투자와 보조가 필요하다는 의견이 있다. 현재 산청보다 브랜드 가치가 낮다는 견해가 있는데, 보다 적극적인 품질 및 브랜드 관리도 필요하다. 기타 고설양액재배 시설 투자, 소비 패턴 변화에 따른 새 품종의 적극 도입, 생산기술력의 고른 향상, 해외 인력의 안정적 공급 등 딸기 산업 기반이 더욱 강화되어야 한다. 아울러 체험 등 6차 산업화의 가능성을 모색해야 하는 과제도 있다. 옥종면 주거지에는 품격 있는 정주 여건을 갖추어 딸기 산업의 장기적인 발전을 위한 기반 마련에도 노력해야 할 것이다.

북천면은 하동군의 13개 읍면 중 진주시와 가장 가까운 곳이다. 진주시의 에너지를 잘 활용해서 귀촌을 유도하고 지속적으로 관광객을 모을 수 있는 아이템을 개발하는 것이 급선무이다. 지금 봄에는 양귀비 축제, 가을에는 코스모스 · 메밀꽃축제로 이름을 알리고는 있지만 북천면을 사계절 관광지로 만들기 위해서는 북천면만의 특별한 맛과 특산품을 발굴해 접목시켜야 한다. 꽃 축제가 성공을 거두고 있다고 여기에만 머무를 것이 아니라 새로운 아이템을 끊임없이 개발해야 한다. 관심을 가지고 볼 자원이 석회암 동굴에 대한 이야기가 있다. 지질 조사를 통해서 동굴의 가능성이 있는지 있다면 관광으로 연계할 수 있는 방법들을 모색해야 할 것이다.

그리고 북천면은 무엇보다 명품 주거 공간을 만드는 것에 집중해야 한다. 도로나 조경, 건축물들을 세계적 수준으로 만들어서 꾸준히 가꾸어 나가면 진주시와 가깝기 때문에 귀촌하고 싶고 귀농하고 싶은 사람들이 찾아와 머무는 지역이 될 수 있다. 하동군의 13개 읍면이 모두 '살고 싶은 도시'에 중점을 두고 장기적으로 가꾸어 나가야 한다는 것은 공통되게 적용해야 한다고 본다.

한편 지난 2018년 개통된 하동읍 목도리에서 북천면 옥정리까지 국도 2호선의 경우 매우 아쉬움이 크다. 정부에서 비용을 이유로 전라남도와 경상남도를 연결하는 497km 국도2호선 중 하동군 구간을 4차선화하지 않은 것은 국도 전체의 효율을 크게 떨어뜨리고 낙후된 경상남도 서부 지역의 발전과 영호남 공동 번영에 대한 의지가 없다는 뜻으로 생각된다. 사천 곤명–광양 진월 사이 27km 구간의 4차선 확대가 반드시 이루어져야 한다. 이 구간 교통 관리도 문제이다. 북천–횡천 사이 5.6km 구간 60km/h의 구간 단속으로 주민과 관광객의 불편이 크다. 물론 안전도 중요하나 도로를 개설한 뜻과 이용자 편의도 고려해야 한다. 소뿔을 베다가 소를 잡는 우를 범하지 않아야 하는 것이다

횡천면과 청암면은 맑은 물과 수려한 산세 그 자체가 자원이다. 횡천역은 지금 폐역이 되었지만 멋스러움이 있다. 천연기념물인 수달이 서식하고 은어가 강을 거슬러 올라오는 횡천강의 깨끗함도 사람들의 발길이 충분히 머물 수 있는 곳이다. 교통의 편리성을 살려 하동군을 찾아오는 관광객들이 횡천면의 자연 또한 만끽할 수 있도록 해야 한다. 화개면, 악양면과 함께 적량면, 횡천면, 청암면은 지리산을 북쪽으로 기댄 산악 지역과 청정한 계곡이 많다. 청정 휴양 관광지로서 매우 경쟁력이 높다. 하지만 하수처리시설이 턱없이 부족한 것은 매우 심각한 문제이다. 정부의 일반적인 지원에만 기대지 말고 특별교부세를 포함한 특단의 재원을 확보해서 대대적인 하수처리시설에 투자해야 하동군의 경쟁력을 지켜낼 수 있을 것이다. 매우 시급한 문제라는 인식을 먼저 가져야 한다.

횡천면에서부터 삼신봉 아래 청암면 일대의 지리산 깊은 골짜기를 연결하는 도로는 빼놓을 수 없는 하동군의 명소다. 봄이면 긴 벚꽃터널이 장관을 이루고 하동호를 한 바퀴 돌고 횡천강의 상류인 청암 계곡을 따라 가는 길도 매력이 넘친다. 길 끝 묵계저수지에 이르면 청학동이 금방이다. 지금은 너무 외부에 많이 노출돼 그 빛이 바랬지만 유교의 근본을 잊지 않고 지켜가는 청학동의 모습을 체계적으로 정비하고 되찾는다면 신비로움 가득한 소중한 문화유산이 될 것이다. 청암면의 경우 화개면이나 악양면보다는 관광지로서의 투자가 부족하다고 생각된다. 인문적 다양성과 자연 생태 자원의 독특한 아름다움 등 청암면은 새로운 하동 관광의 중심지가 되기에 충분한 요소를 갖고 있다. 공공 분야에서 과감한

인프라를 만들고 수준높은 안목을 가진 민간 투자가를 적극 발굴해서 청암면을 새로운 관광 중심지로 만들어 하동군의 발전을 위한 견인차로 삼았으면 하는 생각이다. 이 경우 횡천면은 새로운 관광지를 뒷받침하는 상업과 정주 여건을 충실히 갖추어 상주 인구와 관광객 증가에 적극 대응해야 할 것으로 생각한다.

하동군 악양면 정동리에서 산청군 시천면 외공리를 잇는 도로가 있다. 1047호 지방도이다. 그런데 악양면 등촌리와 청암면 묵계리를 잇는 회남재(回南-) 구간은 자동차가 다닐 수 없다. 그리고 1047호 지방도는 산청군 시천면 일대의 산악관광권과 하동군 악양면 일대의 섬진강 관광권을 하나로 연결시켜 주는 최단 통로이다. 시천면의 중산리와 덕산동, 청암면의 청학동과 삼성궁, 악양면의 최참판댁과 악양 들판, 화개면의 쌍계사 등을 하나의 코스로 연결하는 것이다. 그런데도 아직 자동차가 다닐 수 없을 정도로 소외받고 있다.

2017년 내가 경상남도 재난안전건설본부장으로 있을 때 이 도로 개설을 추진했다. 나는 누구보다 지역의 상황을 잘 알고 있었기에 도로 개설의 타당성과 필요성을 설득할 수 있었고 계획을 반영한 예산이 정상적인 절차대로 통과되었다. 지금은 착공을 앞두고 있다. 이 도로가 개통되면 지리산 북동부에서 남동부를 연결하여 지리산 산악 관광권과 섬진강 관광권이 통합되는 큰 효과를 낳을 것으로 생각한다. 즉 진주시나 산청군을 찾아온 관광객들을 청암면, 악양면, 화개면, 하동읍으로 끌어올 수 있는 중요한 통로가 되는 것이다. 하동군 관광 산업 발전의 기폭제가 될 수 있는 소중한 인프라라는 기대가 크다.

중부 하동

적량면, 고전면, 양보면 지역의 새로운 에너지

고전면에서도 다양한 농특산물을 시도하고 있지만 생계형 작물의 범주를 크게 벗어나지 않는다. 반면에 섬진강과 횡천강을 끼고 있어 시대의 트렌드에 맞는 천혜의 기회가 있다.

횡천강이 섬진강과 합류하는 지점의 민물 갈대 습지는 찾아보기 어려운 귀한 생태 환경이다. 범아리, 전도리 일대는 습지와 강변의 어촌 풍경이 어우러진 탓에 전국적인 관광지로 발돋움할 가능성을 지닌 곳으로 생각된다. 다만 탐방로 데크가 필요 이상으로 많다는 생각이다. 벚굴과 재첩을 잡던 나루터와 강변에 가까이 접한 식당 주변부는 카누, 카약, 제트스키 같은 수상 레포츠도 생각해 볼 수 있다. 국도 주변부 휴경지 등에 특색 있는 꽃 단지를 조성하면 주변 습지 생태계와 조화가 되리라 본다.

남해고속도로와 연접한 전도리, 대덕리 일원은 방문객들에게 하동군의 첫인상을 결정해주는 곳이다. 간판 정비, 건물 채색 및 수리, 전선 지중화 사업 등과 같은 시가 정비 사업이 필요하다. 하동읍으로 가는 관문이기도 하지만 금성면과 금남면의 경제자유구역으로 연결되는 입구이기도 하므로 정교한 토지이용계획과 활용 전략을 세운다면 상업 활동과 정주 여건 등에서도 하동군에 새로운 에너지를 불어 넣을 수 있다고 본다.

한편 고하리의 하동읍성은 조선 태종 때 축성되었다가 임진왜란 때 파괴된 옛 성터인데 기록에 나와 있는 3곳의 옹성 중 남문 쪽 성채와 옹성 한 곳만 복원되어 있다. 옛 읍성 터로서의 웅장함과 함께 고즈넉함을 느낄 수 있다. 금오산을 마주보고 자리한 터의 어울림도 좋다. 일반적인 문화재지원금에만 의존하지 말고 대대적인 투자를 한다면 하동군은 경쟁력 높은 새로운 관광자원을 갖게 되리라고 확신한다. 최근에는 이곳이 고려시대에 참지정사(參知政事)를 지냈고 〈고려 대장경〉 판각에 힘쓴 정안(鄭晏)의 활동 무대였다는 주장이 나오고 있다. 이와 함께 관련 문화 관광 사업의 가능성이 제시되고 있다.

양보면은 전형적인 농촌 지역이다. 주요 소득원이 한우, 밤, 특용작물 등인데 한우를 제외한다면 주민들의 주머니를 두둑하게 채울 소득 작물이 부족하다. 상수도 보급률을 보면 하동군의 관심 지역에서 조금은 멀어져 있다는 것을 알 수 있다. 하지만 요즘은 단점이 장점이 되고 장점이 단점이 되는 세상이다. 낙후된 곳이라는 단점을 이제는 장점으로 만들 수 있는 환경이 되었다. 양보면은 북쪽으로는 경전선과 접해 있고 남쪽으로는 남해고속도로와 닿아 있다. 바

양보면, 고전면, 적량면 일대는 하동군 전체의 교통 중심으로서 하동군의 첫인상을 결정해 준다. 사진은 웅장하면서도 고즈넉한 하동읍성의 풍경이다.

로 이것이 장점이다. 김천-합천-진주-고성-통영-거제를 연결하는 남부내륙고속철도가 오는 2027년에 완공된다. 부산-목포 간 경전선도 고속화된다. 거시적 접근성이 좋아지므로 하동군 내에서 양보면으로 연결되는 교통망을 혁신한다면 양보면의 단아한 농촌 풍경은 그 가치를 인정받을 수 있을 것이다.

단기적으로는 접근성이 좋은 남과 북의 경계를 따라서 방사형의 자전거 길과 오토캠핑장을 만들면 어떨까? 인구수가 적어 교통량이 많지 않다. 높은 산지도 없다. 자전거를 타기에 안성맞춤이다. 자동차나 대중교통 편으로 자전거를 가져와 때 묻지 않은 이곳에서 자전거를 타게 하자. 캠핑하다가 지루하면 자전거를 타면 된다.

적량면은 복선화된 경전선 철도가 지나고 있으며, 하동읍과 바로 연접해 있으며 하동 공설운동장이 들어서 있다. 다른 면과 비교해 낙후되었다고 볼 수 없다. 적량면은 농촌이지만 전체 면적의 73%가 임야로 특색 있는 재배 작물이 없는 곳이기도 하다. 하지만 우재봉 편백나무 숲 자연휴양림은 큰 자원이다. 삼림욕장, 트리하우스, 짚라인 시설을 갖추고 있어 코로나 이전에 매년 방문객이 증가했다. 이곳 자연휴양림 안의 트리하우스는 전국 유명 휴양지와 경쟁하기에는 부족한 점이 있다. 운영 방식, 건축물의 부조화 등 개선할 점도 많다. 하지만 충청북도 제천시처럼 민간 자본을 유치할 수 있다면 리조트 단지는 어떨까? 쉬고, 걷고, 즐기고, 먹는 것을 산속에서 할 수 있다. 코로나 시대에 하동군의 대표적인 비대면 관광지를 개발하고자 한다면 적량면도 유력한 후보가 될 수 있을 것이다.

또한 수자원이 풍부한 이점을 살린다면 유엔이 선정한 최우수 관광 마을인 인도네시아 족자카르타 특별자치구의 응랑그란(nglanggeran) 마을처럼 만들어갈 수도 있겠다. 최우수 관광 마을은 유엔이 농어촌 지역 불균형 및 인구 감소 문제를 관광으로 해결하고자 인구 1만5천 명 미만인 세계 각 마을을 평가해 인증서를 부여하는 사업이다. 문화, 자연 자원, 지속 가능성, 환경 보존 의지, 관광 잠재력, 안전 등 9개 분야를 평가한다. 이 마을은 2019년 '세계 100대 지속 가능 관광지'에 선정되었다. 농사 짓기, 염소 키우기, 초콜릿 만들기, 전통 악기 및 무용 배우기 등 다양한 생태 관광을 체험할 수 있다.

앞서 언급한 하동읍, 화개면, 악양면의 경우는 녹차, 대봉감, 재첩 같은 생산물이 중요한 관광 자원이 될 만큼 유명하다. 바다와 면한 진교면, 금남면, 금성면 쪽도 해산물로 특화되어 있다. 그런데 양보면, 고전면, 적량면 지역은 비교 우위를 자랑하는 특산물이 별로 없어 보인다. 밤을 생산하는 농가들이 제법 있었지만 하동군이 전국 밤 생산 1위 지역으로 이름을 날리던 옛날만큼은 아니다. 충청남도 공주시와 같이 경쟁력 있는 밤 생산지의 명성을 되찾기 위해서는 산등성이가 아닌 평지 위주의 과수원에 마치 배나 사과처럼 수고(樹高)를 관리하고 재배와 수확을 과학화하는 방법을 모색할 필요가 있다. 적량면은 청암면과 함께 취나물 같은 산나물 특산지로 알려져 있다. 이런 곳에는 전문가가 참여하는 연구를 거쳐 옥종면의 딸기, 화개면의 녹차처럼 전국적으로 이름을 알릴 만큼 유명한 특산물을 추가로 개발해내야 한다.

하동군의 13개 읍면은 산과 강과 바다와 접한 면이 다르다. 지형, 기후, 토양이 달라서 지역 조건에 맞는 특산물을 모두 다르게 개발할 수 있다. 지역에 따라 농사짓기 쉽고 농가 소득을 많이 올릴 수 있는 작물을 중앙정부, 경상남도, 하동군이 함께 연구해서 찾아내면 된다. 작물이 정해지면 선도 농가를 육성하고 집중적으로 지원해서 그 면을 대표하도록 홍보하는 것까지도 연구 계획에 포함되어야 할 것이다.

하동군 부군수 시절 적극적으로 추진해서 발굴해 낸 특용작물이 여럿 된다. 부추와 취나물도 당시 선택된 전략 작물로 기억한다. 한편 적량면이나 양보면의 경우 양봉을 하기에 좋은 곳이라 벌꿀을 특산물로 내세워도 좋겠다는 연구 결과가 있다. 양봉의 기반 확보를 위해서는 밀원수 증식이 필요한데 산림 훼손이 수반되는 태양광 설치 사업자에게 적극 권유하는 방식도 좋아 보인다. 밀원수로는 아카시아가 제일 좋지만 엄나무 등 농가의 소득원이 되는 수종을 발굴하는 것도 바람직하다. 인근 지자체와 균형이 맞도록 영세 양봉 농가를 위하여 사료비 지원의 적절한 확대가 필요하다는 의견도 있다.

얼마 전에 농민신문사에서 운영하는 케이블 채널에서 국내의 어느 딸기 시설 재배 농가에서 외국인 워킹 홀리데이 제도를 이용해 일석삼조(一石三鳥)의 효과를 누리고 있는 사례가 소개되었다. 이 농가는 미국, 동남아시아, 중앙아

하동 밤의 단맛은 "세상에서 제일 달다"고 주장해도 지나치지 않다. 사진은 금오농협에서 밤을 수매할 때의 모습이다.

안토시아닌이 풍부한 블루베리는 적량면의 특산물이다.

시아, 유럽 등지에서 온 외국인들에게 숙식을 제공하면서 급료는 이주노동자 노임의 절반에 해결하게 하는데, 외국인들은 한국의 농촌을 체험하면서 스스로 한국의 홍보대사를 자처하기도 한다.

하동군에서도 농업 의존도가 높은 지역인 양보면, 횡천면, 북천면, 고전면, 적량면 등지에서 시범 농가를 선정해 이와 같은 제도를 활용하면 하동군 농촌을 홍보하고 소득 증대에도 도움이 될 수 있다. 때로는 관내 지역 학생들에게 실전 영어 프로그램을 운영할 수도 있겠고, 지역 영농후계자들을 해당 국가와 인적 교류하는 계기도 되지 않을까 싶다. 한편 이러한 개념은 내국인을 대상으로 농촌을 체험하게 하는 농촌 유학이라는 개념의 사업도 가능하리라 본다.

남부 하동

진교면, 금남면, 금성면 지역의 열망과 과제

해양 관광 산업에 최적화된 곳이다. 이 지역은 모두 갯벌과 바다에 접해 있고 솔섬이나 방아섬 같은 아름다운 섬들도 가까이 있어 요트를 비롯한 해양 레저 사업을 추진해 볼 만하다. 현재 진교면과 금남면에 걸쳐있는 금오산(849m)에서 해양 어드벤처 관광 산업이 유명세를 타고 있는데 부군수 시절에 저명한 세계탐험가 등으로부터 제안을 받아 검토했던 사업이다. 금오산 짚라인을 타며 보는 풍경이 우리나라에서 손꼽힐 정도로 아름답다는 입소문이 퍼져 수많은 관광객의 발길을 끌고 있다. 다만 하나뿐인 자연 자원이라는 대체 불가의 공공재를 활용한 관광 상품은 공영 개발 방식으로 추진하는 것이 주민이나 지방 재정에 도움이 된다. 이는 인근 통영시과 사천시의 케이블카 사업에서 잘 알 수 있다. 향후 하동군의 관광 개발 사업에서 꼭 유념해야 할 대목이다.

금오산은 육지에서 해안을 낀 산으로는 우리나라에서 가장 높다고 한다. 남쪽으로 한려수도의 아름다움이 펼쳐진다. 동쪽으로는 사천시 와룡산이, 동남쪽으로는 남해군 남해금산이 우뚝 솟아 있고, 맑은 날에는 동남쪽의 통영시 미륵산에서 서북쪽의 무주군 덕유산까지 조망이 가능하다. 나는 남해안을 통틀어서 첫손가락에 들 전망을 가진 곳이 바로 이 금오산이라고 생각한다. 남해안의 리아스식(rias式) 해안은 세계적인 가치를 가진 자연 자원인데 바로 이곳에서 진주만 쪽을 바라보면 그 아름다움이 가히 환상적이다. 일출과 일몰 광경도 그만이다. 지금은 짚라인과 둘레길 정도가 갖춰져 있지만 금오산과 연계한 산악관광권과 갯벌과 해안, 섬을 연결한 해양관광권을 꾸준히 개발하고 발전시켜 나가야 한다.

금성면의 경우 섬진강이 갈사만, 광양만과 만나는 기수역(汽水域)을 접하고 있는 곳이다. 옛날에는 세계 최고의 품질을 자랑하는 김이 특산물이었다. 하동화력발전소(하동빛드림본부)와 포스코광양제철소가 들어서면서 천혜의 자연경관과 자원이 모조리 희생되었다. 여수국가산업단지와도 가까워 환경 문제가 항상 잠재되어 있는 곳이다. 게다가 경제자유구역 사업이 좌초되면서 면민들의 실망과 아픔이 매우 크다. 농업으로는 대규모 수도작이 가장 큰 특징인데 간척지의 특성상 수로와 농업 용수 공급에 만전을 기해야 하는 과제가 있다. 단순한 수도작 위주이고 특용 작물도 별로 없어 군으로부터 농정의 특별한 지원을 받지 못하고 있어서 소외감도 있다. 하루빨리 갈사만산업단지 경제자유구역이 정상화되어 하동군의 성장 엔진 역할을 할 수 있도록 해야 할 것이다. 그때까지는 주민의 건강과 환경 문제에 각별한 관심과 배려가 필요하다고 생각된다.

금성면, 금남면, 진교면을 비롯한 남해안 일대는 겨울철이면 굴 까기가 한창이다. 작은 비닐하우스 굴막에서 나이 드신 여성 분들이 추위와 싸우며 밤낮없이 고강도 노동을 하고 계신다. 대부분 통영시 등지에서 사 와서 임가공 형태로 굴을 까는 것이다. 지난해 양식 굴 생산량은 전국 30만 톤으로 그 중 86%가 경상남도 산인데 하동군은 종패 생산을 조금 하는 수준이고 굴 양식 기반이 취약하다. 부가가치가 낮은 알굴 까기 대신 정부에서 지원하는 개체굴 양식 사업으로 전환을 모색해 볼 가능성은 없을까? 개체굴 양식이란 다발로 키워내는 기존 양식 방식과 달리 줄에 붙이지 않고 개체별로 굴을 키우는 방식이다. 알

금성면, 금남면, 진보면 일대는 '남해 관광 1번지'로
발전시켜 나갈 충분한 가능성을 가지고 있다.
사진은 금남면 노량수도의 바다 풍경이다.

맹이만 판매하는 알굴과 달리 껍데기째로 판매해 굴 껍데기 처리 문제도 발생하지 않고 양식용 줄의 사용도 6할 이상 줄일 수 있어 친환경적이며 기후 대응 전략 품종이기도 하다.

진교면 등지의 갯벌에서는 극히 미미하지만 자연산 굴이 생산된다. 진교만 일원을 명품 자연산 굴 특산지로 발돋움시켜 보면 어떨까? 이를 위해 무엇보다도 오염없는 좋은 갯벌을 유지하기 위해 많은 노력을 해야 한다. 진교면에 가면 "여기에서만 맛볼 수 있는 굴이 있다"는 것을 상품화하는 것이다. 생산량은 그다지 중요하지 않다. 프리미엄 제품으로 만들어 사람들 이목을 끌고 이것이 성공하면 대중적인 상품으로 양식 개체굴을 함께 팔면 된다. 이렇게 되면 진교면은 굴이 유명한 곳이 되고 이것이 관광 상품이 되는 것이다. 생산 기반이 약해도 브랜드만 갖고 가공이나 서비스 산업으로 부가가치를 높이는 전략인 셈이다.

지금 진교면을 대표하는 관광 상품은 술상마을의 전어축제이다. 이곳 역시 바닷가 풍경이 아름답기로 유명해 매년 늦여름 전어가 제철인 때가 되면 사람들 발길이 끊이지 않는다. 그런데 이곳에서 나는 해산물은 늦여름 전어만 있는 것이 아니다. 온갖 해산물이 계절을 가리지 않고 난다. 전어만을 특화해서 축제를 벌일 것이 아니라 사시사철 관광객이 찾을 수 있는 기획을 많이 했으면 한다. 마을 이름이 마침 술상이니 이곳에서 나는 해산물만으로 술안주를 한 상 차려 내는 '술상 축제'를 여는 것도 재미있을 것 같다. 녹차 축제 때 차와 여러 다과를 차려 찻상 대회를 하듯이 축제 중에 다양한 술에 어울리는 해산물 안주를 요리해 '술상 대회'를 벌이는 것도 좋겠다는 생각이다. 사기마을과 백련마을의 연꽃과 도자기도 경쟁력이 있는 자원이다. 적극적인 투자로 개성 넘치는 문화상품을 만들어야 한다.

금남면은 많은 이야기가 흐르는 곳이다. 그 중 하나가 노량수도(露梁水道)이다. 노량수도는 하동군 금남면과 남해군을 가르는 좁고 긴 물길이다. 이곳은 노량해전을 마지막으로 임진왜란이 끝날 때 이순신 장군이 최후를 맞이한 역사의 현장으로 유명하다.

금남면에는 노량마을이 있는데 신노량마을과 구노량마을이다. 신노량마을은 금남면사무소가 있는 중심지이고 새로 조성된 항구 마을이다. 여기서 하동

진교면 백련마을의 연꽃 또한 경쟁력 있는 자원으로 만들 수 있다.

금남면의 참숭어 양식장. '녹차 먹인 참숭어 축제'로 유명한 참숭어는 하동군의 효자 어종이다.

군과 남해군 사이의 바다에 있는 큰 섬인 대도까지 가는 배가 운행되는데, 이곳에서 늦가을에는 유명 특산물 중 하나인 '녹차 먹인 참숭어'를 내세운 축제가 열린다. 대도의 해양 관광 개발 사업도 주민들의 오랜 염원인데 휴양 레저도 좋지만 주변 여건상 해양 스포츠 중심지로서 발전 방안도 모색해보는 것이 어떨까 생각한다. 구노량마을은 예로부터 하동군과 남해군를 잇는 나루가 있는 전통적인 마을이다. 이 마을은 특이하게도 집집마다 대문이 없다. 구노량마을은 생긴 것이 게 모양이라고도 하는데, 마을 사람들은 게를 상서로운 동물로 여겨서 게가 드나들 수 있도록 대문을 달지 않는다고 한다. 대치진구지마을과 중평마을은 단연코 세계에서 가장 아름다운 해안이다. 나는 이 근방을 지나갈 때마다 반드시 마을에 들어가 차를 세우고 바다와 마을을 바라보며 이곳만의 아름다움을 만끽한다. 이 아름다움을 잘 발견하고 지켜낸다면 남해안을 통틀어 가장 가치가 높은 해양 관광 자원이 될 수 있다고 믿는다.

하동군에는 21개의 어촌계가 있고 2천328명의 수산업 인구가 있다. 녹차를 먹인 참숭어는 연간 300억원대의 매출을 올리는 효자 어종이다. 녹차 수요 확대에도 도움이 되는 사료 지원을 늘려줄 것을 어민들은 바라고 있다. 양식입식과 출하 전 과정에 IT를 활용한 활수산물 스마트 종합 유통 안전 관리 시스템을 구축해 소비자에 신뢰받는 공급 체계를 갖추는 일도 중요한 과제이다.

한편 광역 교통 교차로 지점인 진교면의 경쟁력 중 하나로 공동주택, 즉 아파트를 주목해볼 필요가 있다. 새로운 아파트를 짓는 것도 중요하지만 현재 가장 많이 살고 있는 공동주택의 거주 환경과 생활 편의를 개선하는 것도 훌륭한 도시 정주 여건 확보 전략이다. 기존의 대형 공동주택 단지 중 대표인 미진아파트는 약 1천 세대의 주민을 품고 있다. 비단 미진아파트뿐만 아니라 읍과 기타 공동주택의 경우에도 거창군처럼 조례를 만들어 일정한 조건이 충족되는 공동주택의 경우 엘리베이터 설치를 지원해준다든가 근처 혐오 시설의 이전이나 주차장 등의 공공시설 설치, 쾌적한 걷기가 가능한 보도 마련, 차폐 조경수 설치, 입출입 시 안전한 통행 환경 확보 등의 정주 여건 개선에 힘쓴다면 도시가 더 많은 인구를 품을 수 있을 것이다.

그동안 진교면은 갈사산업단지의 배후 도시로 새롭게 일어설 수 있다는 희망이 있었다. 인구가 6천 명 이하로 떨어져서 활력을 많이 잃었지만 여전히 진교면 주민들은 대형 아파트 단지 조성 등 지역 개발에 대한 열망이 크다. 물론 가능성이 있다. 주택단지를 개발해서 많은 사람들이 거주할 수 있도록 하면 인구가 많아지고 진교면이 발전한다는 논리이다. 하지만 이제는 여기서 한걸음 더 차원을 높여 생각해야 한다. 특히 소도읍 개발을 할 때 몇십 억 원짜리 사업을 가져와 별 감흥 없는 조형물을 세우고, 어디에나 있을 법한 건물을 짓는 방식을 반복하는 것은 지양되어야 한다.

진교면의 미래는 교육과 의료 서비스라는 도시 핵심 기능을 어떻게 해결하느냐에 달려있다. 이는 진교면뿐만 아니라 하동군 전체를 놓고 이러한 핵심 도시 기능의 배치를 균형있게 고민하는 전략과 함께 해야 할 과제이다. 중등학교 통폐합, 특성화 학교 설립, 공공 의료 시설 유치 등과 같은 문제는 결국 또 정주 여건의 문제와 연계된다. 또한 농촌 지역의 소도읍이 살아남기 위해서는 해당 지역의 독특한 인문적, 자연적 조건들을 잘 살려서 그 지역만의 색깔과 아름다움이 담긴 곳을 만들어야 한다. 그 대표적인 가능성을 가진 곳이 바로 진교면이다. 지역 곳곳을 걸어 다녔을 때 건축물과 사람살이가 조화되고 교통 체계가 원활한 가운데 보행자를 위한 공간이 충분해 안정감이 느껴지는 곳이어야 한다. 진교면만의 아름다움과 매력을 가미해서 살고 싶다는 마음이 들게 만들어야 사람들이 몰려오고 기업이 온다.

관광의 관점에서 보면 진교면, 금남면, 금성면 일원은 위치상 남해안 관광의 베이스캠프로도 쓸 수 있는 곳이다. 하동군 전역은 물론, 남해군, 광양시, 순천시, 진주시로 통하는 교통의 교차점에 있다. 그래서 이 일대를 기점으로 삼을 수 있는 관광 상품을 개발하고 주변 도시들의 경제 역량을 흡수하는 방법을 고민해야 한다.

지역마다 역사책에 실릴 만큼 크고 중요한 이야기도 있고 사람들 입에서 입으로 전해지는 소소한 이야기도 있다. 나는 이런 이야기들이 이 지역을 새로 꾸미고 가꿔가는 과정에 모두 담겼으면 하는 바람이다. 관광 상품을 만들 때도 이 지역만이 가진 크고 작은 이야기들을 따라 여행할 수 있는 기획을 했으면 한다.

이제는
결과를 만들어야 할
하동군 최대 이슈

지역 소멸 위기에 대한
해결책을 찾아야

현재 하동군에는 중요한 이슈가 많다. 이슈의 핵심을 꿰뚫는 흐름은 지역 소멸 위기를 겪는 하동군의 아픔과 그 해결책을 모색하는 과정에서 발생하는 갈등일 것이다. 그 중에서 재산권 문제가 얽혀 있는 하동시장과 진교시장의 고민, 해결의 끝을 알 수 없는 갈사만산업단지와 대송산업단지 개발, 성장통을 겪고 있는 하동군의 시그너처 산업인 녹차 산업의 활로, 주력 산업인 농산물을 제값 받고 제대로 받고 팔 수 있는 방법의 모색, 지역 개발 외의 문화 예술 콘텐츠를 활용한 발전 등에 대해 논의해 본다. 여기서 언급하지 않은 산악 열차 등 개발과 보전의 가치 충돌을 빚는 문제 등은 별도로 논의할 기회가 있을 것으로 믿는다.

　내가 꿈꾸는 하동군은 어르신이 행복하고 아이가 안전하며 청년이 생기 있는 곳이다. 이를 위해 따뜻한 소통, 공정한 기회, 활기찬 하동을 함께 만들어가는 몇 가지 생각들을 나누어 본다.

시장

하동시장과 진교시장
부활을 위한 방법

하동시장은 지금 하동읍에서 가장 핫한 이슈다. 시장을 살리겠다고 조형물을 새로 만드는 등 도시재생 사업을 진행하고 있는데, 겉핥기식 재생을 넘어서 재건축 수준의 구조적 수술이 필요하다는 생각이 든다. 하동시장은 재산권 문제를 해결하지 않으면 한 발자국도 앞으로 나아가기 어렵다. 현재 하동시장이 생활권에 비해 규모가 큰 것도 문제이다. 과거 전국 3대 농촌 시장으로서 명성을 누릴 때 구획해 놓은 부지를 그대로 사용하고 있기 때문인데 하동읍의 발전은 시장 부지를 어떻게 활용하느냐에 달려 있다고 할 수 있다.

현재 쟁점이 되어 있는 재산권 문제는 오래전 상인들이 부담한 건축 비용이 제대로 인정받지 못해 법률 쟁송까지 간 상황이라 해결이 결코 쉽지 않다. 하지만 정책 결정권자가 단호한 의지를 갖고 있다면 다양한 방법으로 해결책을 모색할 수 있을 것이다. 법률 전문가와 협의해서 신뢰 보호의 법리에 따라 옛 단체장이 약속했던 사항을 적절한 수준으로 이행하는 방법도 검토해 볼 수 있을 것이다. 일부에서는 수익 사업을 발굴하여 그 결실을 상인에도 돌려주는 대안도 말하고 있다. 또한 공공부지가 많은 만큼 특색 있는 전략을 세워 재개발을 하고 사업자가 지금까지의 영업권과 소멸될 영업권에 대해 간접적으로 보상해주는 방법도 생각해볼 수 있다. 물론 이러한 배려는 하동군민이 납득할 수 있는 범위 내에서 이루어져야 할 것이다. 어떤 선택을 하든 시장을 활성화시킬 수 있는 노력도 필요하다.

청년 상인을 적극 끌어들이는 방법도 찾아야겠지만 시장을 활기 있게 만들기 위해 당장 시도해볼 만한 것은 쿠폰 활용이다. 하동군 어느 지역을 관광객이 방문하면 쿠폰을 주고 하동시장에서 10-20% 정도 특산품을 싸게 살 수 있도록 하는 것이다. 군 재정에 그다지 부담을 주지 않는 수준으로 사업비를 확보하면 실행하기가 그리 어렵지 않다. 군은 물론 상인들까지 품질을 보증한다면 하동군 일원에서 관광하고 하동시장에서 소비하는 구조를 만들 수 있다고 본다.

한편 하동읍 주민들이 생활필수품이나 쇼핑 물품을 인근 지역이나 대형마트에 의존하기보다는 하동시장과 하동읍 상가에서 구매할 수 있도록 만드는 것도 절실하다. 이를 위해 구례장의 사례를 살펴볼 필요가 있다. 다양한 구색, 저렴한 비용, 친절한 서비스, 매력적인 지역 자원 등을 활용하고 녹여내기 위해 상인들의 적극적인 희생과 참여도 필요한 것이다. 하동의 대표 먹거리를 접할 수 있는 먹자골목의 조성과 활성화도 고민해 볼 필요가 있다. 예를 들자면 하동군에는 '배다구'라는 것이 있다. 배다구는 반쯤 말린 생선을 말하는데, 하동군을 대표하는 음식이 될 수 있다고 생각한다.

한편 시외버스터미널의 이전으로 하동시장으로의 접근성이 떨어진 것이 시장 경제에 큰 영향을 준다고 상인들은 말한다. 실제로 하동시장은 장날을 중심으로 인근 면 지역에서 버스를 타고 오시는 어르신들의 구매력에 기대는 바가 크다. 하동역과 버스터미널이 연계되는 것은 먼 미래를 볼 때 타당성이 있나 하 겠으나 현실적으로 나이 드신 어르신들이 불편하고 고통스럽다. 기존 터미널을 적절하게 이용할 수 있도록 해야 한다는 시장 상인들과 주민의 요청이 많다.

진교면의 가장 큰 현안도 진교시장인 것 같다. 진교시장은 하동시장과 거의 비슷한 고민을 안고 상인들이 고통스러워하고 있다. 공설시장임에도 불구하고 시장이 잘 나갈 때 권리금을 주고 점포임대권을 사고 팔았다. 진교면 인구가 줄고 대형 농협하나로마트가 인근에 들어선 후 진교시장이 경쟁력을 상실하면 서 이 문제는 해결이 더욱 어려워졌다. 하동시장의 문제를 해결하는 방식으로 진지하게 고민해야 하는데 현장을 가보니 재개발의 방식은 쉽지 않을 것 같다. 공설시장의 주인인 군이 합법적 범위 내에서 특단의 결정을 내려야 한다는 주 장이 있다. 시장 활성화를 위한 전문 거리 조성 등으로 활력을 도모하면서 점 포의 재배치를 이끌어 젊은 사람들이 시장에 참여할 수 있는 인센티브를 제시 하는 방법으로 상인의 고통을 덜어주는 새로운 방안도 고민해야 한다.

한편 진교면은 위치상 수산물과 농산물이 다양하고 풍부하게 조달되는 곳이 며 경쟁력 있는 맛을 가진 식당들도 많다. 수산물과 먹거리 중심의 관광 시장을 목표로 새로운 시장 운영 방안을 마련하면서 그 지원책의 하나로 재산권 문제 를 합리적으로 조정하는 것을 검토해 볼 수 있을 것이다. 상인들도 양보할 것은 양보하고 찾을 것은 찾으면서 시장 활성화 전략에 적극 동참해야 할 것이다.

산업단지

해묵은 갈사만산업단지
문제 해결을 위한 경험과 안목

공직 생활을 시작하면서 나는 늘 하동군의 어려움에 관심을 기울였다. 특히 갈 사만산업단지와 대송산업단지의 개발 문제점이 하동군 최대의 위기로 언론에 다뤄질 때마다 나는 깊이 고민했다. 그리고 이 산업단지의 어려움은 여전히 현재진행형이고 나의 고민 또한 그렇다.

금성면 갈사리 일원에 561만㎡의 산업 용지를 조성하는 갈사만산업단지 사업은 지난 2009년 착공했지만 단지 조성을 완료하지 못한 채 2014년 중단됐다. 이 과정에서 공사비와 보상비 등을 둘러싼 소송이 진행 중이다. 갈사만산업단지와 가까운 금남면 대송리 일원 137만㎡에 조성되는 대송산업단지는 단지 조성은 마무리 단계지만 분양이 거의 이뤄지지 않고 있는 상태다. 갈사만산업단지는 하동군이 사업 시행 주체로 되어 있고 대송산업단지의 경우는 하동군이 공사비 지급보증을 했다. 새로운 사업자를 찾아 갈사만산업단지 공사를 재개하지 않거나 대송산업단지의 지지부진한 분양을 해결하지 못할 경우 군에 엄청난 재정 부담으로 작용할 것이 자명하다.

해결이 쉽지는 않은 문제지만 나의 경력과 경험으로 본다면 방법은 있으리라 본다. 문제가 된 두 곳은 광양만권 경제자유구역이다. 나는 얼마 전까지 부산진해경제자유구역청장을 지냈다. 어떻게 지금의 문제가 불거졌는지 현재 상황은 얼마나 심각한지에 대한 정확한 진단과 그리고 거기에 맞는 대안을 찾고 실행 방안을 제시할 수 있으리라 자부한다.

갈사만산업단지와 대송산업단지의 개발은 첫 단추부터 잘못 끼운 채 문제를 더하고 불려가며 진행되어 온 사업이다. 그렇기 때문에 이 문제를 한번에 해결하겠다고 하는 말은 거짓말이다. 문제 해결을 위해서는 행정, 개발 사업, 투자 유치 등의 세 분야에 대한 깊이 있는 안목과 식견을 갖추고 있어야 한다. 뿐만 아니라 중앙정부 각 부처와 관련 기관에 인맥이 있고 이 인맥을 통해 실현가능성 높은 비전과 설득력 있는 논리를 제시할 수 있어야 한다. 행정 역량의 경우 하동군 행정뿐만 아니라 중앙의 정책과 행정까지 훤하게 알고 인맥도 있어야 한다. 그리고 투자 유치의 경험과 전략을 숙지하고 있어야 하며 개발의 트렌드와 대형 개발 사업의 성공 경험도 풍부해야 한다. 이를 바탕으로 군민의 적극적인 협조를 이끌어 낸다면 문제를 잘 해결할 수 있으리라는 희망이 있다.

갈사만산업단지 문제의 원인을 먼저 차분히 짚어보자. 근본적으로 시공사가 사업을 성공시켰을 때 얻는 수익은 기대하기 쉽지 않고 사업을 실패하더라도 손해가 없는 사업 구조가 문제였다는 생각이다. 개발 방식도 옛날 방식을 썼는

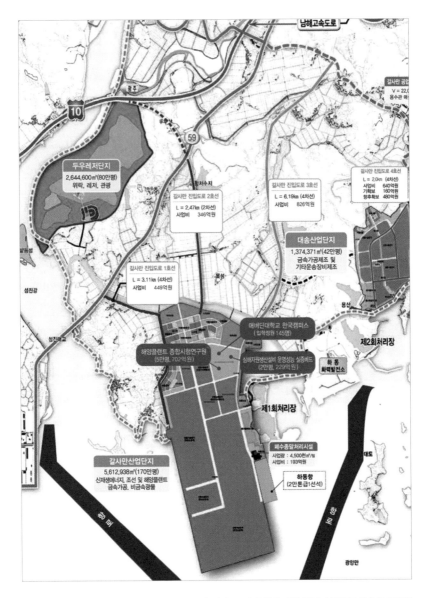

갈사만산업단지 문제 해결을 위해서는 행정, 개발 사업, 투자 유치에 대한 경험과 안목을 갖추고 있어야 한다. 그리고 중앙정부, 지방자치단체, 공공기관, 투자 기업, 디벨로퍼 등 각계각층에 포진한 인맥의 도움을 얻을 수 있어야 한다. 그림은 갈사만산업단지 일원의 개발 계획도이다. 하지만 이것은 지도 위의 그림일 뿐이다.

데 군에서 분양 보증을 해준 것이 좋은 해결책이 되지 못했다고 본다. 물론 조선 경기 호황 때 투자를 약속한 민간 기업이 조선 불황으로 투자를 망설이는 상황에서 개발 사업자와 투자자를 구하기 어려워 고육지책으로 선택한 그동안의 사정은 십분 이해가 된다. 하지만 분양 보증이 되면 사업자가 비용 절감 노력을 하겠는가? 개발 후 분양에 전력을 기울이겠는가? 민간 투자 개발 방식이 조선 경기의 침체로 더 이상 지속가능하지 않았음이 밝혀졌을 때 과감히 개발 사업을 축소하고 차근차근 공영 개발 방식의 국가 산업 단지를 느긋이 추진했으면 어땠을까 하는 아쉬움이 있다.

개발 방식도 요즘에 각광받는 방식이 아니었다. 예전의 개발 방식에서는 개발에 참여하는 메이저 업체의 역할이 중요했다. 메이저 업체란 현대건설, 삼성물산, GS건설 등과 같은 누구나 이름만 대면 알 만한 시공능력순위 상위권의 건설업체를 말한다. 이런 메이저 업체가 사업에 참여해 이 공사를 맡아서 하겠다, 그리고 무슨 일이 있어도 완공을 책임지겠다고 약속을 한다. 이것이 책임 준공이다. 메이저 업체가 이렇게 책임 준공에 대한 보증을 서면 금융권에서는 기업의 보증과 신뢰를 바탕으로 사업비를 빌려준다. 특정 사업의 사업성과 장래의 현금 흐름을 보고 자금을 지원하는 프로젝트 파이낸싱(project financing)을 하는 것이다. 메이저 업체가 사업을 부도내지 않고 끝까지 한다는 보증이 있기 때문에 가능한 일인데, 만약 이 약속이 지켜지지 않으면 이 비용을 모두 물어주는 것도 메이저 업체의 역할이다. 메이저 업체가 보증을 하고 프로젝트 파이낸싱이 이루어지면 본격적인 토목 공사가 시작된다.

이렇게 준공이 끝나면 여기에 든 비용을 모두 포함시켜 분양을 한다. 분양을 할 때 갈사만 지역이 시골이다 보니 성공할 가능성이 낮다. 리스크가 있는 만큼 분양가를 많이 낮춰야 팔릴 수 있는 곳이다. 메이저 건설업체 입장에서는 분양에 성공시키더라도 생각한 만큼 수익이 생기지 않을 수 있다는 불안감이 생긴다. 그래서 메이저 업체에서 꾀를 낸 것이 책임준공하고 사업을 시행하겠으니 분양이 안될 때 분양 보증을 군에 서라고 한 것이다.

이때부터 사업자 입장에서는 사업을 성공시킬 동기가 급격하게 약해진다. 나중에 군에서 다 떠안아 줄 것이므로 사업자가 생각을 달리하게 되는 것이다.

예를 들어 만약 사업비를 빌려올 때 3%, 5% 이자로 빌려올 수 있는 것을 7% 씩 이자를 주고 자금을 빌린다 한들 누가 제동을 걸겠는가? 확정투자비 보상 등을 내용으로 하는 다른 지역의 사례에 이와 비슷한 경우가 있었다. 분양가가 높아 분양이 되지 않아서 중간에 발을 뺀다고 해도 그동안 충분히 수익을 챙겼기 때문에 메이저 업체가 입을 피해는 별로 없다. 피해는 고스란히 하동군과 군민들이 입는 것이다.

요즘의 개발 방식은 꽤 다르다. 지금은 메이저 업체가 아닌 기획, 설계, 마케팅, 사후 관리까지 총괄하는 개발자인 디벨로퍼(developer)가 중요한 시대이다. 시행사와 비슷한 의미이지만 기존 시행사가 건축과 분양을 모두 대형 건설사에 위임하는 것과 달리 디벨로퍼는 사업의 시작과 끝을 모두 맡아 처리한다. 설계도 한 장만으로도 가능한 사업이 디벨로퍼인 셈이다. 최근에는 단순한 시행사에서 벗어나 시장 조사, 부지 매입, 분양 업무 등을 총괄한다.

그리고 디벨로퍼는 단지를 분양받아 입주하게 될 테넌트(tenant)를 거느린다. 특히 상가나 쇼핑몰에 고객을 끌어 모으는 핵심 점포로, 상권의 유동 인구를 좌우할 정도로 영향력이 큰 키테넌트(key tenant)가 따라 붙은 디벨로퍼라면 사업 성공은 보장된 것이나 마찬가지이다. 일반적으로 대형 서점, 멀티플렉스 영화관, 대형 마트, 유명 체인 커피숍, 글로벌 SPA 의류 브랜드 매장 등을 키테넌트라고 한다. 예컨대 멀티플렉스 영화관을 찾았다가 밥을 먹거나, 대형 마트에 들러 장을 본 뒤 커피숍까지 이용하는 식으로, 영화관이나 마트를 찾은 고객이 다른 상점들까지 이용하게 만드는 것이 키테넌트의 역할이다.

대형 개발 사업을 훌륭하게 성공시켜온 기획력 좋고 신뢰할 만한 디벨로퍼가 우리나라에도 여럿 있다. 해외 디벨로퍼들도 손에 꼽는 인물들이 있다. 이제 개발 사업은 이런 유능한 디벨로퍼와 협상을 해야 한다. 협상할 때 사기 당할 염려가 없도록 투자 개발 행정을 제대로 아는 사람이 밑그림을 그려야 함은 물론이다. 예산이나 법률적 처리 등 정부와 협상할 부분은 행정력을 동원해 모두 끝낸 뒤에 디벨로퍼에게 자신있게 제시해야 한다. 이 계획을 디벨로퍼가 보고 사업을 맡겠다고 선언하는 순간 사업은 이미 성공했다고 할 수 있다. 능력이 입증된 디벨로퍼에게는 키테넌트가 따르기 마련이고 키테넌트가 붙었다면 크고 작은 업체들도 앞 다투어 줄을 서는 구조가 지금의 개발 방식이기 때문이다. 나는 이 방식을 추진해본 경험이 있다.

정주

산업단지 문제 해결과 주거 여건 개선

나는 이 방식이 갈사만산업단지에서도 가능하리라 생각한다. 이를 위해서는 디벨로퍼가 수익성이 있는 사업이라고 판단할 수 있는 그림을 만들어 줘야 한다. 이런 능력을 갖춘 사람이 키를 잡고 정부와 협의해서 성공할 수 있는 사업으로 청사진을 그려야 한다. 나에게 이런 비전이 있다고 생각한다. 부산진해경제자유구역청장으로 있으면서 이미 능력을 입증한 셈이다.

　나에게는 경제자유구역청 내의, 20년째 답보 상태였던 창원시 진해구 두동지구와 보배지구의 문제를 풀어낸 경험이 있다. 나는 부산진해경제자유구역청장 재임 기간 중 20년 간 개발 표류로 갈등과 분쟁 속에 있던 진해구 두동지구를 애물단지에서 첨단 물류 거점으로 변화시켰다. 부임해보니 택지 개발 사업을 하다 대실패를 한 곳에 민관 공동 출자 사업을 추진하고 있었는데 많은 어려움을 해결하고 임기 중에 지구 조성을 마무리했다. 골치만 앓던 지역에 물류 센터와 주거 단지, 과학산업단지가 들어서면서 경제적 파급 효과가 3조 5천억 원에 달할 것이라는 전망이 나오고 있다. 경제자유구역 활성화를 저해하는 천덕꾸러기 취급을 받았던 보배지구도 내가 청장으로 있는 동안 새롭게 계획 변경을 승인받아 개발을 본격화했다. 이 지역은 1997년 동아대학교 캠퍼스 건립을 시작으로 학문, 예술, 문화 단지를 조성하고자 했던 사업이 완전히 실패한 뒤 방치되던 상황이었다. 주민 재산권 침해 등 문제점이 산적해 있었다. 보배지구는 변경된 개발 계획에 따라 향후 각종 영향 평가 이행, 실시 계획 변경을 거쳐 2023년 준공을 목표로 개발 중에 있다.

그리고 부산시 강서구의 명지지구 역시 나의 손을 거쳤다. 심혈을 기울여서 개발 계획을 다시 만들고 미래 혁신 도시 디자인 용역을 줘서 이 지역에 들어설 건축물을 규제하고 지도하도록 했다. 국제 신도시답게 외국 기업이나 업무 시설, 연구소, 교육 기관, 학교 등을 유치 중이다. 대표적으로 유치된 외국 시설 중 독일의 '프리드리히 알렉산더 대학교(Friedrich Alexander Universit t)'를 포함한 글로벌 캠퍼스 타운이 있다. 나는 이곳의 기능적 측면도 크게 고려했지만 주변과 조화를 이루면서도 전혀 새로운 미래형 도시가 만들어지길 바랐다. 그래서 몇 가지 특화된 도시로 개발 계획을 수정했다. 공원 친화 도시, 수변 친화 도시, 보행 친화 도시, 건축물 특화 도시 등이다.

나는 이러한 정주(定住) 여건을 갖춘 도시가 하동군에도 절대적으로 필요하다고 생각한다. 부산시 강서구 명지지구처럼 규모가 클 필요도 복잡한 도시 기능을 갖출 필요도 없다. 현재 하동읍은 젊은이들이 살 만한 여건을 갖춘 주택을 구할 수 없을 정도로 주거 여건이 열악하다. 젊은 공무원들이나 공공기관의 직원들이 진주시나 광양시에 주거를 정하는 것도 그들만의 탓이 아니다. 하동군에서 인구수가 가장 많은 하동읍은 인구가 1만 명 선이 무너졌고 진교면은 인구가 6천 명 선이 깨어졌다(2021년 12월 기준, 국가통계포털 자료). 아이가 중학교에만 가면 부모는 심각하게 전학과 이사를 고민한다. 지역 소멸의 위기감이 짙어지고 있다. 갈수록 인구는 줄어들고 지역은 활기를 잃고 있다.

혹자는 초대형 기업을 먼저 유치해야 인구가 늘고 큰 도시가 만들어질 것이라고 생각한다. 하지만 기업 입장에서는 어떨까? 큰 도시와 멀리 떨어져 있는 외딴 곳에 편의와 쾌적함을 갖춘 정주 공간도 없고 교육과 의료 서비스도 열악한 지역에 근무하고 싶은 직원들이 있겠는가? 기업은 지식과 감성을 갖춘 전문가 집단이다. 사람의 총체가 기업인데, 사람이 가고 싶지 않은 곳에 기어코 오려고 하는 기업이 있겠는가?

교육, 의료, 그리고 쇼핑이 어느 정도 수준으로 보장되는 것만으로는 부족하다. 하동군만의 아름다움을 창의적으로 살린 명품 생태 전원 주거지로서의 여건을 갖추어야 한다. 이것이 내가 항상 '세상에 하나밖에 없는 하동'을 주장하는 이유이다. 이 도시는 스마트인프라와 결합된 새로운 정주 공간이기도 하다.

갈사만산업단지 문제가 불거지고 있는 금성면이나 진교면 쪽에도, 지역 경제의 구심력과 활력을 상실해가고 있는 하동읍에도 필요하다고 생각한다. 진주시의 경제력을 끌어들일 수 있는 북천면과 옥종면에서도 명품 주거 단지는 성공 가능성이 높다. 특별한 발전 동력은 없지만 아름다운 풍광을 가진 양보면, 고전면, 적량면 일원도 특별 정주지구로 육성할 수 있다.

각각의 생활권들은 매력과 구심력을 잃고 인근 지역에 생활 및 교육 의료 서비스를 기대하고 있다. 경제는 침체되고 지역은 활기를 잃고 있는 데 특별한 반전의 기회도 없는 것처럼 보인다. 교육, 의료, 쇼핑 그리고 젊은이들이 놀 수 있는 여건을 갖춘 신도시가 있어야 한다. 하동군만의 매력을 갖춘 명품 전원도시가 있어야 한다. 직원이 살고 싶은 곳이 있어야 인력을 모을 수 있고 인력 문제가 해결되어야 기업은 투자를 하게 된다. 정주 여건의 문제는 갈사만산업단지와 대송산업단지의 문제를 해결하는 출발이기도 하다. 물론 꼭 신도시일 필요도 없다. 예를 들어 하동읍의 경우처럼 공공기관 소유의 부지가 많고 인구와 소프트한 콘텐츠가 많은 곳은 재개발이나 도시재생에 의한 방식도 가능하다.

투자 유치, 기업 유치에 겁 없이 뛰어드는 용기도 필요하지만 그 이전에 사람이 모여 들어 살고 싶은 매력 있는 도시를 만들어 놓아야 하는 이유가 여기에 있다. 기업이 먼저냐 정주 여건이 먼저냐 하는 것은 닭이 먼저냐 계란이 먼저냐 하는 문제와 비슷하다. 하지만 나는 둘 중 하나를 분명히 선택한다. 나는 닭보다 계란이 먼저다. 기업 유치 노력보다는 정주 여건 개선이 먼저인 것이다. 산업 단지를 만들고 신도시를 만들고 기업을 유치하는 것은 오래 된 나의 전공이다. 수많은 경험이 있다. 하동군에서 기업 유치와 도시 만들기의 선순환을 만들기 위한 첫 출발은 좋은 정주 여건을 갖추는 것이어야 한다. 인구 축소 시대의 새로운 미래형 농촌 도시 모델을 경상남도와 정부에 제시하고 지원을 얻어낸다면 적절한 인구 규모의 멋진 하동형 명품 전원 도시가 무리 없는 재정 투입으로 가능하리라 본다.

이상으로 갈사만산업단지 위주로 논의를 했는데 대송산업단지의 경우는 조금 결이 다른 부분이 있다. 기회가 될 때 차분히 짚어보기로 하고 여기서는 언급하지 않는다. 나는 늘 하동군 발전을 고민하고 마음에 두며 이런 비전을 그려 놓았지만 이 비전을 현실화하기 위해서는 엄청난 동력이 필요하다.

부군수 시절 영호남 화합 혁신 도시안을 직접 만들고 중앙 정부에 제안한 적이 있다. 갈사만과 광양만권 경제자유구역을 중심으로 영호남 경제공동체를 만들자는 아이디어였다. 광양제철소, 여천NCC와 관련한 첨단 소재 분야나 미래 청정 에너지 산업, 사천시와 고흥군을 연결하는 우주 항공 산업 벨트의 중심지 등을 테마로 한 국가산업단지를 만드는 국가 정책을 이끌어내는 것이다. 한편 고부가가치 첨단 농업 단지나 대형 레저 관광 쇼핑 단지의 아이디어를 내는 이들도 있다.

금성면 주민들이 가장 고통스러워하는 갈사만산업단지 등 경제자유구역의 문제는 행정기관의 노력은 물론이고 금성면 주민을 비롯한 군민들의 노력과 희생도 요구될 것이라고 생각한다. 하지만 하동군의 미래를 바라보며 모두가 마음을 맞춰서 한 단계씩 난관을 극복해 나간다면 못할 이유가 없지 않을까? 우리가 마음을 모으고 희망을 잃지 않는다면 세상에 하나밖에 없는 하동을 만들 수 있다고 생각한다. 제발 우리 아이들에게 재미있게 살 만한 하동군을 건네주자는 말이다.

콘텐츠

하동미술관, 통섭 시대의 문화 콘텐츠

하동군이 지역 소멸의 위기에서 벗어나 지속가능한 발전을 위한 대안으로 교육과 의료 서비스, 기업 유치와 청년 일자리 창출, 대형 지역 개발 사업, 귀농 귀촌 지원, 농축수산물의 6차 산업화 등을 예로 들 수 있다. 이것 말고 다른 것은 없을까? 아이들과 주민에게 문화 예술 향유와 교육 커뮤니티 참여 기회를 주고 하동군의 아름다움을 보러 오는 외지인에게는 매력적인 옵션으로서 정통 문화 예술 분야는 어떨까? 이런 생각에 동의한다면 이 중 하나로 미술관을 생각해 보자.

스페인 구겐하임빌바오미술관의 모습이다. 스페인의 산업도시 빌바오는 구겐하임빌바오미술관 건립을 통해 세계적인 문화 도시로 거듭났다. 우리 하동군 또한 이러한 사례를 참조할 수 있다.

실현가능성이나 분야를 떠나 새로운 돌파구를 마련한다는 아이디이 차원에서 한번쯤 의논해볼 필요가 있다. 꿈은 반드시 이루어진다고 하지 않는가? 물론 인구 5만 명도 되지 않는 하동군에 최소 수백억원 이상의 건설비(제대로 하려면 1천억원도 넘길 수 있다)와 수십억원의 연간 운영비가 예상되는 미술관은 이용도가 낮아 오히려 골칫거리가 될 것이라는 비판도 있을 수 있다. 하지만, 스페인의 녹슨 산업도시 빌바오를 세계적인 문화 도시로 재생시킨 구겐하임빌바오미술관(Guggenheim Bilbao Museum)은 건립 계획 당시 시민의 95%가 반대했다. 이제는 산업화로 오염되었던 네르비온 강의 수변 공간을 정비하고 이 공간과 절묘하게 어울리는 멋진 건축물로 세계인의 관심과 방문을 이끌어내고 있다.

구겐하임빌바오미술관이 너무 스케일 큰 국제 사례라면 하동군이 참고할 만한 국내의 사례는 없을까? 서울 도심과 1시간 남짓 거리에 황순원의 소설 '소나기'로 유명한 양평군은 하동군과 유사한 면이 많다. 수려한 산과 강, 맑고 깨끗한 공기와 물, 가슴이 탁 트이는 전망을 가진 양평군은 프랑스의 안시(Annecy)와 비슷하다. 양평군이 전원도시로서 하동군과 유사하지만 구별되는 특징이 하나 있다. 바로 미술관이다. 양평군립미술관은 2011년 개관하여 2018년 말 110만 명의 누적 관람객을 모으고 있다. 시즌별 다양한 기획 전시 및 창의 교육 프로그램을 통해 지역민에게 문화를 제공하는 커뮤니티 공간이자 가족미술관이 되어 글로컬(global+local) 문화를 리드하고 있다는 평가를 받는다.

글로컬 문화 요소는 그 지역의 정체성에 누구나 선호하는 문화적 보편성을 입혀 새로운 팝 문화 상품을 생산할 수 있다. 글로컬 콘텐츠의 핵심 요소는 스토리텔링이다. 스토리텔링은 오늘날 문화 산업을 위한 중요한 도구로 인정받고 있다. 최근에는 문화 기술(CT)과 결합하면서 순수 미술, 문학, 공연, 조각, 사진, 디자인, 공예, 만화, 애니메이션, 테마파크, 스포츠 등의 장르를 아우르는 상위 범주가 되었다. 한 장르가 성공했을 때 다른 장르로 활용, 개발되는 통합과 융합의 시대이다. 어떤 문화 예술이든 세 개 이상 모이면 스토리를 만들기 때문에, 하동군의 글로컬 문화 요소는 하동군의 경쟁력과 하동군만의 브랜드를 창출하게 된다.

미술관은 도서관과 마찬가지로 주민과 청소년들에게 문화와 예술이 융합된 교육 및 학습의 장을 제공하고, 미술을 매개로 인성 교육과 놀이는 물론 학생들의 클럽 활동을 뒷받침한다. 또한 하동군이 문화 예술의 핫플레이스가 되면 더 많은 관광객을 끌어들일 수 있다. 트렌디한 문화와 개성 넘치는 카페와도 결합한다면 청년을 하동군에 모으는 매력 요인도 될 것이다.

내 생각에 하동미술관이 핵심 문화 예술 콘텐츠가 되기 위해서 필요한 것은 다음과 같다.

첫째, '세상에 하나밖에 없는 하동'의 감동을 주는 건축물이다. 다양한 전통 문화 요소, 남쪽 지리산의 독특한 아름다움 등 하동의 개성을 미술관에 담아야 한다. 이 외에도 시각 예술의 보편적인 감동 요소인 조형미(비례, 균형, 양감, 질감 등)가 있어야 하고 하동군의 자연 경관 및 주민 생활과 조화되어야 한다. 무엇보다 건축물 자체가 갖는 독창성과 아름다움이 아주 특별해야 하는 것이 이 프로젝트의 핵심 중 핵심이다.

둘째, 사람이다. 최고의 명성을 가진 외부 예술인들만의 잔치가 되어서는 안 된다. 하동군 각 지역에는 귀향(歸鄕)하거나 귀촌한 실력 있는 예술인들이 다수 있다. 이미 이들은 사회적 기업과 단체 등을 통해 활발히 활동하고 있다. 이들의 에너지와 경험을 살려야 한다. 그리고 학생과 군민의 참여를 통해 지역 예술 역량을 최대로 이끌어내는 노력이 선행되어야 한다. 다양한 예술 분야에서 향토 신진작가를 발굴하고 외부의 뛰어난 예술가와 교류도 장려해야 한다. 하동군의 정체성에 천착하는 세계적 작가를 배출해야 한다. 미술관의 생태계가 궤도에 오르면 하동군에 미술 관련 특성화 학교도 가능하다.

셋째, 통섭(convergence)의 관점에서 지역 문화와 산업의 상품화가 이루어져야 한다. 예를 들어 지리산 둘레길이나 섬진강과 연계 조화되는 미술관 루트, 녹차, 벚꽃, 재첩, 코스모스, 참숭어, 대봉감, 딸기 등 축제나 특산물과 연계한다. 하동사물놀이, 박경리문학제, 이병주문학제 등 문학이나 음악과 같은 타 분야 예술인들과도 함께해야 한다.

금성면 갈사만산업단지 문제와
하동읍 시장 문제에 대한 의견을 들었습니다

금성면과 하동읍 하동시장을 다녀왔습니다.

　오전에는 금성면을 방문했습니다. 인근 하동화력과 광양제철 등 환경 문제, 갈사만 산업단지 문제에 대해 많은 말씀을 들었습니다. 근본적 개선을 위한 진단과 정부에 수용될 수 있는 좋은 계획, 군민과 행정의 역량 결집 등이 필요하다는 데 공감했습니다.

　오후에는 하동시장번영회가 개최한 간담회에 참석해서 정책 투어를 가졌습니다. 하동군과 상인들의 소유권 분쟁 해결 방안, 전통 시장 활성화 대책 등에 대한 귀한 의견을 들었습니다. 인구 감소와 시장 수요 축소의 문제 외에도 코로나19 장기화에 따른 상인들의 아픔을 절실히 느낄 수 있었습니다. 여러 가지 의미 있는 제안들이 많았습니다. 아픔에 대한 공감, 문제 인식 공유, 해결책의 합동 노력 등이 필요하다는 점을 모두가 깨달은 것이 성과라 할 것입니다.

적량면에서 고령화로 인한
청년 유출 문제를 고민했습니다

적량면을 다녀왔습니다. 하동읍 근처에 위치한 곳이라 청년 유출로 인구 대비 60%가 65세 이상인 면이지만 인심 좋고 풍요로운 마음 가득한 분들이 사시는 곳입니다.

　오전에는 계성마을을 방문했는데요. 가을걷이로 바쁜 시기이지만 이장님을 포함한 많은 분들께서 따뜻하게 맞아주셨습니다. 점심은 면소재지 '황의보감'에서 녹차 짜장면을 먹었는데, 오늘 횡재했습니다. 눈만 마주치면 무조건 머리 숙여 인사하는 습관이 들어서 스님 일행 세 분이 식사하고 계신데다 인사를 넙죽했더니 짜장면 값을 계산하고 가셨더군요. 기분 좋았습니다.

　오후에는 영신원에서 정책 투어를 가졌습니다. 이덕구 이장님이 저의 페이스북 친구라 반가웠습니다. 마을 자립을 위하여 운영하던 축사를 주거 환경 개선과 새로운 소득원 창출을 목표로 태양광 발전 단지로 바꾼 곳입니다. 윗동네는 두세 군데 축사가 남아 있었습니다. 축사 폐업에 대한 보상 문제, 고령화로 인한 의료 시설 취약, 교육 발전에 대한 여러 고충을 의논해주셨습니다. 영신원에 따뜻한 사랑과 행복이 언제까지나 가득하길 기원합니다.

하동 녹차는 '청정 하동 이미지'를 함께 팔아야 합니다

화개면은 녹차로 유명한 곳입니다. 5월에 덖음용 고급 녹차를 생산하고 나면 10월까지 두세 차례 공장용 찻잎을 수확합니다.

한번 수확할 때마다 수매 단가는 낮아지는데 비해, 8인 1조로 수확하는 인건비 부담으로 녹차 재배 여건이 악화되고 있습니다. 수요 침체로 인해 20년째 제자리인 녹차 매출, 인력난과 인건비, 녹차 생산자를 위한 휴식 공간, 찻잎 수매 가격 지지 정책, 면내 지역 간 녹차 산업 균형 발전 문제 등에 관한 의견도 주셨습니다. 또한 녹차 외에 생산이 많은 나물의 경우도 생나물 중심에서 벗어나 건조나 냉동 가공 등 부가가치를 높이는 농업으로 전환이 절실하다는 의견도 있었습니다.

오후에는 티백용 녹차 등을 생산하는 공장을 견학하기도 했습니다. 효율적인 공정 관리 기술로 생산 단가를 낮추고, 식품 등의 생물 중간 소재로 쓰이는 분말 녹차 생산과 타 차류의 임가공 생산 등으로 활로를 구하는 모습도 보았습니다.

정책 투어를 통해 다양한 곳에서 겪고 있는 어려움뿐만 아니라 현장에서 원하는 해결 방안을 듣게 되어서 정말 뜻깊은 투어가 되어가고 있다고 확신하게 되었습니다. 하동녹차는 청정 하동 이미지를 함께 팔아야 합니다. 청암면을 방문했을 때도 느낀 것이지만, 녹차를 재배하고 관광객이 모여드는 화개면에서도 오폐수 처리 시설이 매우 부족하다는 것을 알게 되었습니다. 오폐수 처리 시설에 대한 대대적인 투자야말로 지속가능한 청정 하동 발전의 근본 인프라라고 생각합니다.

하동의 시그너처 산업인 녹차를 키우고 알리는 모든 분들의 노고에 경의를 표합니다.

"나랏일하는 사람은 바르고 곧아야 한데이"

오전 11시 30분쯤, 정책 현장을 보러 어떤 마을에 들렀다가 마을회관 앞 밭에서 일하시는 할머니 두 분을 만났다. 눈이 마주쳐서 절을 꾸벅했더니 먼저 말을 건네신다.

"어데서 왔소?"

"아 예 어무이, 읍에서 왔습니더. 와그라십니꺼?"

"인물이 훤하니 예사 사람 같지 않아서 물어봤어요."

"고맙습니더. 어무이. 근데ー, 그 거짓말, 진짭니꺼?"

"큭큭 머라카노"

한번 웃음보따리가 터지니 말이 청산유수시다. 말이 길어지자 잠시 쪼그리고 앉았다.

"어무이 연세는 우찌되십니꺼?"

"묻지 마소. 많다."

"우리 어무이는 팔십 아홉인데예."

"그라모 내 동생이네."

"그래도 우리 어무이보다 고우시네예."

"말도 마소. 내가 가마타고 시집온께 나락이 빨개서 기가 막히더라."

"나락이 와 빨갛습니꺼?"

"산골이라 물이 차바서 나락이 제대로 못자라서 글치."

"그래도 계속 여기 사신 걸 보면 신랑이 잘 생겼던가베예."

"어허! 잘생기모 뭐하노. 너무 경우가 바르고 양심가라서 평생 손해만 보고 살았네. 그래서 지금까지도 내가 산골에서 이 고생하면서 산다 아이가."

말씀은 그러고도 좀 더 길었다. 건강하시라고 덕담을 드리고 일어서려는 나를 물끄러미 바라보시다가 한 말씀 더 붙이셨는데 내려오는 길 내내 머릿속을 떠나지 않은 그 말씀은 다음과 같았다.

"나랏일하는 사람은 보통 사람과 달리 바르고 곧아야 한데이. 그래야 힘없는 사람들이 쪼매라도 더 편한기라."

하동군 군민의
제안 소개

함께 만들어 가야 할
하동군의 미래

다른 군 지역도 마찬가지겠지만 하동군은 지역 소멸의 위기감이 매우 크다. 전국 23개의 고위험 지역 중 하나인 하동군의 인구는 자연증가가 더 이상 일어나지 않고 있으며 사망이 출생의 5배, 인구 4만 명 선 붕괴도 2-3년 내에 발생할 수 있다는 예측이 있다. 지역 소멸의 위기를 극복하고 하동군의 미래를 위한 방안을 모색하는 일에는 행정의 역할 못지않게 군민의 생각과 의지도 중요하다.

정주 여건이 관건인데 이 가운데서도 교육과 의료의 문제가 심각하다. 근본적인 대책이 있어야 한다. 과감한 통합 논의를 통해 명문고를 육성하며 권역별 기숙형 중고등학교, 예체능이나 유망 미래 산업 분야 특성화고를 만드는 방법 등도 제안되고 있다. 어떤 수단과 투자를 해서라도 진주시 지역 종합병원 수준의 의료 시설을 하나 정도는 갖추어야 한다는 의견도 있다. 남해군, 광양시 등의 연접 지역 인구를 감안할 때 불가능한 것만은 아니라는 견해이다. 교육과 의료는 백화점식 나열형 대책이 아니라 구체적인 안을 마련하고 여기에 집중하는 방식의 대책이 필요하다. 어떤 대책이든 하동군에서 살아갈 청년들의 희망과 선호가 담겨 있어야 한다. 해결책의 마련과 각종 정책 과정에 2030 청년이 일정 비율 반드시 참여하는 제도가 있으면 좋겠다. 청년이 주인 되는 하동군이 되어야 하는 것이다.

지난해 9월 1일부터 하동읍에 하승철정책연구소를 열고 많은 분들로부터 하동군의 현안과 발전 과제에 관한 걱정과 아이디어, 그리고 바람직한 대안을 들었다. 지역 소멸을 막고 지역 활력을 올려줄 좋은 아이디어들이 많았다. 이 중에서 지역 산업 활성화와 관련한 두 가지를 소개해 본다. 하나는 하동차를 사랑하는 군민께서 고민과 열정을 바탕으로 해주신 말씀이고. 다른 하나는 청년들의 지혜와 지식으로 농산물 판매의 새로운 길을 열어보자는 것이다. '함께 만드는 하동'을 위해 함께 고민해보기를 소원한다.

김상겸

하동차 산업의 현황과 과제, 생존 전략

지금 하동군의 차 산업은 구심점을 상실한 채 표류하는 형국이다. 어떤 목표를 가져야 할지에 대한 전략도 없고 어떤 방향으로 나아가야 할지에 대한 방향성도 없다. 몇 가지 원인을 들어본다.

첫째, 차 시장에 관한 국제적인 감각을 지닌 전문가가 드물고, 해외 시장의 동향을 잘 몰랐으며, 해외 시장과 국제적인 트렌드를 진지하게 주목하지 않았다. 우리 것이 최고라는 자부심도 그렇다. 해외의 차 시장을 수없이 들락거린 경험에 비춰 보면 우리가 잘 만드는 '구수한 맛의 녹차'는 국제 품질 기준으로 보면 등외품이다. 차농(茶農)들과 담당 공무원들은 해외 시장에 나가서 국제 기준에 부합하는 차를 시음해 본 경험이 많을까? 우리의 주력 품목인 녹차는, 향이 은은하면서 풋풋한 과일 향이나 꽃향기를 느낄 수 있고 맛은 부드러운 감칠맛과 단맛이 나야 하고 탕색은 맑고 밝고 투명한 연한 초록색이어야 한다. 지금까지 하동군은 구수한 맛이 나는 녹차 위주였다. 국제 기준과 다르다. 국제 기준과 다르면 해외 진출이 잘 될지 걱정스럽다.

둘째, 지역의 특성을 간과한 채 차의 생산성 확대 및 차 가격의 대중화를 지향했기 때문이다. 차 생산성 확대는 수제차(手製茶) 다원과 산업원료용 차 다원의 구분 없이 농약과 비료를 살포해 생산량을 높이려 했고 이 결과 농약 파동이 일어났을 때 시장의 신뢰를 잃었다. 특히 산업원료용 다원에서 생산된 찻잎으로 고급차를 생산하려는 발상은 다시 생각해봐야 한다. 또한 대규모로 수확해 공장에서 대량 생산된 차의 가격에 장인들이 만든 차 가격을 맞추려 했던 가격 정책의 실패가 원인이다. 예를 들어 특정 제다(製茶) 브랜드가 만든 세작이 3만원에 출하 가격이 형성되면 아무리 좋은 원료로 장인이 만든 수제차라고 할지라도 제값을 받을 수 없다.

셋째, 브랜드 육성을 게을리했다. 차농과 하동군은 우전, 세작, 중작, 대작,

엽차용 등으로 차품을 분류했고 이 차품에 가격을 맞추는 이상한 마케팅을 해왔다. 일반 제다 브랜드와 유명 수제녹차 장인의 브랜드는 엄격하게 구분되어야 한다. 브랜드의 차이가 가격의 차별을 가져와야 하며, 차품의 분류가 가격을 결정하는 구조를 조속히 없애야 한다. '하동녹차'라는 브랜드도 그렇다. 각각의 개별 브랜드가 모여서 하동군 전체의 녹차 이미지를 형상화시켜야 함에도 불구하고 하동녹차라는 큰 브랜드 안에 마치 '화개제다', '쌍계제다', '박수근명인녹차', '유로제다', '조태연가' 등이 포함되어 각자의 가치와 존재감을 드러내기 힘든 구조이다. '왕의녹차'도 마찬가지이다. 주객이 전도되었다. 중국 운남성(雲南省)의 보이차(普洱茶)도 물론 '보이(普洱)'라는 지역의 이름을 따서 붙인 것이기도 하지만 여기서 보이차는 상품의 분류일 뿐이지 맹해차창, 진승차창 등 생산업체는 모두 각자의 고유 브랜드를 가지고 있다. 맹해차창의 브랜드는 대익, 진승차창의 브랜드는 노반장이다.

넷째, 하동녹차, 하동녹차연구소 대신에 하동차, 하동차연구소라고 불러야 한다. 하동차를 하동녹차라 부르는 일은 하동배를 '만지황금배', '만지조생종배'라고 부르는 것과 마찬가지이다. 하동군에서는 녹차, 황차, 청차, 백차, 발효차, 홍차, 국화차 등 많은 종류의 차가 나온다. 차 생산자들은 소비자들에게 하동군에서도 발효차를 만드느냐는 말을 한번쯤 들어보았을 것이다. 실제로 하동군의 차 판매량은 발효차가 녹차를 앞서고 있다.

다섯째, 소비자 트렌드를 읽지 못했다. 고가의 차 시장이 사라지지는 않는다. 고품질을 추구하는 극소수의 생산자는 살아남을 것이다. 나머지 시장은 건강 음료처럼 가볍게 마실 수 있는 저렴한 대중 차의 영역이다. 중국과 일본에서 수입된 차들과도 경쟁해야 한다. 국내에서는 제주도, 보성, 강진, 해남, 김해 등지에서 생산되는 제품들과 경쟁해야 한다. 온전히 완제품의 차를 팔아서 수익을 남기는 일은 앞으로는 요원할 것으로 생각된다.

그렇다면 하동차는 향후 어떤 방향으로 발전시켜 나가야 할까? 하동차의 생존 전략은 무엇일까?

첫째, 완제품을 파는 시장은 올곧은 차농과 자본력과 유통망을 갖춘 가공 공장에 맡기고 대다수의 차농과 하동군은 아름답게 조성된 차밭의 풍경을 상품

말레이시아 '카메론 하이랜드(Cameron Highland) 차밭' 풍경이다. 리조트, 전망대 등이 만들어져 있는 이곳은 말레이시아에서 가장 인기 있는 여행지이다. 하동군의 차밭 또한 이러한 방식의 발전 방향을 모색해 보아야 한다.

으로 팔아야 한다. 차밭 가운데 아름다운 찻집, 카페, 펜션이 들어서야 한다. 능선을 따라서 잘 조성된 차밭을 보면서 소비자나 관광객은 차나 커피를 마시면서 마음의 평온을 찾고 돌아가는 길에 전시된 차나 토산품을 파는 것이다. 그런데 차밭 주변을 도시계획을 묶어 규제를 하고 있다. 다시 말해서 차밭은 멀리서 구경만 하라는 생각인 듯하다.

해외 사례이다. 대다수의 사람들이 말레이시아(Malaysia)는 차가 생산되는 곳인 줄 모르고 있다. 한 때 영국인들이 만든 차밭이 엄청난 핫플레이스로 각광받고 있는 곳이 있다. 바로 말레이시아 '카메론 하이랜드(Cameron Highland) 차밭'이다. 리조트, 전망대 등이 만들어져 있는 이곳은 말레이시아에서 가장 인기있는 여행지이다.

실론티의 본고장으로 유명한 스리랑카의 누와라엘리야(Nuwara Eliya)에도 차공장과 호텔이 같이 있는 모습을 발견할 수 있다. 대만 타이베이 시 인근의 우롱차 생산지, 중국 운남성의 보이차 생산지 등에서도 유사한 사례를 찾아볼 수 있다. 차밭 그 자체를 상품으로 파는 것이다. 검두마을 산비탈 차밭, 정금리 차밭, 대비마을 차밭, 모암마을, 목압마을 등 곳곳에 상품성이 높은 차밭이 산재해 있다. 충분한 가능성이 있다. 관내에서는 악양면에 있는 매암차박물관도 좋은 사례이다. 도시에 살고 있는 지인들도 인터넷을 보고 풍광이 아름답다며 다녀간 곳이다.

둘째, 일본과 중국처럼 차 시장 혹은 차 거래소를 만들어야 한다. '자갈치 경매 시장', '가락동 농산물 경매 시장'을 떠올리면 된다. 식당하는 사람들이 싱싱한 물건을 사러 가는 곳이다. 일본은 생엽, 1차 가공 차엽, 완제품 등을 전문가들이 품평을 거쳐서 가격을 매기고 전국으로 유통시키고 있다. 지금처럼 농협에 맡기면 품질 관리가 쉽지 않다. 하동차문화재단 등을 만들거나 기존의 하동녹차연구소의 기능을 확대하여 관련 전문가를 육성하고 거래소를 운영해야 한다. 품질검사원이 쇠로 된 검품 도구를 찔러서 즉석에서 가격을 매기고 현금을 지급하는 것과 같은 시스템을 마련할 필요가 있다. 이런 시스템은 자본력이 없는 소규모의 차농들을 위한 것이다.

셋째, 하동군은 기반 시설을 잘 갖추고 차에 대한 소양을 잘 갖춘 희망 농가를 찾아서 차 문화를 심도있게 보급하는 방안을 구상해야 한다. 이 방안으로 인근의 공기업과 대기업(하동화력발전소, 한국토지주택공사, 포스코광양제철소 등), 수도권 소재 대기업, 금융기업 등과 연계해서 차를 통한 정신 수양과 같은 프로그램을 개발하는 것을 예로 들 수 있다. 기업은 직원에 대한 복지 및 문화 비용으로 정갈한 차 농가에서 숙식하며 힐링하는 프로그램도 가능하다. 기업 입장에서 기업의 사회적 공헌을 실천해서 좋고 농가는 지속적인 소득을 창출해서 좋은, 같이 상생하는 일이다.

좋은 예로 대만에서 최고급차를 생산 유통하는 업체인 삼합당에서는 가장 많은 스트레스에 시달리는 금융기관과 손잡고 직원들에 대해 차를 통한 정신 교육을 시키고 있다. 기업과 참가자들의 반응이 폭발적이라고 한다.

공상균

농산물 판매와
청년 디자이너 아이디어

국가 균형 발전을 추구하는 정부에서 여러 정책을 내놓지만, 농촌은 여전히 소외 지역으로 남아 있다. 산업, 경제 분야는 물론 의료, 문화 등 많은 사회 기반 시설이 수도권이나 대도시에 집중돼 있어 농촌에서 상대적으로 느끼는 박탈감은 크다. 특히 고령화에 접어든 농촌은, 앞으로 공동체가 사라지고 마을 자체의 존립마저 걱정해야 하는 시점에 와 있다. 지금 60-80대 어르신들이 농사를 짓는 주력 세대인 것을 생각하면, 앞으로 10년 뒤 우리 농촌의 현실은 암담하기까지 하다. 공장식으로 대량 생산하는 스마트팜이 먹을거리를 다 해결해 줄 수 없다면, 대부분의 농산물은 수입에 의존해야 할 판이다.

도시는 도시대로 청년 실업률이 높아지면서 사회 문제로 떠오르고 있다. 통계청이 지난 8월 발표한 자료에 따르면, 우리나라 청년 실업률이 10%를 넘었다고 한다. 대학교를 졸업하고도 취업을 하기 어려운 탓에, 요즘은 아예 졸업을 미루고 취업 준비를 하는 NG족(No Graduation족)이 늘어나는 추세이다. NG족을 대표하는 대학교 5학년들이 두드리는 취업의 문은 갈수록 좁아진다. 고용 시장의 변화와 기술 혁신으로, 지금까지 양질의 일자리라 여겨졌던 직업군이 사라지거나 축소되는 탓이기도 하다. 청년들이 취업하기를 원하는 양질의 일자리는 한정돼 있는데, 모두 그 문만 바라본다면 실업률을 낮추기란 요원한 일이다. 아래에 인용하는 한 기자의 칼럼을 보자.

"청년 실업률이 나날이 높아지는 신기록 행진이 거듭되자 청년들에게 왜 눈높이를 낮추지 않느냐며 타박한다. 중소기업은 청년들의 취업 기피로 구인난을 겪는다고, 3D 업종엔 외국인 노동자가 넘친다고, 취업한 청년도 조기에 퇴직한다고 욕을 한다. 이 시대는 청년들에게 야망을 버리고 더 낮아지라고 강요한다. 어느덧 우리 사회는 청년의 꿈을 억압하는 쪽으로 거침없이 달리고 있다."⊙

기사는 중소기업이나 3D업종에라도 취업하길 권하는 것을 '야망을 버리'는 일 또는 '꿈을 억압하는' 사회의 타박이란 논조를 펴고 있다. 일견 맞는 말이다. 평생 해야 하는 밥벌이를 좋은 직장에서 덜 고생하며 하고 싶은 것은 모두가 바라는 일이다. 하지만 이런 직장이란 어디에도 없다. 대기업에 입사한 청년이 조기 퇴사하는 경우가 늘고 있는 것을 보면, 밥벌이에 따르는 수고와 스트레스는 어느 직장에나 있다. 그렇다면 눈높이를 낮출 필요가 있지 않을까. 실업자라는 굴레보다, 몸으로 하는 노동이라도 즐겁게 받아들이는 인식의 전환을 요구하는 일이 과연 '청년들의 꿈을 억압하는' 일일까?

미국의 싱어송라이터이자 작가 밥 딜런(Bob Dylan)은 "아침에 잠에서 깨어나 자신이 하고 싶은 일을 할 수 있는 사람이 성공한 사람"이라고 말한 바 있다. 이 기준에 따른다면, 청년들이 눈높이를 낮춰 농업 분야에 뛰어들어도 얼마든지 '성공한 삶'이 가능하다. 직장이라는 구조에서 받는 스트레스 대신 창의적이고 독자적인 일을 만들어 낼 수 있는 곳이 농촌이다. 농산물 생산에 한정 짓던 농업이 아니라 이제는 6차 산업을 통해 고부가가치를 만들어내는 시대이다. 이에 청년들이 안정적으로 농촌에 정착할 수 있는 방안을 생각해 보고

⊙ 〈중앙선데이〉, 2018년 12월 1일 기사에서

자 한다.

일본 츠타야 서점 창시자 마스다 무네아키(增田宗昭)는 〈지적 자본론〉이라는 책에서, 기업은 물론 사회 모든 분야에서 "앞으로 스스로 디자이너가 되지 않으면 살아남을 수 없다"라고 말했다. 고객의 성향을 파악하고 상품을 통해 고객의 가치까지 제안해 줄 수 있는 능력을 디자인에 포함시킨다. 저자는 같은 책에서 "서점은 서적을 판매하기 때문에 안되는 것"이라는 다소 역설적인 이야기를 한다. 서점에서 책을 팔지 않고 무엇을 판다는 말인가? 의구심을 가질 만하다. 마스다 무네아키는 이렇게 말하고 있다. "고객에게 가치가 있는 것은 서적이라는 물건이 아니라 그 안에 풍부하게 들어있는 제안이다. 따라서 그 안에 쓰여 있는 제안을 판매해야 한다. 그런데 그런 부분은 깡그리 무시하고 서적 그 자체를 판매하려 하기 때문에 서점의 위기라는 사태를 불러오게 된 것이다."

서점을 농산물에 대입해도 같은 이야기를 할 수 있겠다. 단순히 농산물 자체를 판매하기보다는, 농산물이 가진 가치를 제안하므로 소비자가 선택을 할 수 있게 해야 한다. 기능과 용도만 충족시키면 구매하던 시대는 지났다. 소비를 통해 마음 깊은 곳까지 자극할 수 있기를 바라는 '감성 소비'의 시대이다. 이처럼 소비의 성향이 바뀌는 탓에, 농업 분야에도 디자이너 개념을 도입하여 마케팅을 한다면, 지역 농산물 판매에 많은 도움이 될 것이다. 농사만 잘 지어 놓으면 좋은 값에 팔리던 시대는 지났다. 농협이나 농산물 도매 시장에 계통 출하를 하면 판매에 어려움은 없지만, 가격을 보장받을 수 없는 탓에 수입도 일정하지 않다. 그렇다면 판로를 스스로 개척해야 하는데, 실제 농사를 지어보면 할 일이 많아 스스로 마케팅을 한다는 것이 어렵다.

이런 현실을 감안하여, 각 읍면 단위에 청년 3명 정도를 정착시켜 그 지역 농산물을 홍보 판매하는 역할을 하게 하면 상당히 많은 일자리가 생길 것이다. 국토교통부의 2016년 자료에 따르면, 우리나라 읍면은 모두 1천415곳이다. 1개 읍면에 청년 3명을 디자이너로 채용한다면 4천245명의 고용 효과가 있다. 이들에게 마케팅에 필요한 여러 교육을 받게 하고, 좋은 농산물을 발굴하기 위해 지역민과 밀착하여 영농 관련 스토리텔링을 하게 한다. 쇼핑몰을 만들고 사이트에 해당 읍면의 이야기와 우수 농산물을 소개한다면, 지역의 농산물 판매에도 도움이 되고 청년들은 자연스레 농촌에 정착할 수 있는 기반을 마련할 것이다. 각 읍면에 3명 정도의 사람이 필요한 것은, 쇼핑몰 관리, 농산물 수집과 배송, 그리고 우수 농산물 발굴 및 스토리텔링 등 각각 역할을 분담하기 위해서이다. 그 지역에서 생산하는 여러 농산물에 이야기를 입혀 쇼핑몰에 편집하여 올리는 일. 지역민이 가지고 있는 문화와 이야기를 발굴하여 도시의 소비자에게 전달하는 일. 모두 농촌 디자이너의 일이다.

청년 디자이너 3명이 한 지역의 농촌에 정착하면, 이에 따른 부가 효과를 생각할 수 있다. 농사에 관심 있는 청년들에게 임대 농지를 얻어 농사를 짓게 하고, 그 산물로 지역 농가 카페를 하게 하는 것이다. 예를 들어 2천 평의 밭에 팥을 심는다고 하자. 청년들이 팥 농사를 짓기 위해 땀을 흘리는 모습은 도시의 소비자들에게 감동이 있는 이야깃거리가 될 수 있다. 가을에 팥을 거두어 그것으로 단팥죽이나 팥빙수 또는 팥칼국숫집을 한다면 인기가 많을 것이다. 팥 농사에 투자하는 시간과 카페에서 영업하는 시간을 안배한다면 충분한 소득도 얻을 수 있다. 그 지역 농촌 디자이너가 홍보를 대행해 주면 더 좋을 것이다. 지역의 빈집이나 창고를 리모델링하면 많은 자금을 투입하지 않고도 농촌 정서에 맞는 예쁜 카페를 열 수 있다. 블로그와 SNS를 통해 이야기를 내보낸다면, 도시 소비자들은 농가 카페를 목적지로 여행을 계획하는 것도 가능한 시대이다.

휴대전화를 가진 사람이 우리나라 총 인구 수를 넘어선 것은 이미 2011년이었다. (미래창조과학부 2011년 3월 발표 자료) 이제 휴대전화는 일상의 한 부분이 되었다 할 만큼 우리 생활에 깊숙이 들어와 있다. 특히 소셜 기능을 탑재한 스마트폰은 마케팅의 도구로 유용하게 쓰이고 있다. 밭에서 일하면서도 실시간 뉴스를 생산하여 유통할 수 있는 시대이다. 때문에 스마트폰은 이제 '새로운 농기구'라는 말까지 생겼다. 이런 1인 미디어의 장점을 살려 농사짓는 이야기와 함께 카페 손님들 이야기를 여러 플랫폼을 통해 내보낸다면, 목 좋은 카페가 아니라도 목적지로 찾아오는 고객이 많이 생길 수밖에 없다. 이야기의 속성이 그렇다. 이야기란 스스로 전파하는 힘이 강할 뿐 아니라, 이야기의 출처나 근원을 찾아 가 보고 싶은 마음이 생기게 한다. 궁금함 때문이다.

어디 팥 농사뿐이겠는가. 대추 농사를 지어 맛있는 대추차를 메인 메뉴로 하는 카페를 열어도 괜찮고, 옥수수 농사를 지어 일본의 청년들처럼 옥수수튀김을 해서 1년 내내 팔아도 좋을 것이다. 이처럼, 농사를 지어 카페나 식당에서 메뉴로 개발하여 판다면 1개 면 단위에 작은 농가 카페 여러 개를 만들 수 있다. 그리고 이 청년들끼리 연대하여 함께 농사도 짓고 지역 문화를 공유하는 커뮤니티를 형성한다면, 도시의 소비자들도 농촌을 찾아오지 않을까? 연대한 청년들의 카페를 지역 단위로 묶어 이야기가 있는 관광 상품으로도 개발이 가능할 것이다. 이것이 정부가 이야기하는 6차 산업의 한 모델이기도 하다. 1개 읍면에 5곳 정도의 농가 카페가 생긴다면, 전국에 7천75곳의 청년 농부가 운영하는 예쁜 카페를 우리는 만나게 되는 것이다.

청년들의 일자리를 만들기 위해 정부는 막대한 예산을 쏟아붓고 있다. 하지만 단기 일자리라 고용에 큰 도움이 안된다. 만약 그 예산을 농촌 디자이너와 농가 카페를 열려는 청년 농부들에게 일부 지원한다면, 고용 효과는 물론이고 고령화의 늪에 빠진 농촌에 활기를 불어넣는 일이기도 하다. 특히, 농사를 지어 놓고도 판로를 찾지 못해 헐값에 팔아야 하는 농부들에게 많은 도움이 될 것이다.

농촌 고령화와 청년 실업 문제는 우리 사회가 풀어야 할 숙제이다. 고령화로 부족한 농촌의 일손을, 취업하지 못한 도시의 청년들로 해결한다면 두 마리의 토끼를 한번에 잡는 셈이다. 영농 의지가 있고, 자기 삶을 자기 의도대로 살아 보고 싶은 청년들을 정착시켜, 농촌 지역의 디자이너로 키우는 일은 정부가 주도해서 해야 할 일이다. 이렇게 할 때 국가는 균형적으로 발전할 수 있고, 사라질 위기의 우리 농촌을 살릴 수 있다.

농촌은 먹을거리를 생산하는 1차적 공간만이 전부가 아니다. 문화와 경관을 보존하고 생태계를 유지하여, 도시인들에게 휴양의 장소를 제공하는 공익적이고 공무적 일을 수행하는 3차적 공간으로 농촌을 이해할 때가 되었다. 이런 관점에서 우리 농촌을 생각한다면, 청년들의 농촌 정착을 위해 정부는 교육과 자금 지원을 해야 하고, 도시에 사는 사람들도 청년들이 만들어내는 이야기에 귀를 열고 응원의 박수를 쳐 주어야 한다. 이 길이 우리 농촌을 젊게 만들고 자연스레 영농의 세대 교체를 하는 과정이 되지 않겠는가.

다시 하동으로, 다시 어머니에게로

퇴직 후 나는 고향 하동군으로 돌아왔다. 새로운 출발을 위해 머물 곳을 마련하고 정책연구소를 열 준비를 했다. 그에 앞서 코로나19 때문에 아들의 퇴임식에도 참석하지 못한 옥종면의 어머니를 찾아뵙는 일부터 했다.

어머니는 내게 곧 하동(河東)이다. 어머니가 나를 낳아준 곳이 이곳 하동군이고 소년 시절까지 하동군의 섬세하고 아름다우며 푸근한 자연 속에서 뼈와 살을 키워준 분이 어머니이다. 어머니는 작년 병원 신세를 졌고 한동안 아내와 내가 결혼해 살던 창원시에 계셨다. 하지만 어머니는 이내 옥종면 대곡리로 돌아가 생활하기를 고집했다. 하동군에서의 삶이 어머니의 전부이니 오래 떠나 있을 수가 없었던 것이다. 어머니의 인생이 하동군에 뿌리를 내리고 있으니, 나 또한 온 마음으로 '하동 사람'이라 소리치고 다닌다. 나의 영혼을 길러준 곳, 하동군은 나의 뼈를 묻을 곳이라 자랑스럽게 이야기한다.

어머니는 옛날 분이고 유교의 가치를 중심에 두었던 집안의 맏며느리였기 때문에 장남에 대한 의지와 기대가 남달랐다.

"너 없이는 못산다."

어머니는 나에게 이 이야기를 참 많이 했다. 젊은 시절에는 이 말이 부담으로만 다가왔다. 내가 20대 후반이었을 때, 어머니의 허리는 완전히 ㄱ자로 굽어버렸다. 그때부터 내 가슴에는 어머니에 대한 무한 책임감이 없어졌다. 어머니의 굽은 허리는 자식들을 키우기 위해 무한 노동을 한 대가였음을 누구보다 내가 잘 알았기 때문이다.

　진양강씨(晉陽姜氏)인 어머니는 성격이 워낙 강직한데다 생활력도 강했다. 책읽기를 좋아하면서 농사 일에는 뒷전이었던 아버지를 대신해 논일, 밭일을 해내면서 밥하고 빨래하는 일까지 감당했다. 할아버지를 모시는 일과 아이들 뒤치다꺼리에도 소홀함이 없었다. 집안 형편이 좋지 않을 때는 이웃에 양식을 얻으러 다녀야 했는데 이 일까지도 어머니 담당이었다. 아버지가 옥종면의 약방을 그만두고 진주시로 나와서 인쇄 사업을 벌였을 때도 어머니는 하동군에서 홀로 농사를 지었고 아버지와 우리 형제들이 먹을 것까지 매주 해다 날랐다. 종일토록 쉬는 법이 없는 어머니였다. 그렇게 노동만을 하다 환갑도 되기 전에 허리를 크게 다쳤는데, 그 삶을 가장 가까이서 지켜봐온 나로서는 어머니를 가슴에 얹어놓지 않을 수가 없었다.

어머니가 허리를 다친 이후부터 나는 어머니가 언제 돌아가실지 모른다는 두려움과 걱정이 생겼다. 그때부터 어머니와 하동군 고향집에서 함께 살지는 못하더라도 언제든 어머니에게 갈 수 있는 가까운 곳에는 있어야겠다고 다짐했다. 25년의 공직 생활 동안 기회가 없지 않았음에도 내가 해외 유학을 선뜻 떠나지 못한 이유 중 하나가 어머니 때문이었다. 어머니를 생각하면 한두 해 동안이라도 한국을 떠나

"저 역시 어머니 없으면
아무 의미가 없습니다."
"제 삶 또한 하동을 빼면
아무 의미가 없습니다."

있을 수가 없었다. 가족을 위해 모든 것을 내어주고 정신적인 면이나 육체적인 모습에서 노쇠해져 버린 어머니를 보고 있으면 나는 무한 책임감을 느낀다. 30년 전 어머니가 허리를 다친 이후로 나는 자식으로서 부모에게 기대는 것이 아닌 부모를 보살펴드려야 하는 위치에 섰다. 이는 마치 공직자가 됐을 때의 느낌과 비슷한데, 책임감이 1순위에 오는 위치이다.

종교는 딱히 없지만 교회나 성당, 절에 갈 일이 생기면 나는 딱 하나만 기원한다.

"오늘 하루 평안하게!"

오늘 하루 평안하게가 날마다 계속되면 평생이 평안한 법이다. 어머니에 대한 바람도 마찬가지다. 어머니가 겪는 온몸의 통증이 오늘 견딜 만한 수준이기를 기도하고, 이 기도를 매일 갱신한다. 오늘 문득 당신 인생을 돌아보게 됐다면 어머니 마음에 억울함이나 분노가 없었으면 하는 바람이고 이것이 내일도 이어졌으면 하고 염원한다. 오늘 하루 어머니가 친구 분들과 즐겁게 시간을 보냈다면 이것으로 좋고, 내일 또 이런 하루가 계속되기를 기대한다. 몸과 마음이 평안하기를 매일 바라고 또 바라는 것이다.

"너 없으면 못산다" 하셨던 어머니 말씀에 젊은 시절에는 부담이 되어 답을 못했고 지금은 쑥스러워 입 밖으로 꺼내지 못하지만, 마음으로는 늘 어머니께 이런 대답을 한다.

"저 역시 어머니 없으면 아무 의미가 없습니다."

공직에서 물러난 후 어머니를 향해 걸었던 걸음으로 나는 요즘 매일 하동군 곳곳을 누빈다. 내 어머니를 만나는 마음으로 하동군에 사는 모든 어머니를 만나고 싶다는 포부를 새벽 걸음에 싣고 길을 나선다. 버스를 타고 시장을 가고 가게를 들르고 손을 맞잡고 웃음을 나눈다. 각양각색의 인생을 살아온 어머니들이 자신의 인생과 꼭 닮은 하동의 이야기를 쏟아낸다. 어머니들을 만나는 길에서 수많은 하동 아버지들의 삶도 대면한다. 투박한 말투에는 평생을 일군 땅에 대한 애정도, 불만도, 바람도 담겨 있다. 한참 동안 고향을 떠나 있어 무뎌졌던 내 가슴을 두드린다. 내 걸음에 한정을 두지 않고 이렇게 계속 걷다 보면 형님과 동생과 친구들까지 만나 더 많은 하동 이야기를 담을 수 있을 것이다.

어머니에게 그랬던 것처럼 길에서 만난 분들에게도 얼굴 붉어질까봐 이야기 못했지만, 하동 사람들의 이야기를 하나 둘 가슴에 담을 때마다 이런 말이 내 입가에 맴돈다.

"제 삶 또한 하동을 빼면 아무 의미가 없습니다."

가장
하동다운
하동

하승철이
만듭니다!

발행일	2022년 2월 18일
지은이	하승철
발행인	이지순
편집	이상영, 박성경
디자인	BESTSELLERBANANA
교정	손미경
마케팅 · 관리	최유진
발행처	뜻있는도서출판
주소	경상남도 창원시 성산구 중앙대로210번길 3 경남신문사 1층
전화	055-282-1457
팩스	055-283-1457
전자메일	ez9305@hanmail.net
등록제	567-2020-000007호

ISBN979-11-971175-1-0

값 18,000원